MW01321945

Este
Tra
en Julio
(su última visita)

Florentino Ulibarri

AL VIENTO DEL ESPÍRITU

Plegarias para nuestro tiempo

EDITORIAL VERBO DIVINO
Avda. de Pamplona, 41
31200 Estella (Navarra)
2004

Editorial Verbo Divino
Avenida de Pamplona, 41
31200 Estella (Navarra), España
Teléfono: 948 55 65 11
Fax: 948 55 45 06
Internet: http://www.verbodivino.es
E-mail: evd@verbodivino.es

© Florentino Ulibarri - © Editorial Verbo Divino, 2004 - Es propiedad - *Printed in Spain* - Impresión: GraphyCems, Villatuerta (Navarra)

Depósito legal: NA. 981-2004

ISBN 84-8169-623-4

A Izaskun Pascua,
que liberó muchas palabras,
sentimientos y vivencias
que hay aquí...

Y a las Comunidades Fe y Justicia,
primer campo
donde las pude compartir.

Presentación

La oración cristiana surge del anhelo, de la necesidad, del amor... o de todo ello a la vez. Sólo donde hay deseo y esperanza, donde hay hambre y sed, donde hay ternura y pasión, donde hay gozo y entrega, puede haber oración. Y todo proceso de oración, sea cual sea su origen y raíz, si se cuida y practica, termina siendo encuentro de dos gratuidades: la de Dios, que siempre nos coge la delantera, y la nuestra, que nace como respuesta a todo lo que vamos descubriendo y experimentando, a su lado, en la vida.

Vivir nuestra vida de forma atenta y consciente desde Dios, creyendo que de Él hemos nacido y en Él tiene pleno sentido nuestra existencia y cada acontecimiento de nuestra historia: eso es orar. Desde Dios, nuestra vida recobra impulso, esperanza, libertad, anhelo de justicia y fraternidad, capacidad de decisión y sufrimiento, responsabilidad, alegría... para vivir creando vida.

Estar, permanecer, poner toda nuestra vida bajo la presencia de Aquel que sabemos que nos quiere: eso es orar. La oración es esa dimensión de nuestra vida que busca y cultiva la relación exclusiva y consciente con Dios y que hace posible que Él baje a mi vida, que mi vida se alce a Él y que yo pueda vivir en contacto con Él a lo largo del día.

Escuchar y hablar con entera confianza a Aquel que sé que me quiere: eso es orar. Antes de que yo le hable, me ha hablado Él. Me habló al darme la vida, al darme amor y hacerme persona. Me está hablando continuamente a través de la creación entera, del mundo y la historia y a través de la Biblia, esas notas marginales puestas a pie de página para no perderse en la vida.

Por eso, la oración empieza por el silencio, el recogimiento, la atención y la escucha. Pero la oración no puede quedarse en la escucha; es diálogo, encuentro, respuesta... Puedo hablarle a Dios de mi realidad, de mi verdad, desde mis entrañas, desde dentro de mí mismo. Puedo hablarle, sobre todo, de eso que Él me ha comunicado. Puedo hablarle con silencios, con miradas, con gestos y, también, con palabras. Puedo hablarle con la cabeza, el corazón y la voluntad. Puedo hablarle palabra a palabra, sacándolas del fondo de mí mismo, sentidamente y sin ser palabrero. Y aunque sepa poco de Dios –todos sabemos poco de Él–, y aunque se me rompan todas las imágenes y representaciones suyas, y aunque siga siendo un misterio –no por ser algo incomprensible, sino hondura de amor y entrega–, puedo orar, escucharle y hablarle con entera confianza, porque lo que sí sabemos de Él es que nos quiere.

Mirar cara a cara a Jesús y dejar que Él me mire; mirar lentamente, con hondura y amor, y ver su rostro, sus sentimientos, sus movimientos, sus acciones, sus palabras; dejarme mirar abiertamente, permitir que los ojos de Jesús se claven en los míos y lleguen hasta mis entrañas, que Él me vea tal cual soy: eso es orar. La oración está hecha de largas miradas y hondos silencios.

Las miradas que sean limpias y serenas, expresión de lo que se tiene y de lo que se anhela. Los silencios que sean sonoros, llenos de encuentros y buena noticia. Las palabras que sean sentidas y que vayan marcadas con la fuerza del que se da todo entero en cada una de ellas. Los gestos que nazcan de nuestras entrañas y de la vida, y que expresen lo que somos, tenemos y anhelamos. Y el tiempo que corra... sin prisas.

La oración cristiana es el gemido, el canto, el grito... la expresión del Espíritu en nosotros, cuando le dejamos que aletee sobre nuestra oscuridad y caos, como al inicio de la creación; cuando nos dejamos conducir por Él, como los profetas en tiempos de crisis; cuando, como Elías, salimos al umbral y nos ponemos de pie para sentir su paso y escuchar su susurro; cuando, como María, aceptamos que baje y repose en nuestras entrañas; cuando, como Jesús, vivimos llenos de Él; cuando abrimos nuestros sentidos a su brisa; cuando salimos de nosotros y nos exponemos a su novedad; cuando optamos, aunque no se estile, por vivir al viento del Espíritu.

Estas plegarias que hoy comparto contigo han nacido al viento del Espíritu. Antes de ser lo que ahora son, palabra escrita, han sido vivencia, sentimientos, historia personal, encuentro, gritos, susurros, confesiones...

Recopiladas en más de veinticinco grupos, quieren ser expresión de la diversidad de la vida y de la propia oración. De cualquier circunstancia, hecho y vivencia puede surgir la oración. Unas veces, como necesidad de presentarse, de acción de gracias, de conversión, de súplica, de perdón; otras como alabanza, anhelo, encuentro, justicia, aceptación, desahogo, ofrecimiento, bendición...

A veces, tienen de trasfondo palabras e imágenes que otras personas han usado y me ofrecen gratuitamente. Son, por tanto, deudoras a muchos hombres y mujeres que han dejado huella en mí, me han enriquecido, me han enseñado a orar y me hacen ser lo que soy. Gracias a todos ellos.

Hoy, también yo me atrevo a ofrecértelas a ti, no sin cierto pudor. ¡Ojalá te ayuden a orar y a vivir al viento del Espíritu! Y si puedes mejorarlas, no dudes en hacerlo.

1

Inicio y presentación

AIRE PURO

El aire puro de la mañana
anuncia su presencia
y proclama su derecho a entrar en cada casa.

Ábrele las puertas.
Quítate las escamas.
Levanta tu frente.
Rinde tu pecho.
Abrázalo con tus manos humanas.

Deja ese tufo ácido que te sofoca,
olvida mortajas pasadas,
enjuga tus lágrimas,
habla,
canta,
arroja la desesperanza.
No dejes que te corten, planta.

Piensa en las albas que vendrán.
Pon cerco a los recuerdos que te atan.
Deja entrar la mañana clara en tu casa,
y que Dios se sienta a gusto
diciéndote su fresca palabra.

AL ENCUENTRO DE TU ABRAZO

Me acercaré a tu morada
con mis hambres y mi pobreza;
tocaré tu puerta, hasta que me oigas,
con las esquirlas de mi alma;
entraré en tu silencio de puntillas,
y con ansia, nada más que se abra;
seguiré la brisa y el aire
que delatan tu presencia;
levantaré mis ojos, una vez más,
en busca de los tuyos que siempre me están mirando;
y, así, me quedaré sereno y vigilante
a la escucha de tu Palabra,
al encuentro de tu abrazo.

Ellos me darán la luz que necesito,
calmarán mi sed de todo lo humano
y me dirán mi nombre verdadero.

ALGUIEN VIENE

Sin llamarle,
sin haber pensado siquiera en él,
sin saber muy bien quién es,
sin tener ojos para verle...,
alguien viene,
pasa junto a nosotros,
se fija
y se sienta a nuestro lado
para estar con nosotros, los hombres.

Alguien viene,
y tiene tantas cosas
que cambiar dentro de nosotros
y en nuestro entorno...
No viene para que todo siga igual
ni para hacer silencio a nuestro lado;
viene porque es posible ser de otra manera,
tener vista y vida,
levantarse y caminar,
ser personas nuevas,
dejar la ceguera
y dar testimonio del Reino
acogiendo sus semillas.

Alguien viene,
nos dirige su palabra,
una palabra que comprendemos
porque es clara,
alumbra nuestras miserias,
cura viejas heridas
y deshace tantos insoportables esfuerzos y montajes...

Viene desde la cercanía de Dios
a encontrarse con nosotros
y a abrirnos los ojos
para que conozcamos su rostro
y nunca más tengamos miedo.

Viene
y sólo nos pide lavarnos,
creer en él
y cambiar de bando,
para tener lo que más anhelamos.

AQUÍ ESTOY, TÚ SABES CÓMO

Aquí estoy, Señor, a tu puerta,
entre estremecido y asustado,
aturdido y expectante;
sin saber cómo he llegado,
sintiendo que avivas, en mi corazón,
las cenizas del deseo y la esperanza
y despiertas, con un toque de gracia,
mis entrañas yermas.

Aquí estoy, Señor, a tu puerta,
con el anhelo encendido,
con el deseo disparado,
con los ojos atentos y los pies prestos,
aguardando lo que más quiero –tu abrazo–,
luchando contra mis fantasmas y miedos,
desempolvando mi esperanza olvidada,
nuestras promesas y encuentros.

Aquí estoy, Señor, a tu puerta,
medio cautivo, medio avergonzado,
necesitado, enamorado...;
queriendo despojarme de tanta inercia y peso,
rogándote que cures las heridas de mi alma
y orientes mis puertas y ventanas
hacia lo que no siempre quiero
y, sin embargo, es mi mayor certeza.

Aquí estoy, Señor, a tu puerta,
¡Tú sabes cómo!

ASÍ

Señor,
ya está...
Ya estoy dispuesto;
ya están mis puertas
y mis ventanas abiertas.
Abre las tuyas
y entremos en el mundo...

Ya estamos dentro
los dos.
Ya estamos soñando,
viviendo,
navegando...

Ahora,
¡a abrirnos
cara al viento!
Gritando,
pero en silencio;
sembrándonos,
para ser fecundos;
gozando
de todo encuentro;
respirando,
si es posible, al unísono.
Así...

BUSCO Y PIDO SILENCIO

Hoy, Señor, siguiendo tu consejo
busco y pido silencio:
no para dormirme en plácidas nubes,
ni para olvidarme de tantos gritos y clamores,
ni para descansar en mis soledades.

Lo pido, Señor, porque quiero vivirme,
porque busco tus huellas y quereres,
porque quiero escucharte y hablarte,
porque quiero entrar en las soledades
de los que sufren, claman o enmudecen,
porque quiero orarte sin distracciones...

Hoy, Señor, busco y pido silencio.

CALLAR, ESPERAR, GOZAR

Quiero callar un momento,
y serenar el torbellino de mis ideas y sentimientos,
para estar ante Ti atentamente
con todos mis sentidos despiertos.

Quiero vaciar mi casa
de tantos objetos y antojos de relleno,
y estar despejado y libre
aguardando tu venida.

Quiero hacer un alto en el camino,
mirar hondo y otear el horizonte,
para caminar a tu encuentro
y, contigo, al encuentro de tus preferidos.

Quiero permanecer en silencio
y escuchar el susurro de tu voz
que trae buenas nuevas, cada día,
para todos los que andamos por la vida.

Quiero estar solo contigo
para sentir el ritmo de tu corazón
y aprender a vivir como Tú
en el corazón del mundo.

Quiero verte y conocerte,
fijar mis ojos en tu rostro,
sentir tu mano sobre la mía,
y callar y esperar y gozar.

EN MOMENTOS COMO ÉSTE

Sabes quién soy.
Sabes cómo he venido.
Sabes cómo estoy.
Conoces mis ansias y anhelos,
mis dificultades y miedos,
mis proyectos...
Conoces mis entrañas,
el ritmo de mis glándulas
y todos los botones de mi cuerpo...

En momentos como éste, si te place,
dame unos minutos de silencio,
una música que me calle y serene,
un banquito para sentarme como Tú sabes,
y la paz imprescindible...

Ata mis demonios comunes,
tiéndeme cariñosamente tu mano,
déjame acurrucarme en tu regazo,
sopla tu brisa para que no me duerma,
y dime tu palabra de Padre/Madre
para que viva, crezca y madure.

Ábrete, Señor,
y ábreme.

FIJA MI DESEO SÓLO EN TI

Acógeme, Señor, en tu casa
y regálame con tu presencia.
Unifica en Ti todas mis dispersiones.

Sana las rupturas de mi espíritu y de mi cuerpo.
Refresca mi mente y mis entrañas.
Apaga las seducciones que me precipitan al vacío.

Disuelve los miedos que me paralizan.
Aligérame de leyes y cargas.
Lava mis ojos y mi corazón.

Fija mi deseo sólo en Ti.
Y acoge en tu regazo lo que soy y lo que fui,
para que tenga vida y florezca.

LA SORPRESA

Llega de día, llega de noche.
Se le espera por la puerta, llega por la ventana.
Le buscamos con alegría, llega con su cruz.
Estamos de guardia, nos llama de dentro.
Rastreamos huellas, llega por senderos nuevos.

Llega en abundancia
y todavía más en la pobreza.
Llega cuando triunfamos
y nos acompaña en los fracasos.
Llega cuando es deseado
y se presenta cuando no se le espera.

Llega en el silencio y en el áspero y abrasador viento.
Llega también en la multitud y el ruido.
Llega para dormirnos y para despertarnos.
Llega a través de todas las caras que encontramos
a lo largo del día en nuestro camino.

Llega en el desierto de manantiales inciertos,
en las estepas de desconocidos pozos,
en los bosques frondosos en que nos perdemos,
en las altas cumbres que hollamos,
y en los valles que nos dan vértigo.

Llega a cada instante.
Llega en cada lugar.
Allí donde estamos, está.

Fiel a tu palabra
ya estás esperándonos.

PARA ESTAR CONTIGO

Para estar contigo,
me libero de la alforja (mis preocupaciones);
me quito las gafas (mis visiones);
olvido mi agenda (mis negocios);
guardo la pluma en el bolsillo (mis planes);
arrincono el reloj (mi horario);
me despojo de mi ropa (mis ambiciones);
me desprendo de mis joyas (mis vanidades);
renuncio a mi anillo (mis compromisos);
me quito los zapatos (mis ansias de huida);
dejo, también, mis llaves (mis seguridades);
para estar sólo contigo,
el único verdadero Dios.

Y, después de estar contigo...

Tomo las llaves, para poder abrir tus puertas.
Me calzo los zapatos, para andar por tus caminos.
Me coloco el anillo, para comprometerme contigo.
Me adorno con las joyas, para asistir a tu fiesta.
Me visto con mi mejor ropa,
para salir a tu amplio mundo.
Recupero mi reloj, para vivir al compás de tu tiempo.
Cojo mi pluma, para escribir tus pensamientos.
Recobro la agenda, para no olvidar tus citas conmigo,
–mis citas contigo– a lo largo del día y del camino.
Me pongo las gafas, para poder ver el mundo a tu modo.
Y cargo con mi alforja, para llevar y sembrar tus promesas.

PASA, ENTRA

Una y otra vez,
sin cansarte,
cuando me acerco a tu puerta, me susurras:

Pasa, entra,
aquí hace menos frío que en la calle
y hay leña para el fuego;
¡un poco de calor no viene mal!

Pasa, entra,
aquí hay una canción que descansa
y unas viandas para recuperar fuerzas;
¡te sentirás como en casa!

Pasa, entra,
y siente que hay quien duda como tú
y se levanta con la fuerza que le queda,
¡sin avergonzarse de su condición humana!

Pasa, entra,
aquí hay brazos para abrazarte,
labios para besarte y oídos para escucharte;
¡encontrarás lo que realmente te hace falta!...

Y yo, venciendo mis resistencias,
con la cabeza baja, lleno de dudas y fantasmas, entro
y salgo lleno de esperanza...
¡sin avergonzarme de haber escuchado tu Palabra!

Paráfrasis de Pedro Guerra

PLEGARIA SILENCIOSA

Permaneceré en silencio,
todo el tiempo que sea necesario,
atento y con las ventanas abiertas,
a la espera de tu Palabra
por si me invitas y llamas.

Sólo entonces
abriré mis labios.

Acallaré otras voces y ecos,
haré oídos sordos a todos los ruidos,
e iré tras tu voz,
la que pronuncia mi nombre
dándole vida y camino.

Sólo entonces
pronunciaré tu nombre.

No opinaré de Ti
hasta que no entres en mí,
hasta que no calientes mi corazón,
hasta que no recrees mi mente,
hasta que tu luz no deslumbre mi espíritu.

Sólo entonces
hablaré de Ti.

Antes de continuar tu tarea y empeño,
antes de trabajar la tierra y el Reino,
antes de responsabilizarme
dejaré que el fuego de tu amor
imprima su marca en la palma de mis manos.

Sólo entonces
nos abrazaremos.

Y, juntos, iremos al mundo.

PRONUNCIARÉ TU NOMBRE

Pronunciaré tu nombre
sentado en este rincón
que Tú has preparado con amor
para que descanse sin agobiarme.

Lo pronunciaré
en medio de mis silenciosos pensamientos,
levantando las manos,
mirando tu rostro.

Lo pronunciaré
serenamente, sin prisas,
gustando sus sílabas,
absorbiendo su perfume.

Pronunciaré tu nombre
sin razonamientos,
como un niño
que llama a su madre mil veces,
feliz de poderla llamar ¡madre!

QUIERO ESTAR SOLO CONTIGO

Quiero detener mis pasos
y serenar el ritmo acelerado de mi vida,
para contemplar todo lo que me has dado
serenamente.

Quiero callar un momento
y silenciar el torbellino de mis ideas y sentimientos,
para estar ante Ti con todos mis sentidos
atentamente.

Quiero romper todas las murallas
que se alzan en torno a mí,
para dejarte entrar a cualquier hora
tranquilamente.

Quiero vaciar mi casa
y despojarme de todo lo que se me ha apegado,
para ofrecerte estancia a Ti
dignamente.

Quiero estar solo contigo
y llenarme de tu Espíritu y querer,
para marchar luego al encuentro de todo
alegremente.

Quiero sentir tu aliento
dándome paz, vida y sentido,
para vivir este momento contigo
positivamente.

SENCILLAMENTE SÉ

Deja que el sol brille y las nubes pasen;
deja que el agua corra y las flores crezcan;
deja que la montaña esté y que el valle duerma...
Sencillamente sé.

Deja que las ardillas jueguen y las tórtolas amen;
deja que el viento silbe y las plantas dancen;
deja que las estrellas parpadeen y que los sueños pasen...
Sencillamente sé.

Deja que el mar brame,
que el aire salga y entre,
que las pasiones se calmen.
Deja que te hablen,
que te acunen,
que te despierten...
Sencillamente sé.

Deja que la gente sea.
Deja que el tiempo sea.
Deja que Dios sea
y que arda sin quemarse.
Deja que la música suene
y que la paz reine...
Sencillamente sé.

SI PUEDO...

Detenerme junto al camino
y, en silencio, escuchar,
si puedo, tu Palabra.

Sentarme sobre la tierra
y, con ternura, calmar,
si puedo, sus dolores de parto.

Dejarme invadir por la vida
y, con pasión, acoger,
si puedo, sus yemas y frutos.

Meterme en el corazón del mundo
y, con franqueza, orarte,
si puedo, por sus alegrías y penas.

Y después...
esperarte sin prisas,
serenar mis ansias,
llamarte con calma,
abrirme sin pausa,
recibir lo que traigas
y estar, estar, estar...

SIETE VELAS

Vamos a encender siete velas, siete,
para recordar que no estamos en tinieblas,
ya que Dios es luz y buena noticia
por encima de nuestras ideologías y creencias.

Primera vela y buena noticia:
Dios se ha hecho amor
para quienes tienen el corazón roto
y sólo han conocido orfandades y odios.
Y con ellos, para todos.

Segunda vela y buena noticia:
Dios se ha hecho libertad
para los que están cautivos
y para los esclavos de sí mismos o de otros.
Y con ellos, para todos.

Tercera vela y buena noticia:
Dios se ha hecho consuelo
para los que sufren y esperan
y lloran al borde del camino.
Y con ellos, para todos.

Cuarta vela y buena noticia:
Dios se ha hecho justicia
para los que están marginados
y tienen hambre y sed de vida.
Y con ellos, para todos.

Quinta vela y buena noticia:
Dios se ha hecho pan y vino
para quienes se han vaciado
dándose sin reserva, enteros,
en sendas y caminos.
Y con ellos, para todos.

Sexta vela y buena noticia:
Dios se ha hecho arlequín
para desmantelar el tinglado
de normas y leyes que hemos montado
para conseguir su beneplácito,
nosotros, vosotros, todos.

Séptima vela y buena noticia:
Dios se ha hecho uno de nosotros
para que nosotros no olvidemos
ahora, en este momento, y luego,
que somos hijos suyos,
y con ello, hermanos entre nosotros.

SÓLO PARA TI

Por necesidad
por convicción
por responsabilidad,
por descanso,
por costumbre,
por compromiso,
por un poco de todo...
¡este momento, sólo para Ti!

Me detengo y entro en tu casa;
dejo fuera mis preocupaciones,
mi agenda, mi móvil...,
y me siento a tu vera
atento como un centinela,
confiado como un amigo,
feliz y enamorado,
fijos los ojos en tu rostro
para verte mirar,
dejarme mirar,
mirar en la misma dirección
y aprender a orar.
¡Este momento, sólo para Ti!

TRANSPARENCIA

Un cuenco formo con mis manos.
Quiero que sea pozo de remanso,
espejo claro de ambos.
Y, cuando estoy a punto de ver el milagro,
las aguas se agitan,
mil brazos chapotean;
oigo gritos, risas y llantos,
y todo mi ser se altera.
Empapado, miro en mi espejo roto
y veo que es tu Espíritu
aleteando sobre mí,
ahogando mis pesadillas
y refrescándose feliz.

VEN

Ven a recrear nuestra vida,
ven a dar optimismo a nuestro porvenir,
ven a dar alegría a nuestro caminar,
ven a dar fuerza a nuestra debilidad,
ven a dar savia nueva a nuestra sequedad.

Ven a empujar nuestro conformismo,
ven a auxiliar nuestro cansancio,
ven a rejuvenecer nuestro cristianismo,
ven a abrirnos nuevos horizontes,
ven a llenar nuestros vacíos.

Ven a dialogar con nosotros,
ven a enseñarnos tus esperanzas,
ven a mostrarnos tus conquistas,
ven a desnudarnos de nuestras justificaciones,
ven a borrar la desconfianza en Ti.

Ven a crearnos inquietudes,
ven a afianzar nuestros ideales,
ven a obligarnos a la autenticidad,
ven a pedirnos cuenta de la guerra y el odio,
ven a examinarnos de dos mil años de Evangelio.

Ven a darnos altura y profundidad,
ven a preguntarnos por la verdad,
ven a poner en crisis nuestra escala de valores,
ven a regar nuestra tierra baldía,
ven a buscar nuestro amor.

Ven a derribar nuestras murallas,
ven a acrisolarnos con tu fuego,
ven a despertarnos de nuestro sueño,
ven a curar nuestras heridas,
ven a estar con nosotros.

Ven despacio, sin prisas;
ven sin parar, no retrocedas;
ven como Tú sabes;
ven, pues eres necesario;
ven, te necesitamos.

Ven, pues el mundo depende de Ti.
Ven, que lo tenemos carcomido y roto.
Ven, ¡pues está en tus manos!, ¡es tuyo!
Ven, somos pecadores, torpes y zafios.
Ven y enséñanos a vivir como hermanos.

2

Tú

¡CUÁNTO TENEMOS QUE APRENDER DE TI!

Tú ofreces tu casa solariega
a todos los que andamos a la intemperie
por los caminos de la vida.

Tú eres amigo de acoger sin preguntar,
ofreciendo, primero, el calor de tu abrazo,
la ternura de tu amistad
y las viandas de tu amor.
¡Cuánto tenemos que aprender de Ti!

Tú has reservado un cuarto para cada uno,
respetando nuestro ser y nuestras manías,
apreciando nuestra voz y decisión,
provocando nuestra responsabilidad.

Tú guardas siempre el mejor sitio,
el más tranquilo, el mejor amueblado,
para el más pobre y pequeño,
para el más marcado por la vida.
¡Cuánto tenemos que aprender de Ti!

Tú nos recuerdas cada día
la infinidad de personas que tenemos en el mundo
huérfanas de casa y pan,
huérfanas de presente y porvenir,
siendo tu sueño primero y único un hogar
amplio, cálido y común
donde podamos vivir el gozo de la hermandad.
¡Cuánto tenemos que aprender de Ti!

Tú no te quedas parado.
Reclamas nuestra colaboración
para esa tarea, sublime y elemental,
de dar a cada persona un cuartito
en esa casa grande, tu casa solariega,
que es la humanidad.
¡Cuánto tenemos que aprender de Ti!

DECIR TÚ

Decir Tú
es descentrarme de mi yo,
de mis soledades y ambiciones,
de mis egoísmos y construcciones,
de mis miedos y seguridades.

Decir Tú
es agarrarme al diálogo,
al encuentro, al hallazgo,
a la novedad que trae vida
y que recrea todo lo que comparto.

Decir Tú
es jugar a las claridades,
a dar nombres y sentirme nombrado,
a tener comunidad e intuir trinidades,
a bañarme en tus realidades.

Decir Tú
es romper círculos y prisiones,
prenderme a tus alas para vivir libertades,
llamar tu atención osadamente
y reconocer que me quieres e intento quererte.
Tú...

DIOS DEL SILENCIO

No anuncias la hora de tu llegada,
ni pregonas tu presencia
con trompetas, campanas o cañones.
Ya no nos convocas, como antaño,
con signos y prodigios, a ver tu gloria.
No quieres espectáculos.
Te pierdes por calles secundarias,
plazas públicas y mercados de barrio
donde no hay pedestales ni estatuas.

Tú no eres un dios de aplausos, gritos y vítores.
Eres el Dios de la brisa y el silencio.
Tú llegas al corazón y susurras palabras de vida.
Y, en las encrucijadas, miras y miras.
Y te quedas si te aceptamos;
y te vas si te rechazamos.
Eres la salvación, pero sólo te ofreces
a los que saben de silencios
y de encuentros en encrucijadas.
Dios silencio.
Dios encuentro.

LA PALABRA DE MI VOZ

Tú, Señor, eres
más grande que nuestros desmedidos proyectos,
más alegre que nuestras fiestas bulliciosas,
más profundo que nuestras sutiles miradas,
más tierno que nuestras caricias escondidas,
más claro que nuestra intimidad rota,
más sabroso que nuestros besos tiernos,
más firme que nuestras corazas blindadas,
más cercano que nuestros susurros de noche,
más íntimo que nuestras glándulas íntimas,
más libre que nuestras protestas vivas,
más insidioso que nuestros sabios saberes,
más soñador que nuestras utopías locas...
Tú, Señor, eres la palabra de mi voz,
y yo un pequeño pregonero que canta
y vive a tu sombra.

MANANTIAL

Ese manantial
que nadie ha podido secar
después de tantas noches y días,
siglos e historias,
ese manantial eres Tú.

Cuanto más te apuramos,
más abundantemente brotas en lo hondo.

Cuanta más sed y calor tenemos,
con más frescura fluyes a nuestros pies.

Cuanto más nos acercamos a tu camino,
más cristalina se nos hace tu presencia.

Cuanto más nos hundimos en tus aguas,
más libres nos sentimos dentro y fuera.

MÁS QUE UN OASIS

Yo, que puedo soñar y sueño,
hay días que me lanzo a tumba abierta
por todos los espacios y caminos que encuentro.
Y cuando al fin hago pie,
con el cuerpo encogido
y el espíritu despejado y sereno,
porque he descubierto un oasis
en el que descansar
y gozar de tu compañía,
Tú, Dios de la vida y de los sueños,
me muestras otros espacios abiertos,
nuevos horizontes,
caminos inéditos,
porque Tú eres más que un oasis
en el tórrido desierto de la vida,
en cualquier momento de mi historia.

NOS DESPIERTAS Y RECREAS CADA DÍA

Tú, Dios de amor y vida,
no dejas de llamarnos,
a cualquier hora y en cualquier lugar,
a una vida plena y feliz.

Tú, Dios de bondad y misericordia,
no abandonas a tus hijos e hijas
aunque hayamos quebrantado tu alianza,
y nos ofreces siempre tu perdón y abrazo de Padre.

Tú, Dios fiel y lleno de ternura,
te haces presente en medio de tu pueblo
para devolverle la alegría, curarle la tristeza,
y abrirle un horizonte de esperanza.

Tú, Dios Padre bueno,
nos das este tiempo para que nos convirtamos
y, creyendo en tu Hijo Jesús, podamos
conocer, gustar y vivir el Evangelio
como buena noticia, ya, en esta tierra,
mientras caminamos hacia tu Reino.

Nosotros, ahora, llenos de alegría,
te alabamos con nuestras torpes palabras.
Pero Tú bien sabes que ellas contienen
lo mejor que hay en nosotros.
¡Gloria y alabanza a Ti
que nos despiertas y recreas cada día!

POR ENCIMA DE LO NUESTRO

Tú eres el Dios sobre el que todos opinamos,
el Dios que todos buscamos,
el Dios que todos abandonamos,
el Dios con el que todos luchamos.
Pero, a la vez, Tú eres el Dios que nos recreas,
que nos encuentras aunque no te busquemos,
que permaneces fiel cuando te dejamos,
que nos vences y convences.

Tú eres el Dios del que todos hablamos,
el Dios al que todos usamos,
el Dios que todos desfiguramos,
el Dios al que todos intentamos comprar.
Pero, a la vez, Tú eres el Dios que nos habla con amor,
que nos respeta y cuida con pasión,
que nos da identidad y rostro,
que se muestra insobornable en su gratuidad.

Tú eres el Dios que cree en nosotros,
el Dios que espera en nosotros,
el Dios que ama en nosotros,
por encima de nuestros gestos, hechos y palabras.

PORQUE TÚ LO QUIERES

Tú eres todo lo que creo,
todo lo que espero,
todo lo que busco,
todo lo que no tengo todavía,
todo lo que todavía no soy,
todo lo que amo...

Tú estás en todo lo que vive,
en todo lo que nace,
en todo lo que sufre,
en todo lo que ríe,
en todo lo que canta,
en todo lo que grita,
en todo lo que me calma,
en todo lo que amo...

Tú, el que me visita,
el que me llama,
el que me reconforta,
el que me sugiere,
el que me ofrece,
el que me pide,
el que me espera,
el que me ama...

Tú, mi roca firme,
mi oasis reconfortante,
mi silencio sonoro,
mi noche estrellada,
mi manantial de vida,
mi tesoro encontrado...

Tú, Padre/Madre,
por encima de legalidades,
por encima de saberes,
por encima de manías,
por encima de respuestas,
por encima de historias...

Y yo, hijo tuyo
porque eres Tú quien quieres
que así sea.

SÉ

Sé que las imágenes pueden confundirme
y hasta engañarme.
Sé que los nombres no alcanzan a decirte
por mucho que los ajuste.
Sé que los sueños más hermosos
son proyecciones.
Sé que las palabras se quedan cortas
en todas sus expresiones.

Y, a pesar de ello,
te imagino,
te nombro,
te sueño,
y te hago palabra para conocerte,
porque Tú eres el que quiere revelarse
en esas pobres mediaciones.

SERENO DE MIS NOCHES Y DÍAS

Sé que te encanta
contemplar de noche las estrellas;
sé que te gusta escuchar este silencio
cuando todos están durmiendo;
sé que cuidas de todos nuestros asuntos
aunque no te los encomendemos;
sé que nos das el sueño
y el descanso que necesitamos;
sé que te pasas las noches en vela
disfrutando de nuestra confianza;
sé que para Ti es una gozada
atender, cuidar y amar a tus hijos e hijas.
Por eso te nombro lo que ya eres:
Sereno de mis noches y días.

Tú, Dios, Abba, Padre/Madre,
eres el Sereno de mis noches y días.

SIN PRISAS

Tú, que nos hiciste a tu imagen;
Tú, que nos diste el mundo entero por casa;
Tú, que nos despiertas todas las mañanas;
Tú, que nos quieres con entrañas de misericordia;
Tú, a quien debemos que angustias y desgracias
no nos hundan en pozos negros
de soledad y desesperanza:
¡Háblanos sin prisas!

Tú, que venciste a la muerte en su victoria;
Tú, que acunas con ternura todos nuestros días;
Tú, que nos vuelves hacia Ti;
Tú, que nos haces dignos de ser escuchados;
Tú, que nos despojas de lo que no es
para revestirnos de lo que es:
¡Háblanos sin prisas!

Tú, que sueñas y preparas nuestro porvenir;
Tú, que nos amas como a las niñas de tus ojos;
Tú, que nos maduras a tu ritmo y calor;
Tú, que cantas y aplaudes nuestro caminar;
Tú, por quien tenemos sed del agua
que, una vez bebida, nos sacia para siempre:
¡Háblanos sin prisas!

Tú, que nos purificas y preparas;
Tú, que nos abres la puerta;
Tú, que nos alzas hasta tu rostro;
Tú, que escuchas nuestro jadeo y nuestro silencio;
Tú, por cuya gracia lo mejor de nosotros
no se ve esclavizado por el poder del Malo:
¡Háblanos sin prisas!

Tú, Padre bueno,
detén nuestro vagar,
acógenos en tu regazo y...
¡háblanos de Ti, sin prisas!

TRINIDAD

Dios Padre,
tu querer da la vida
–el espacio, el aire, el cuerpo–
a todo lo creado,
a nosotros también aunque no lo sepamos,
desde el principio de los tiempos,
pasando por nuestros días,
hasta la eternidad.

Dios Hijo,
en tu Palabra bulle la vida
que ayuda y consuela siempre al hermano débil;
se hacc carne para el hambriento
y bebida para el sediento,
santifica y alegra nuestra vida
y es viático en nuestro vagar
hacia la eternidad.

Dios Espíritu Santo,
tu presencia es la brisa
que empuja la historia,
y a todos nosotros,
hacia la plenitud,
dándonos paz, justicia, verdad y amor;
de tu brisa y nuestra historia,
de tu presencia que nos plenifica,
surge la eternidad.

TÚ ERES

Tú eres
la brisa que alienta todas mis horas,
la lluvia que empapa mis células,
la luz que ilumina mi caminar,
el fuego que acrisola mi vida entera.

La nube que nos acompaña de día y de noche,
la roca de manantiales de agua limpia y fresca,
el perfume que penetra por todas las rendijas,
el techo que nos cobija de toda inclemencia,
eres Tú.

Tú,
tienda de lona en el desierto;
flor que florece todas las primaveras;
campo de cultivo, tierra mullida;
aljibe comunal a la vera del camino.

La mano que sostiene,
la sonrisa que relaja,
el rostro que serena,
el regazo que acoge,
Tú.

Tú has puesto en lo más íntimo de mi ser
el anhelo de vivir y gozar,
el deseo de abrir mi corazón,
de contemplar la amplitud del mundo,
de conocerte más y más,
de estar en silencio... contigo.

TÚ NOS SONRÍES

Si no sabemos tu nombre,
pero te miramos fijamente,
Tú nos sonríes.

Y si no te rezamos ni hablamos,
pero te adoramos a nuestra manera,
Tú nos sonríes.

Y si nos quejamos del camino,
pero no detenemos la marcha,
Tú nos sonríes.

Y cuando gritamos y nos rebelamos,
aunque pensemos que no nos escuchas,
Tú nos sonríes.

Y cuando te arrinconamos
y luchamos contra Ti y contra nosotros mismos,
Tú nos sonríes.

Y aunque no sepamos nada de Ti,
si andamos buscando tus signos y huellas,
Tú nos sonríes.

Y cuando nos da por no sonreír
porque tememos caer en tu juego,
Tú nos sonríes.

Siempre sonríes a tus hijos e hijas,
y permaneces cerca,
pero sin entrometerte en nuestras decisiones.

3

Por Cristo Nuestro Señor

COMO TÚ, JESÚS

Señor:
Quiero salir de la vulgaridad,
romper las cadenas del miedo,
el anonimato de la masa
y el hastío de los indecisos;
dar un paso adelante,
mantener la dignidad
y abrir caminos de esperanza,
como Tú.

Ir contigo dondequiera que vayas:
repechos y cumbres,
tormentas y bonanzas,
desiertos y bosques,
centros y periferias,
fiestas y vigilias;
los pies desnudos y el corazón en llamas,
como Tú.

Quiero mantenerme firme
frente a la soberbia que nos engríe,
frente a la avaricia que nos deshumaniza,
frente a la lujuria que mancha el corazón,
frente a la ira que nos envenena,
frente a la "buena vida" que nos acomoda,
frente a la envidia que nos empequeñece,
frente a la desgana que nos debilita.

No caer en la tentación:
los ojos abiertos y la voluntad en el Padre,
como Tú.
Sentir, como Tú.
Sufrir, como Tú.
Gozar, como Tú.
Vivir, como Tú.

ERES OTRA COSA

Eres otra cosa, Jesús.
Eres otra cosa.

Tanto tiempo contigo,
sentados a tu mesa,
caminando a tu vera,
y no te entendemos.

Seguimos atados a nuestras formas y prácticas,
a nuestras costumbres, tradiciones y leyes.
Hemos hecho de ellas nuestro credo,
nuestra norma de vida.
Y aunque estén vacías
nos entra un miedo atroz
cuando Tú intentas romper
el castillo vano en el que nos refugiamos.

Eres otra cosa, Jesús.
Eres otra cosa.

¿Quién ha dicho que Tú eres triste,
serio, aguafiestas y exigente?
¿Quién ha dicho que el Evangelio
está reñido con la alegría y la fiesta?
¿Quién ha dicho que la fe es una carga inútil
de normas y leyes que ya no rigen?
¿Quién ha dicho que tu mensaje es una cadena
con manto de rosas y promesas huecas?

Tanto tiempo contigo,
trabajando en tu viña,
hablando de nuestras vidas,
y no te entendemos.

Tenemos que cambiar de pies a cabeza:
nuestras glándulas resecas,
nuestros miembros sin juego,
nuestras arterias rotas,
nuestra mente cerrada,
nuestro corazón viejo.

Beber vino nuevo
y exponernos al viento de tu Espíritu
sólo con el manto que Tú nos has tejido.
Romper esquemas,
y adquirir estilo, forma y mentalidad nueva
para entenderte y gozarte.

Tanto tiempo contigo,
oyendo tus risas,
compartiendo tus fatigas,
y no te entendemos,
porque seguimos siendo fariseos,
ayunando de tu Evangelio,
y no nos atrevemos a emborracharnos contigo.

Eres otra cosa, Jesús.
Eres otra cosa.

FIARSE DE JESÚS

No tengas miedo
a los que amenazan,
a los que hieren,
a los que dañan la dignidad
y matan el cuerpo
pero no pueden quitarte la vida.

No tengas miedo
a los que ocultan la verdad
o, creyéndose dueños de ella,
la manipulan,
dosifican y venden;
a los que con el arma de la mentira
quieren dominar pueblos y personas.

Rebélate,
manifiesta en todos los sitios,
en todo momento,
a tiempo y a destiempo,
tu fe en la vida y en la hermandad
adquirida al abrigo del Padre,
al lado de Jesús,
a la sombra del Espíritu,
en el seno de la comunidad.

Haz de esa fe
un gozo personal diario,
un estandarte de libertad,
una fuente de vida,
un banquete compartido,
una canción de esperanza,
tu reivindicación más sentida.

No tengas miedo
a los que, por eso, pueden castigarte,
retirarte el apoyo,
privarte del trabajo,
ignorar tu presencia,
olvidar tu historia,
golpear tu debilidad,
hacerte mal.
No tengas miedo.

Fíate de Jesús,
responde a su llamada;
fíate del Padre,
descansa en su regazo;
fíate del Espíritu,
lucha y sé libre.
Estás invirtiendo la vida
en el proyecto más grande y venturoso
puesto en nuestras manos.
¡No tengas miedo!

¡Fíate de Jesús!

JESÚS ES SEÑOR

Di con el corazón: Jesús es Señor.
Dilo con los labios: Jesús es Señor.
Grábalo en tus entrañas: Jesús es Señor.
Cántalo con tu voz: Jesús es Señor...

Jesús es Señor:
antorcha de libertad,
fuente de alegría,
viento de paz,
victoria sobre toda muerte;
estandarte en lo más alto de la tierra,
sol en las profundidades de nuestro ser,
meta de nuestro caminar,
compañero de vida y esperanzas...
que nadie nos podrá quitar.

Jesús es Señor:
de él brota la vida,
en él nuestra esperanza,
con él todo bien,
a él nuestro reconocimiento,
para él nuestra voluntad,
por él nuestra plenitud;
él nuestra justicia,
él nuestra salvación...
que nadie nos podrá quitar.

Jesús es Señor:
ya no hay más señores;
los señores del dinero y de la salud,
de las armas y de las leyes,
del poder y de los negocios,
de la democracia y de la razón de estado,
de la carne y del templo:
todos los príncipes de este mundo,
señores de las tinieblas,
están vencidos.

Jesús es Señor:
el que vive y el que hace vivir;
el que nos cura, recrea y salva
ayer, hoy y siempre.

Jesús es mi Señor.
No hay otros señores.
Jesús es nuestro Señor.

LIBERADOS POR CRISTO

Para ser libres nos ha liberado Cristo.
¡Mantengámonos, pues, firmes!
¡No cedamos!
Apostemos por la libertad.
No nos dejemos oprimir de nuevo
por el yugo de la esclavitud.

¡No a la circuncisión!
¡No a los méritos!
¡No al espíritu mercantil!
¡No al consumismo!
¡No a la vulgaridad!
¡No al individualismo!
¡No a la pereza!
¡No al creerse ya buenos!
¡No a las leyes que apartan del Evangelio!

La ley hace esclavos.
El Espíritu es don gratuito
y nace dentro de nosotros.
¡Ésta es nuestra liberación!

Buscar la salvación en normas y leyes,
en méritos,
en principios dogmáticos,
en cumplimientos falsos,
¡es romper con Cristo!

Jesús es otra cosa.
Es don gratuito.
Es vida en plenitud.
Es libertad para siempre.
Es ilusión y bien completo.
Es alegría sin fin.
Es semilla y fruto
de un bien absoluto
que la fe nos hace esperar
mientras vamos construyendo amor.

Para ser libres nos ha liberado Cristo.
¡No cedamos!
Apostemos por la libertad.

¡MIRA QUE ERES LOCO!

Nos han dicho que quieres volver a nacer otra vez.
Mira que eres loco, ¿eh?
¿Pero no ves lo que somos y lo que estamos haciendo?
Y, sin embargo, Tú quieres venir.
Ya no sé si con tu gesto testarudo de volver cada Navidad
estás pretendiendo decirnos algo:
Que el cielo está siempre abierto,
que hay estrellas para guiar nuestros pasos,
que hay ángeles humanos a nuestro lado,
que podemos hacernos tiernos como niños,
que el mundo puede ser nuevo,
que Dios es Padre y Madre en nuestro desconcierto...

Que nadamos en abundancia
mientras hay hermanos, tuyos y nuestros,
que sufren hambre de pan,
de cultura, de libertad, de cariño, de dignidad...
Que tenemos un mensaje que se llama Evangelio
que todavía no es buena noticia para todos,
porque nosotros lo desvirtuamos y malvivimos.

Que tenemos miedo de vivir
y cerramos nuestro corazón a los hermanos.
Que nos preocupamos mucho por nosotros
y nos justificamos ante Ti dando limosnas.
Que no sabemos compartir,
y que Tú sigues encontrando nuestras puertas cerradas...

Si es así, Jesús,
ven a nuestras casas esta Navidad,
ven a nuestra ciudad,
ven a nuestra parroquia,
ven a nuestro grupo,
ven a nuestro mundo...
Y ven, antes que nada,
a nuestro pobre corazón.

NOS TOMAS EN SERIO

Señor, nos tomaste en serio.

Te encarnaste sin privilegios,
para ser como nosotros.
Plantaste tu tienda a nuestro lado,
para andar con nosotros el camino.
Viviste entre conflictos y pobre,
para que nadie se llevara a engaños.

Eres luz,
y nos invitas a ser testigos de la luz y a defenderla.

Eres amor,
y nos empujas a entregarnos a los que más lo necesitan.

Eres verdad,
y nos dejas en medio de un mundo de mentiras.

Eres libertad,
y nos liberas para vivir la libertad como servicio.

Eres camino,
y nos conduces a un mundo sin fronteras.

Eres palabra,
y nos animas al diálogo y al silencio.

Eres perdón,
y das aliento de esperanza a nuestros fracasos.

Eres paz,
y nos empujas a construir un mundo sin violencia.

Eres amigo,
y nos brindas soñar juntos comunidades de amistad.

Eres unidad,
y nos enseñas a vivir en la diversidad.

Eres fiel,
y nos invitas a ser tolerantes.

Eres vida,
y nos prohíbes construir una cultura de muerte.

Eres crucificado,
y nos invitas a abrazar el mundo entero.

Eres Señor,
y nos propones construir la utopía del Reino sirviendo.

Señor, nos tomaste y nos tomas en serio.

PRESENCIA VIVA

Cuando la inquietud nos lleva una y otra vez
a las tareas de siempre con esperanza nueva,
a encarnarnos donde no se estila,
Tú estás con nosotros,
aunque te creamos ausente.

Cuando remamos a oscuras en medio de la noche,
y nos sentimos cansados y solos
al ver nuestras redes vacías,
Tú estás presente,
aunque nuestros ojos no sepan reconocerte.

De madrugada, cuando la luz vence a las tinieblas,
después de una jornada larga y monótona,
Tú estás en la orilla,
para iluminar nuestras sombras
y hacernos nuevas propuestas.

Cuando las redes se nos llenan
y la vida llega en abundancia,
Tú estás abriendo nuestro horizonte;
somos capaces de reconocer tu presencia
y saltar al agua sin nada encima.

A la hora de comer,
preparada la mesa,
Tú bendices la comida
y, mientras compartimos y miramos,
todos sabemos que eres el amigo de siempre.
Cuando tomas la palabra y me preguntas,
en público o en privado, si te amo,
Tú sabes que te quiero;
y, aunque me lleves a donde no me gusta,
extiendo mis manos para agarrar las tuyas.

QUÉDATE

Quédate, Señor, que se hace ya tarde,
que el camino es largo y el cansancio grande.

Quédate a decirnos tus vivas palabras
que aquietan la mente y encienden el alma.

Mantén en ascuas nuestro corazón torpe,
disipa nuestras dudas y temores.

Míranos con tus ojos de luz y vida,
devuélvenos la ilusión perdida.

Lava las heridas de estos pies cansados;
despiértanos a la vida con gestos humanos.

Quédate y límpianos rostro y entrañas;
quema esta tristeza, danos esperanza.

Quédate, Señor, comparte nuestras viandas
y muéstranos, paciente, tus enseñanzas.

Pártenos el pan de tu compañía;
ábrenos los ojos de la fe dormida.

De tus palabras surge lo que buscamos,
lo hemos visto caminando a tu lado.

Quédate y renueva valores y sueños;
danos tu alegría y tu paz de nuevo.

Condúcenos siempre al mundo, a la vida,
para ver tu rostro en otros rostros cada día.

Quédate, Señor, que se hace ya tarde,
que el camino es largo y el cansancio grande.

QUEJAS DEL SEÑOR

Vine a los míos y los míos no me recibieron.
Me hice como uno de ellos y no me conocieron.

Busqué nuevas formas de presencia:
me prolongué en signos visibles,
me quedé en sus templos y en sus casas,
quise estar en el centro de sus encuentros,
pero ellos apenas se dan cuenta.

Me encarné en el pobre y en el que sufre;
quise hacerme presente en sus debilidades:
curar, compartir, acompañar, servir,
ser testigo firme de toda vida, aún de la más débil;
pero ellos se van por otros caminos.

Me ofrecí como alimento –sabroso pan y dulce vino–
pero el banquete les parece insípido y triste.
Me hice Palabra buena y nueva,
y ellos la amordazan con leyes y normas.
Les descubrí los manantiales de agua viva,
y vuelven a las pozas y charcas contaminadas.

Tengo cada día una cosecha generosa
de dones y gracias que quiero repartir,
pero nadie la solicita, y me quedo con mis dones.
¡No hay dolor mayor que no poder regalar a quien se quiere!

Tal vez equivoqué la estrategia.
Si me hubiera quedado en un lugar solamente,
seguro que todos irían a buscarme y a pedirme.
¡Me tienen al alcance de la mano,
pero ellos prefieren ir a encontrarme
a oscuros y estériles rincones!

A pesar de todo, renuevo mi presencia.
Me quedo con vosotros.
Me quedo en el centro de vuestra vida.
No me busquéis lejos.
Buscadme en lo más profundo de vuestro ser,
en lo más querido de vuestros anhelos,
en lo más importante de vuestras tareas,
en lo más cálido de vuestros encuentros,
en lo más claro de vuestra historia.
Buscadme en el dolor y en la alegría,
siempre en la esperanza y en la vida.
Os espero.

SE HIZO CARNE

Y la Palabra se hizo carne
viva,
sensible y tierna,
cálida y cercana,
entrañable,
Dios encariñado,
Dios humanizado,
Hijo y hermano,
libre y palpable.

Sí.

Se hizo caricia y gracia,
grito y llanto,
risa y diálogo,
silencio sonoro,
balbuceo de niño,
eco de los que no tienen voz,
buena noticia,
canto alegre,
toque liberador...

¡Y nos humanizó!

TUS CAMINOS

Por los caminos del mundo
Tú has pasado diciendo la verdad.
Por los caminos de la tierra
Tú has sido peregrino y mensajero del Padre.
Por los caminos de la historia
Tú has estado atento a los signos de los tiempos.
Por los caminos de los pobres
Tú has hecho la voluntad del Padre.

Por los caminos de Dios
Tú has ido al encuentro de todos, hijos y marginados.
Por los caminos de la periferia
Tú has anunciado la Buena Noticia.
Por los caminos de los hermanos
Tú has hecho el camino hacia el Padre.
Por los caminos de la vida
Tú mismo has hecho tu propio camino.

Por tus caminos, llévame, Señor.

TUS DIBUJOS EN EL SUELO

Tus dibujos en el suelo
han tenido un efecto sorprendente:
el círculo moralista y acusador se ha roto
y, a solas contigo, por primera vez,
me he sentido libre.

Tus dibujos en el suelo
han sido el primer espejo no engañoso
que me ha hecho ver mi rostro triste,
mi ser pobre y vacilante,
mis miedos de siempre.

Tus dibujos en el suelo
han creado un silencio penetrante,
pues han puesto al descubierto
la trágica parodia que vivimos
cuando nos creemos diferentes.

Tus dibujos en el suelo
me han devuelto la dignidad perdida,
cuando tu dedo suave y firme,
con el polvo de siempre y mis lágrimas perdidas,
ha plasmado mi nuevo rostro sonriente.

Después te has incorporado,
serenamente has mirado mis ojos,
me has besado como nadie,
y has dicho al aire: Vete y vive; ya sabes.
Y yo no me he atrevido a abrazarte.

Pero llevo tus dibujos del suelo
tatuados en mi piel para siempre.

4

Ven, Espíritu

ACÉRCATE

Dices que soy manantial y no vienes a beber.
Dices que soy vino gran reserva y no te embriagas.
Dices que soy suave brisa y no abres tus ventanas.

Dices que soy luz y sigues entre tinieblas.
Dices que soy aceite perfumado y no te unges.
Dices que soy música y no te oigo cantar.

Dices que soy fuego y sigues con frío.
Dices que soy fuerza divina y no me utilizas.
Dices que soy abogado y no me dejas defenderte.

Dices que soy consolador y no me cuentas tus penas.
Dices que soy don y no me abres tus manos.
Dices que soy paz y no escuchas el son de mi flauta.

Dices que soy viento recio y sigues sin moverte.
Dices que soy defensor de los pobres y te alejas de ellos.
Dices que soy libertad y no me dejas que te empuje.

Dices que soy océano y no quieres sumergirte.
Dices que soy amor y no me dejar amarte.
Dices que soy testigo y no me preguntas.

Dices que soy sabiduría y no quieres aprender.
Dices que soy seductor y no te dejas seducir.
Dices que soy médico y no me llamas para curarte.

Dices que soy huésped y no quieres que entre.
Dices que soy fresca sombra y no te cobijas bajo mis alas.
Dices que soy fruto y no me pruebas.

AL VIENTO DE TU ESPÍRITU

Al viento de tu Espíritu,
que animó y ordenó, desde el inicio,
la creación toda
e infundió aliento de vida
en todos los seres,
nos colocamos, Señor.

Al viento de tu Espíritu,
que guió a tus profetas y mensajeros,
y a todo tu pueblo,
por los ambiguos caminos de la historia,
nos aventuramos, Señor.

Al viento de tu Espíritu,
que penetró y remansó en el corazón
y vientre de María de Nazaret,
haciéndola portadora de vida y esperanza,
vivimos, Señor.

Al viento de tu Espíritu,
que se apoderó de Jesús
y lo llenó de fuerza y ternura
para anunciar la Buena Nueva a los pobres,
nos apostamos, Señor.

Al viento de tu Espíritu,
que se llevó en Pentecostés los prejuicios y los miedos,
y abrió de par en par las puertas del cenáculo,
para que toda comunidad cristiana
fuera siempre sensible al mundo,
libre en su palabra,
coherente en su testimonio
e invencible en su esperanza,
nos abrimos, Señor.

Al viento de tu Espíritu,
que se lleva, hoy, los nuevos miedos de la Iglesia,
que critica en ella todo poder que no sea servicio
y la purifica con la pobreza y el martirio,
nos reunimos, Señor.

Al viento de tu Espíritu,
que sopla donde quiere, libre y liberador,
vencedor de la ley, del pecado, de la muerte,
y alma y aliento de tu Reino,
obedecemos, Señor.

ALABANZA AL ESPÍRITU

Te bendecimos, Espíritu creador,
fuente de vida y novedad,
dador de identidad cristiana y libertad,
que renuevas constantemente la faz en la tierra.

Te glorificamos, Espíritu del pueblo
y de los profetas,
huésped inquieto,
sabiduría de Dios,
fuerza creadora de la historia,
promesa de justicia, solidaridad y paz.

Te ensalzamos, don de Dios,
irresistible presencia de liberación,
que haces de cada pueblo y nación,
de cada familia y comunidad,
de cada hombre y mujer,
una zona liberada del Reino de Dios.

Reconocemos tu presencia en el reverso de la historia
y en el corazón de nuestro mundo:
en la esperanza de los pobres,
en el ansia de libertad,
en la lucha por la justicia,
en el grito de los oprimidos,
en la defensa de los derechos humanos,
en cada alegría, conquista y anhelo
de este largo caminar hacia la plenitud del Reino.

¡Bienvenido, Espíritu,
a nuestro mundo y a nuestra casa!

ANTÍDOTO CONTRA TODA CORRUPCIÓN

El universo está vacío
de tu Espíritu y tu misterio
porque lo llenamos de estériles explicaciones
que te dejan fuera y no interrogan.
Sopla tu aliento creador,
que todo recobre su lugar y su sentido
y deje de ser caos informe.

La tierra está contaminada
por la polución y la explotación incontrolada;
nos asfixiamos por el aire enrarecido
y porque hemos esquilmado todas sus fuentes.
Sopla tu aliento puro:
que respiremos otra vez frescor de vida
en medio de esta cultura destructiva.

Los pueblos están extraviados,
por violencias, injusticias y guerras,
abusos, privilegios y componendas.
Sopla tu aliento vivo:
que combata eficazmente
tanta corrupción y muerte.

Los creyentes estamos inseguros y divididos,
encerrados en nuestros círculos
y doloridos de esta situación que nos puede.
Sopla tu aliento fuerte:
para que unidos demos testimonio
de que Tú eres Dios creador y liberador.

Y exhala tu aliento sobre mí
para que recobre vida e ilusión,
y aprenda a vivir como hijo/a
en el corazón del mundo,
manifestando que toda tu obra es buena,
y está bien hecha.

CANTO INACABADO

Ven, Espíritu.
Ven, Amigo.
Ven, Maestro.
Ven, Protector.

Ven, Don gratuito.
Ven, dulce Luz.
Ven, Fuerza suave.
Ven, Aliento vivo.
Ven, Soplo divino.
Ven, Perfume penetrante.
Ven, Huésped inquieto.
Ven, Guía seguro.
Ven, Gozo gozoso.

Ven, Brisa y Huracán.
Ven, Fuego y Fuente.
Ven, Paz y Guerra.
Ven, Herida y Aceite.
Ven, Consolador y Perturbador.
Ven, Iniciador y Consumador.
Ven, Torrente y Cauce.
Ven, Artista y Artesano...

Haz tu obra en mí
y tu obra en el mundo.

DANOS TU ESPÍRITU

Danos tu Espíritu, Señor.
Donde no hay Espíritu surge el miedo.
Donde no hay Espíritu aparecen los espíritus.
Donde no hay Espíritu la rutina lo invade todo.
Donde no hay Espíritu la esperanza se marchita.
Donde no hay Espíritu no podemos reunirnos en tu nombre.
Donde no hay Espíritu se olvidan las cosas esenciales.
Donde no hay Espíritu la soledad se hace presente.
Donde no hay Espíritu se introducen leyes y normas.
Donde no hay Espíritu el futuro se oscurece.
Donde no hay Espíritu no puede brotar la vida.
Danos tu Espíritu, Señor.

DANOS TUS DONES

Ven, Espíritu de Jesús,
sobre los que creen,
sobre los que dudan,
sobre los que temen.

Derrama tu fuego
sobre la tibieza de nuestros quereres,
sobre el invierno de nuestras ilusiones,
sobre el rescoldo de nuestras opciones.

Sopla tu aliento
sobre los que construyen el futuro,
sobre los que conservan los valores,
sobre los que protegen la vida.

Alumbra con tu luz
a los que crean el arte y la belleza,
a los que trabajan por la paz y la solidaridad,
a los que tienen cargos y responsabilidades.

Enriquece con tus dones
el corazón de todos los hombres y mujeres,
las ciudades y pueblos de todos los continentes,
todas las culturas y todas las religiones,
y el querer de los pobres.

Ven, Espíritu Santo.
Ven, aquí y ahora,
y permanece con nosotros,
siempre en nosotros.

ENVÍA, SEÑOR, TU ESPÍRITU

Ahora que el tiempo parece detenido,
ahora que tu presencia es más palpable,
ahora que mi ser desea y anhela,
ahora que me veo necesitado,
yo te pido al estilo humano:

Envía tu Espíritu
sobre mi aridez,
sobre mi fragilidad,
sobre mis miedos,
sobre mi pobreza,
sobre mi cansancio,
sobre mis contradicciones,
sobre mis luchas,
sobre mi impaciencia,
sobre mi frialdad,
sobre mis ansias insaciables,
sobre mi falta de fe...

Envía, también, tu Espíritu
sobre mis alegrías,
sobre mi esperanza,
sobre mi trabajo,
sobre mis proyectos,
sobre mi familia,
sobre mi campo arado,
sobre mis flores compartidas,
sobre mis ansias de cambio,
sobre mis semillas de vida.

Envía, Señor, tu Espíritu,
que cubra con su sombra
todo lo que soy y tengo;
que queme mis despropósitos
y riegue lo que es brote de tus dones.
Envía, Señor, tu Espíritu.

ESPERANZAS MANTENIDAS

Todo cuanto vive, de Ti recibe aliento.
Todo cuanto crece, de Ti recibe savia.
Todo cuanto se mueve, de ti recibe aire.
Todo cuanto canta, de Ti saca la música.
Todo cuanto grita, de Ti aprende la protesta.

Tú haces en el silencio.
Tú obras en lo secreto.
Tú construyes sin hacer ruido.
Tú creas sin miedo.

Tú estás, a la vez, profundamente escondido
y profundamente presente,
como la levadura en la masa,
como el oxígeno en la atmósfera,
como la fragancia en las flores,
como el sabor en las frutas.

Gracias a Ti tenemos ganas de vivir
y de construir un mundo mejor.
Gracias a Ti siguen vivos los gérmenes
de igualdad, libertad y fraternidad.
Gracias a Ti soñamos utopías
y caminamos con dignidad.
Gracias a Ti hemos aprendido la tolerancia
y a compartir nuestras semillas de verdad.

Gracias a Ti, hombres y mujeres
de toda nación, lengua y color,
van edificando los cielos nuevos y la nueva tierra
donde es posible entenderse en la diferencia.

Espíritu de Jesús,
acelera el día en el que la Babel de la desigualdad
y las murallas del Norte rico e insolidario
se desmoronen y no puedan volver a levantarse,
y un nuevo orden de valores sea la Carta Magna
de todos los ciudadanos del mundo.

Borra toda frontera y ley –natural, religiosa y civil–
que justifica o crea castas, clases, parias;
y envuélvenos en una paz, tu paz,
donde sea posible vivir todos como hermanos.

ESPÍRITU DE DIOS

Visita los valles y rincones de tu corazón
y te toparás con manantiales de vida,
de justicia y solidaridad,
de verdad, paz y alegría.
Es mi Espíritu que desde siempre puse en ti.

Repara en la vida de tu familia
–cercana y lejana, rota y unida, en éste y aquél–:
descubrirás huellas de corazones entregados
y hermanos que quieren ser hermanos.
Es mi Espíritu que desde siempre puse en vosotros.

Observa el caminar de tu pueblo,
a veces triste y lento, otras alegre y ligero,
con proyectos, planes y sueños,
abriendo caminos o sólo senderos.
Es mi Espíritu que alienta vuestro aliento.

Mira a la Iglesia, mírala sin recelo.
Sé sus males, sus yerros y traiciones;
también tus dudas, críticas y dificultades.
Pero bajo su aspecto pesado, seco y polvoriento
brota la vida, es oasis y centinela,
tiene entrañas y profetas.
Es mi Espíritu vivo en sus arterias viejas.

Extiende tu mirada por el ancho mundo,
más allá de tu casa, pueblo y patria.
Fíjate en los esforzados del querer solidario,
en los que luchan para que otros alcancen lo suyo.
Es mi Espíritu valiente en corazones liberados.

Llégate a los lugares más olvidados
de la primavera y los sueños humanos.
¡Todavía no conoces los mejores secretos!
Limpia tus ojos para ver lo que allí crece.
Es mi Espíritu que florece a la sombra de los pobres.

Observa, ve y aprende;
contempla, agradece y canta;
ábrete, goza y déjate llevar por mi Espíritu
–soplo, brisa, huracán, aire–
que has recibido gratis.

GRACIAS, PADRE, POR EL ESPÍRITU

Te bendecimos, Padre, por el don del Espíritu
que, por tu Hijo, haces al mundo.

Lo hiciste al principio, en los orígenes de todo,
cuando incubabas el universo al calor del Espíritu
para que naciera un mundo de luz y de vida
que pudiera albergar al género humano.

Te damos gracias porque, mediante tu Espíritu,
lo sigues creando, conservando y embelleciendo,
para que nuestro caminar no sea triste y agorero
y podamos disfrutar de las primicias del Reino.

Te bendecimos por haber puesto tu Espíritu
en hombres y mujeres, niños y adultos;
y por el don continuo que de él has hecho
siempre en la historia humana:
Espíritu de fuerza en sus jueces y gobernantes;
Espíritu rector en sus líderes fieles;
Espíritu creador en sus sabios investigadores;
Espíritu soñador en sus artistas y poetas;
Espíritu solidario en sus pobres pobres;
Espíritu de vida en el pueblo siempre.

Te bendecimos, sobre todo, por Jesucristo,
lo mejor de nuestro mundo,
el hombre "espiritual" por excelencia.
Vivió guiado por el Espíritu,
evangelizando a los pobres,
ayudando y fortaleciendo a todos...
hasta que, resucitado, comunicó a su Iglesia,
y a los que buscan con corazón sincero,
ese mismo Espíritu.

Te alabamos por la acción de tu Espíritu
en los profetas,

en los reformadores,
en los educadores,
en los revolucionarios,
en los mártires,
en los santos,
en todas las personas buenas...

Que el Espíritu nos dé fuerza para luchar
por la verdad, la justicia y el amor,
luz para comprender a todos,
ayuda para servir,
generosidad para amar,
solidaridad para vivir,
paciencia para esperar...

Padre, que tu Espíritu sople sobre la Iglesia,
dándole unidad y nueva savia evangélica;
que traiga la libertad, la igualdad y la fraternidad
a todos los pueblos, razas y naciones.

Y, finalmente, haznos sensibles
a la acción de tu Espíritu en el mundo y en la historia.
Ayúdanos a descubrirla en la ciencia,
en la cultura, en el trabajo, en la técnica,
en todo aquello en que el ser humano y el Espíritu
preparan conjuntamente el alumbramiento
de los nuevos cielos y la nueva tierra.

Por Jesucristo, tu Hijo resucitado y hermano nuestro.
Amén.

HAZNOS SENSIBLES A TU VOZ

Estás en el corazón de todo lo creado
proclamando tu mensaje de vida.
En las cosas que duermen
y en las que despiertan
y cantan,
silban,
gimen,
acarician
o golpean.
En los seres cuando hablan
y en su silencio que nos sobresalta:
en el jadeo de los que sufren,
en el diálogo de los que aman,
en la risa de quienes viven
y en el grito de quienes no tienen palabra.

Estás en todas partes
y a cualquier hora.
Hablas en el susurro callado
de la historia más cotidiana.

¡Tantas veces te he dicho que hables,
que digas, que hagas algo!
Y estás hablando siempre,
sobre todo cuando yo callo,
y miro y observo y contemplo...

Tú, Espíritu, lo llenas todo
y yo sólo veo apariencias,
cuando no obstáculos.

Haznos sensibles a tu voz,
a tus susurros y tus gemidos,
a tu risa y tu clamor,
para que podamos descubrir
tu rostro, tus manos, tu palabra,
aquí, en nuestra vida cotidiana
que tú sostienes y recreas cada día.

INVOCACIÓN Y DISPONIBILIDAD

Espíritu de vida,
danos vida en abundancia, vida nueva,
vida digna, buena y creadora para todos.
Graba en nuestras entrañas a fuego
que "la gloria de Dios es que el hombre viva".

Espíritu de amor,
haznos tiernos, cercanos, tolerantes;
que busquemos amar como el Padre ama
y como el Maestro nos enseñó y mandó;
que sintamos como propio el dolor y el gozo ajenos,
sobre todo el de los pobres.

Espíritu de verdad,
haznos unos inconformes con el error, la injusticia y el odio,
unos insatisfechos con la farsa de este mundo.

Espíritu de unidad,
ayúdanos a extender en el mundo
tu presencia fraterna y solidaria.
Fortalece con este pan a todos los que se unen
para construir una sociedad libre y justa, abierta a Dios.

Espíritu de libertad,
haznos testigos de tu buena nueva de liberación.
Necesitamos tu fuerza, tu fortaleza, tu templanza,
para comprometer nuestra vida con quienes no son libres.

Espíritu dadivoso,
concede tus dones y carismas a tus fieles:
a quienes se desgastan en el servicio de los pobres;
a catequistas, animadores, profetas y responsables;
a quienes están enfermos y sufren sin saber porqué.

Espíritu aventurero,
sumérgenos a todos los aquí reunidos

en el cuerpo y sangre de Cristo y de todos los crucificados;
líbranos de nuestro egoísmo y cortedad,
rompe nuestras cadenas y ataduras,
y haznos gozar en plenitud de la filiación y fraternidad
gratuitamente recibidas.

LETANÍA DE PENTECOSTÉS

Derrama tu Espíritu
sobre jóvenes y ancianos,
sobre niños y adultos,
sobre hombres y mujeres,
sobre ricos y pobres,
sobre débiles y fuertes,
sobre el Norte y el Sur.
Derrama tu Espíritu.

Envía tu fuego
al corazón de todas las personas,
a los ojos de todas las personas,
a los labios de todas las personas,
a los oídos de todas las personas,
a las manos de todas las personas,
a las entrañas de todas las personas.
Envía tu fuego.

Sopla tu aliento
sobre los que creen,
sobre los que dudan,
sobre los que aman,
sobre los que se sienten solos,
sobre los que siembran,
sobre los que marchitan esperanzas.
Sopla tu aliento.

Envía tu fuego
a las palabras de los profetas,
a los silencios de los pobres,
a los discursos de los políticos,
a los cantos de los monjes,
a los libros de los sabios,
a las nanas de las madres.

Envía tu fuego.
Derrama tu Espíritu

sobre quienes construyen el futuro,
sobre los que trabajan por la paz,
sobre los que plantan la justicia,
sobre los que tienen hambre y sed de verdad,
sobre los que crean belleza,
sobre quienes cuidan tu obra de la creación.
Derrama tu Espíritu.

NO ENTRISTEZCÁIS AL ESPÍRITU

Tú, Espíritu de Dios, Espíritu creador, estás triste.
El maravilloso tapiz de la creación,
que con tanto amor y alegría habías tejido,
está destrozado, desgarrado, hecho jirones:
su belleza devastada por la violencia,
su armonía rota por la explotación,
sus hilos contaminados por el odio,
sus colores diluidos por el olvido.

Pero he aquí que tú, Espíritu creador,
te dispones a reunir los jirones
para tejerlos de nuevo con paciencia infinita.
Reúnes los jirones de nuestras penas y tristezas:
las lágrimas, las frustraciones, el dolor,
los fracasos, los golpes, las cicatrices,
la ignorancia, las violaciones, la muerte...

Y reúnes también el trabajo duro,
la compasión de muchos corazones,
las iniciativas de paz, los ríos de solidaridad,
las luchas contra la injusticia y el odio,
las flores vivas de la diversidad,
los cantos de esperanza
y los mimbres de la fraternidad.

Y nos invitas a sentarnos a tu lado,
y a recrear el tapiz con ternura y paciencia.
Nos invitas a tomar parte en tu afán
y a rehacer el tejido, trabajando en red,
para que surja una nueva creación reconciliada.

POR LA FUERZA DEL ESPÍRITU

Donde menos lo esperas
o cuando menos lo esperas,
donde todo es gris de tristeza,
cuando la pesadumbre pesa,
donde nadie imagina ni sueña,
cuando el horizonte se nubla,
es posible la vida
por la fuerza del Espíritu.

En la tierra callada,
en el surco abierto,
en el bosque perdido,
en el barro del camino,
en las montañas áridas,
en los valles secretos,
es posible la vida
por la fuerza del Espíritu.

En los ojos que miran,
en las manos que aprietan,
en las palabras no dichas,
en las entrañas que gimen,
en los regazos que acunan,
en tu corazón cambiante,
es posible la vida
por la fuerza del Espíritu.

SEGURO QUE ACIERTAS

Dicen que tienes siete dones
y multitud de gracias y carismas
que florecen y dan fruto
en cualquier estación y tierra.

Pongo mis zapatos en la ventana
por si quieres hacerme algún regalo
que me devuelva la alegría
y me haga vivir pisando tierra
y soñando nuevas utopías.
Podría ser la sabiduría,
porque soy torpe e ignorante.
Podría ser el entendimiento,
para tener experiencia viva de Dios,
y hablar con conocimiento de causa;
o algo de tu luz, ciencia y consejo,
para poder dialogar y acompañar a mis hermanos.

Podría ser la fortaleza
porque soy cobarde y tímido
cuando intuyo dificultades y resistencias.
Podría ser la piedad y el santo temor
para que sepa decir" Padre y Madre"
con confianza de niño y adultez responsable.

Pasa por mi casa, por favor,
y déjame lo que quieras.
¡Seguro que aciertas!

SEMILLA DE TU ESPÍRITU

Hay un mundo dentro de mí
no visto, no conocido, no oído,
y nadie puede poseerlo
ni de pensamiento ni de palabra ni de obra.
No ondea bandera alguna sobre él,
ni mapas ni planos ni leyes;
y nadie es capaz de entrar allá dentro,
ni con espadas ni con dientes ni con armas,
ni con argucias o mentiras de otro tipo.
Dentro de mí hay una libertad
clara, intacta, sin mancha,
una libertad que nadie puede violar
–ni ley ni victoria ni fracaso–
porque es la semilla de tu Espíritu
que Tú pusiste en mí al hacerme hijo.

SIETE DONES

Siete son los dones del Espíritu.
Siete las llamas de fuego vivo
que encienden el corazón de los elegidos
y nos llevan a vivir en plenitud,
acrisolándonos de toda escoria,
haciéndonos sensibles a lo que procede del Padre y del Hijo
y alumbrando nuestro camino noche y día.

El primero es el don de *sabiduría*.
Por él nos hace comprender, saber y gustar,
con la inteligencia y el corazón,
que Dios no es misterio de oscuridad
sino hondura de vida y amor;
por él nos hace saber cuáles son los caminos
de la vida, del bien y del gozo:
cuál es la esperanza a la que estamos llamados,
cuál es la riqueza que da en herencia a los santos
y cuál la extraordinaria grandeza de su poder
para todos los que creen.

El segundo es el don de *conocimiento.*
Por él se abre nuestro ser de par en par
a la auténtica experiencia de Dios,
de modo que el creyente, pueda hablar,
con verdad y sin vanidad,
de lo que conoce íntima y personalmente
y dar testimonio de lo que ha vivido.

El tercero es el don de *profecía*.
Por él el creyente, unas veces, habla en nombre de Dios
a otros hombres y mujeres con palabras edificantes,
de exhortación, consejo y consuelo.
Y otras, anuncia y descubre el futuro inédito de Dios
y la aventura, sorpresa y novedad de la historia
que nos espera si nos adentramos por sus caminos.

El cuarto es el don de *ciencia*.
Por él el creyente conoce el verdadero sentido
de la enseñanza de Jesús,
recuerda cada uno de sus preceptos
y puede distinguir los buenos y malos espíritus,
los que caminan en la luz
y los que permanecen en las tinieblas.

El quinto es el don de *fortaleza*.
Por él hace el Espíritu del creyente un testigo fiel
en este mundo receloso, escéptico y ambiguo,
en el que tantas veces es necesario ir contracorriente,
porque testigo es él
y hace testigos de los discípulos de Jesús
acudiendo a su ayuda siempre
en los momentos de debilidad.

El sexto es el don de *piedad*.
Por él el creyente sale de sí mismo,
se siente confiadamente religado a Dios
y empieza a vivir como hijo,
con misericordia y fervor,
seguro de lograr la herencia que espera,
la que el Padre ha prometido a quienes,
hechos hijos en el Hijo,
están destinados a compartir su gloria.

El séptimo es el don de *temor de Dios*.
Por él el creyente siente, vive y asume
la majestad y la ternura de Dios
que nos libra, día a día, de los miedos humanos,
y nos hace abandonar las obras de la carne,
para gozar de los frutos del Espíritu Santo:
amor, alegría, paz,
comprensión, tolerancia, servicialidad,
bondad, generosidad, lealtad.

TÚ QUE ESTÁS SOBRE MÍ

Espíritu de Dios
que te ciernes sobre la faz de la tierra,
alienta en mí el aire de la justicia,
el aire de la libertad,
el aire de la verdad,
el aire de la paz,
el aire de la entrega,
el aire de la solidaridad,
el aire de la tolerancia,
el aire de la generosidad,
el aire de la osadía,
el aire de la fraternidad,
el aire del silencio,
el aire de la palabra profunda...

Espíritu de Dios
que empujas la vida en todos los rincones del orbe,
aviva en mí lo que está dormido,
lo que está marchito,
lo que anda débil,
lo que languidece,
lo que muere de tristeza,
lo que está yermo.
Y también lo que puja por vivir,
lo que empieza a florecer,
lo que da frutos de vida,
las semillas de esperanza,
lo que rompe los cascarones y se entrega,
el deseo de tus dones...

Espíritu de Dios
que aleteas sobre este mundo inacabado,
anímame, actívame,
vivifícame con tu soplo para ser
puente de unión entre orillas,
lugar de encuentro en encrucijadas,

árbol frondoso en las horas tórridas,
fuente de agua fresca en páramos y majadas,
sal sabrosa para todos en la vida,
luz segura en las noches oscuras,
mano acogedora en los momentos de soledad,
casa abierta para quienes necesitan techo,
fruto sabroso para quienes tienen hambre,
buen samaritano a la vera del camino... siempre.

Espíritu de Dios,
tú que puedes renovar y recrear todo,
prepárame, aprémiame, aligérame
para participar contigo
en el parto de los cielos nuevos y la tierra nueva,
mientras llega el reino prometido por Jesús.

VEN, ESPÍRITU DIVINO

Ven, Espíritu divino,
manda tu luz desde el cielo.
Padre amoroso del pobre;
don, en tus dones espléndido;
luz que penetra las almas;
fuente del mayor consuelo.

Ven, dulce huésped del alma,
descanso de nuestro esfuerzo,
tregua en el duro trabajo,
brisa en las horas de fuego,
gozo que enjuga las lágrimas
y reconforta en los duelos.

Entra hasta el fondo del alma,
divina luz, y enriquécenos.
Mira el vacío del hombre
si tú le faltas por dentro;
mira el poder del pecado
cuando no envías tu aliento.

Riega la tierra en sequía,
sana el corazón enfermo,
lava las manchas, infunde
calor de vida en el hielo,
doma el espíritu indómito,
guía al que tuerce el sendero.

Reparte tus siete dones
según la fe de tus siervos.
Por tu bondad y tu gracia
dale al esfuerzo su mérito;
salva al que busca salvarse
y danos tu gozo eterno. Amén.

Inocencio III

5

Anhelo y búsqueda

A VECES, SEÑOR, A VECES

A veces, Señor, a veces,
la historia es tan opaca,
la vida tan ambigua,
y el horizonte tan monótono y triste,
que de nada sirve tu mensaje
porque tu presencia se nos esconde.

Y entonces, Señor, entonces,
el corazón sufre y sangra,
las entrañas, cansadas, se agotan,
el espíritu se desorienta
y los sentidos se rebelan
porque no encuentran brotes de esperanza.

A veces, Señor, a veces,
se me rompen los esquemas,
me encuentro perdido noche y día,
camino sin saber de ti ni de mí
y espero contra toda esperanza,
anhelando el roce de tu brisa.

Y si no pasas susurrando y moviendo
los cristales de mis ventanas,
mi anhelo se desata, en pasión o ira,
queriendo que seas huracán,
fuego, tormenta, mar bravío.

A veces, Señor, a veces, me siento vacío...
Y sólo anhelo compartir heridas y deseos.

AL BORDE DEL CAMINO

Aquí estoy, Señor,
como el ciego al borde del camino
–cansado, sudoroso, polvoriento–;
mendigo por necesidad y oficio.

Pasas a mi lado y no te veo.
Tengo los ojos cerrados a la luz.
Costumbre, dolor, desaliento...
Sobre ellos han crecido duras escamas
que me impiden verte.

Pero al sentir tus pasos,
al oír tu voz inconfundible,
todo mi ser se estremece
como si un manantial brotara dentro de mí.

Yo te busco,
yo te deseo,
yo te necesito
para atravesar las calles de la vida
y andar por los caminos del mundo
sin perderme.

¡Ah, qué pregunta la tuya!
¿Qué desea un ciego sino ver?
¡Que vea, Señor!

Que vea, Señor, tus sendas.
Que vea, Señor, los caminos de la vida.
Que vea, Señor, ante todo, tu rostro,
tus ojos,
tu corazón.

ANSIA DE DIOS

Oh Dios, tú eres mi Dios, por ti madrugo.
Mi alma está sedienta de ti;
mi carne tiene ansia de ti,
como tierra reseca, agostada, sin agua.

Ven a mí con tu pasión y ternura.
Quiero sentirte dentro de mí
como rocío que cubre la hierba,
como viento que canta y despierta al bosque,
como rayo de luz que se lleva la oscuridad y la niebla.

Señor, te necesito desde el inicio del día
tanto como el aire que respiro,
el agua que me calma y refresca,
y la caricia que pone vida en mi camino
y horizonte y esperanza en mi vida.

Señor, tu gracia vale más que la vida.
Quiero vivir a la sombra de tus alas
e iniciar el día alabándote con todo mi ser,
porque tu diestra me sostiene y mi alma está unida a ti.

Señor, toda mi vida te bendeciré
y alzaré mis manos y mi corazón para alabarte.
En todo lo que hoy haga y me suceda
quiero proclamar tu amor, gracia y ternura.

AÚN NO HAS ENTRADO EN MI CASA

¡Aún no has entrado en mi casa, Señor!
No pongas reparos,
no guardes silencio,
no digas que no es el momento,
no justifiques lo sucedido.

Ya sé que no soy digno,
que no siempre estoy presente,
que, a veces, me das miedo,
que ando ocupado en otros asuntos,
que me contradigo.

Pero me hiciste así, humano.
Y también es cierto que te hablo
(¿o hablo solamente al viento?),
y que tengo hace tiempo la puerta abierta
y un trozo de pan y un vaso de vino en la mesa.

Estoy esperándote, Señor.
¡Ya lo sabes!

BETANIA

A un tiro de piedra del centro,
de la ciudad encantada que me reclama,
donde se decide el presente
y futuro de la historia
y del bienestar de tantas personas,
está Betania.

Lugar de paso y reposo.
de amigos y encuentros,
de diálogos hondos y sinceros,
de veladas hasta altas horas de la madrugada...
Nada tiene que envidiar
a la gran ciudad que sueña y puja
por ser un mercado global.

Betania,
tan necesaria como, a veces, anhelada,
testigo de tantas idas y vueltas,
luces, sueños y desahogos,
quejas, trabajos y gestos amorosos,
sigue estando hoy ahí,
a la vuelta de la esquina,
cuando saliendo de mí mismo,
y dejando mis obsesiones y trabajos a un lado,
me siento a tus pies,
a estar contigo
como un hermano,
amigo
y discípulo.

Betania:
ahora contigo, Señor,
y mañana todo seguirá vivo y resituado.

CAMPO DE COMBATE Y ENCUENTRO
Gn 32,23-33

Quizá éste sea el lugar
y ésta la hora
para encontrarme contigo
y dialogar serenamente
acerca de nuestros pasos y encuentros,
sueños, proyectos,
amores y recelos...
y hasta de cambiar mi nombre
si no responde a lo que Tú quieres.

Yo, Señor, vengo cansado del camino,
huyendo y sin destino,
portando polvo, sudor y barro;
con hambre y sed de alimento:
de encuentro, paz y cariño.

He dejado todo lo que más quiero al otro lado del río.
Y pienso que este lugar puede ser cualquiera
o nuevamente Penuel,
para encontrarnos cara a cara.
Y ésta, la hora de la lucha y el conocimiento,
de la paz y el descanso, aunque me hieras.
Pero has de saber que anhelo el combate;
y si logro agarrarte no te soltaré,
aunque llegue el alba y me lo pidas,
si no me bendices como Tú sabes.

COMO A UN HERMANO TE HABLO

A ti, que andas por el mundo
rompiendo muros y fronteras;
a ti, que has llamado a mi puerta
dando vida a mis entrañas dormidas,
como a un hermano te hablo.

Si son tuyos mis anhelos,
si es tuya mi noche y mi día,
si alzan tus manos mi cuerpo,
si hacen tus pasos mi senda,
como a un hermano te hablo.

Si lloran mis ojos tu llanto,
si nuestros gritos son iguales,
si tenemos semejantes las heridas,
si soñamos los mismos sueños,
como a un hermano te hablo.

Por encima de todas las fronteras,
por encima de razas y culturas,
aunque nuestras palabras sean distintas
y a veces te sienta extraño,
como a un hermano te hablo.

Común tenemos el Padre,
me hiciste hijo para siempre;
común tenemos la lucha y la sangre,
común tu espíritu y mensaje.
¡Déjate ver y abrázame, hermano!

DAME A CONOCER TU NOMBRE

Ya sé que mi deseo es osado,
pero espero que no te sorprenda,
pues me conoces mejor que nadie.
Si Tú me has hecho tu hijo
y me llamas por mi nombre,
nada tiene de extraño
que yo quiera saber el tuyo.

Lo quiero para saberte y gozarte,
para nombrarte y cantarte,
para jugar contigo al eco en montañas y valles:
dejarte libre y sentir que vuelves,
que me envuelves y abrazas
sin aprisionarme ni deslumbrarme.
¡Dame a conocer tu nombre!

Lo quiero para recordar tu presencia
ahora y en cualquier instante,
para descalzarme, postrarme,
agarrarme o acurrucarme.
No para poseerte ni matarme,
sino para vivir gratuita y alegremente.
¡Dame a conocer tu nombre!

DESPIÉRTANOS, SEÑOR

Despierta, Señor, nuestros corazones,
que se han dormido en cosas triviales
y ya no tienen fuerza para amar con pasión.

Despierta, Señor, nuestra ilusión,
que se ha apagado con pobres ilusiones
y ya no tiene razones para esperar.

Despierta, Señor, nuestra sed de Ti,
porque bebemos aguas de sabor amargo
que no sacian nuestros anhelos diarios.

Despierta, Señor, nuestra hambre de Ti,
porque comemos manjares que nos dejan hambrientos
y sin fuerzas para seguir caminando.

Despierta, Señor, nuestras ansias de felicidad,
porque nos perdemos en diversiones fatuas
y no abrimos los secretos escondidos de tus promesas.

Despierta, Señor, nuestro silencio hueco,
porque necesitamos palabras de vida para vivir
y sólo escuchamos reclamos de la moda y el consumo.

Despierta, Señor, nuestro anhelo de verte,
pues tantas preocupaciones nos rinden
y preferimos descansar a estar vigilantes.

Despierta, Señor, esa amistad gratuita,
pues nos hemos instalado en los laureles
y sólo apreciamos las cosas que cuestan.

Despierta, Señor, nuestra fe dormida,
para que deje de tener pesadillas
y podamos vivir todos los días como fiesta.

Despierta, Señor, tu palabra nueva,
que nos libre de tantos anuncios y promesas
y nos traiga tu claridad evangélica.

Despierta, Señor, nuestro espíritu,
porque hay caminos que sólo se hacen
con los ojos abiertos para reconocerte.

Despierta, Señor, tu fuego vivo.
Acrisólanos por fuera y por dentro,
y enséñanos a vivir despiertos.

EL CAMINO

Aunque esté lleno de baches y piedras
y tenga infinidad de curvas,
aunque vaya por colinas y valles
y sean frecuentes las pendientes,
aunque sea estrecho y sin césped,
unas veces polvoriento, otras lleno de barrizales,
voy por él
siguiendo tus huellas,
soñando utopías,
buscando sombras,
anhelando metas,
disfrutando la experiencia.

Y Tú, que vas por delante,
te me revelas y ofreces cada día
como camino, verdad y vida.

EN EL ENCINAR DE MAMBRÉ

Aquí estoy, Señor,
sentado a la puerta de mi tienda,
descansando del duro trabajo,
intentando sentir tu brisa,
serenando mi cuerpo y espíritu,
haciendo memoria de tantas idas y vueltas,
y oteando el horizonte
con estos ojos nómadas que Tú me has dado...
Hace calor.
Ni una rama del encinar se mueve.
Todo está detenido en la atmósfera
y en el tiempo.
El espíritu, seco y agrietado;
y las entrañas, yermas
como aljibe sin agua.

Pero yo espero y anhelo
que aparezcas a lo lejos,
tal como sueles presentarte,
con figura humana de caminante
que te acercas lleno de necesidades.

No pases de largo sin detenerte.
Hazme este favor.

Descansad un poco en mi casa.
Os traeré un cuenco de agua,
os lavaréis los pies
y reposaréis a la sombra.
Os amasaré tierna hogaza de flor de harina
y os ofreceré ternero bien aderezado,
requesón y leche
para que reparéis las fuerzas.

Yo acogeré tu Palabra,
como palabra hacedora de vida,

aunque otros se rían de ella
y de tus promesas.

Aquí estoy, Señor,
en el encinar de Mambré.
No pases de largo sin detenerte.

ENAMORADO

Tú te has acercado,
has soplado sobre los rescoldos de mi corazón,
y luz, calor, fuego y vida
han surgido gratis
inundando todo mi ser.

Derribaré cuanto se interponga entre nosotros:
mis miedos, mis apegos, mis trampas,
mis seguridades, mis murallas,
mis pecados, mis conciertos,
mi insensatez...
y hasta mis pensamientos sobre Ti.

Te dejaré entrar
hasta las alcobas más íntimas.
No te retendré en el umbral.

Despojado de todo,
excepto de mi deseo de Ti,
te esperaré despierto,
arado,
desnudo,
limpio,
enamorado...

Sólo quiero la brisa de tu presencia
y el abrazo de tu amor.

HASTA QUE TÚ ME ALCANCES

Deja, Señor, que te busque
aunque me pierda.

Deja que, con el corazón en vela,
te divise.
Deja que, en el ruido de la vida,
te oiga.
Deja que, en la dureza del camino,
te sienta.
Deja que, a todo lo que se mueve,
pregunte tu nombre.
Deja que, con mis manos sucias,
dibuje tu figura.
Y deja que, tendido en la tierra,
tu rocío me cubra.

Marcharé por todos los caminos,
desnudo y sediento,
hasta que Tú me alcances.

LA VIDRIERA

Soy, Señor,
como esa partecita verde
del cuadrante bajo izquierdo
que está en la casa de Lardero:
pequeña,
plana,
inmadura
y, aparentemente, insignificante.

Pero soy
algo único en tu vidriera.
Me lo dijeron,
me lo repiten
y me lo voy creyendo...

Tu fuerza me lleva y guía;
tu luz me habita;
tu confianza me aligera;
tu amor me sostiene con hilos de ternura;
tu fidelidad me religa y asegura;
y todos me hacen ser vidriera,
tu vidriera.

Flecha lanzada,
aunque no haya saltado murallas;
césped mullido,
aunque permanezca en la periferia;
en compañía,
a pesar de las negras y firmes líneas;
vidriera multicolor
desde mi verde apariencia.

Hoy, anhelo ser esperanza
y pasar, aunque sea un instante, del verde
al azul, al amarillo, al crema,
al violeta, al rojo, al ocre,

al marrón, al naranja, al granate,
o recrear con nueva luz el verde.
¡Reflejar todo el arco iris,
hasta que puedas habitar plenamente
mi ser, mi casa, mis noches y días!

LA VOZ QUE CLAMA

Llévame al desierto
y susúrrame, en el silencio,
tu palabra.

Condúceme por la ciudad
y grítame, entre el tráfico y el barullo,
tu Palabra.

Dirígeme por tus caminos
y dime, quédamente,
tu Palabra.

Llévame por valles y montañas
y repíteme, con eco y fuerza,
tu Palabra.

Guíame a la periferia de siempre
y enséñame, con paciencia,
tu Palabra.

Álzame por encima de mis problemas
y desvélame, con gracia y ternura,
tu Palabra.

Lánzame al agua
y hazme beber, serenamente,
tu Palabra.

Transpórtame a cualquier oasis
y refléjame, claramente,
tu Palabra.

Déjame en el corazón de las personas
y espera, Señor, que crezca en mí
tu Palabra.

PEREGRINO DE ILUSIONES

Señor,
Tú que me has hecho peregrino de ilusiones,
no dejes yermo mi horizonte.
Pon signos,
brotes,
flores,
hojas y colores,
hombres y mujeres
que me hablen de Ti
y de tus amores
y alimenten mis necesidades.

Pero no me des oasis permanentes,
llenos de descanso y paz,
que invitan a quedarse.

Sólo anhelo
quitarme el polvo del camino,
curar las heridas,
refrescarme,
limpiar estos ojos cegados,
reparar un poco las fuerzas,
compartir con otros caminantes,
cargar con lo imprescindible...
y salir, nuevamente,
para no perder la identidad que me diste.

¡Para seguir siendo peregrino de ilusiones
allá donde me pongas o dejes!

¡QUIZÁ SEA AHORA!

Algún día,
cualquier día,
doblarás otra vez el recodo del camino;
te veré acercarte,
ligero el paso,
con el corazón en vilo;
oiré tu voz llamándome,
veré tus ojos mirándome,
sentiré tus brazos abrazándome;
y sabré que tu amor es más fuerte
que mis dudas, cansancios y necedades.

Algún día,
cualquier día...
¡quizá sea ahora!

SÉ POCO DE TI

Sé poco de Ti, Tú lo sabes.
Poco de tu intimidad,
poco de tus disfraces,
poco de tus reacciones,
poco de tus amores,
poco de tu misterio insondable.

Sé poco de Ti, Tú lo sabes,
y mis herramientas y trucos,
–mis sabios saberes de ayer–
ya no sirven para desnudarte
y retenerte,
confundido,
junto a mí.

Ahora el confundido soy yo.
Cada día me eres nuevo.
Las imágenes que me fabriqué
y el rostro que te asigné
no me sirven para amarte.

Para amarte, día a día,
te dejaré ser,
no pondré trabas a tu osadía,
y me emborracharé
en tus fuentes de vida.

Como Padre/Madre, Aitama,
mantén vivas nuestras vidas;
como Hijo, danos la fraternidad perdida;
como Espíritu –huracán y brisa–,
lánzanos tu promesa última.

Sé poco de Ti,
Tú lo sabes.
Sé poco de Ti,
abrázame.

TU NOMBRE

Quiero decir tu nombre,
cantar tu nombre,
gritar tu nombre,
proclamar tu nombre,
anunciar tu nombre,
aprender tu nombre,
susurrar tu nombre.

Quiero escribir tu nombre,
deletrear tu nombre,
pintar tu nombre,
grabar tu nombre,
esculpir tu nombre,
tatuar tu nombre,
desvelar tu nombre.

Quiero ver tu nombre,
escuchar tu nombre,
respirar tu nombre,
sentir tu nombre,
gustar tu nombre,
reír tu nombre,
besar tu nombre.

Quiero soñar tu nombre,
querer tu nombre,
pedir tu nombre,
acoger tu nombre,
enseñar tu nombre,
regalar tu nombre,
compartir tu nombre.

Quiero recrear tu nombre,
adorar tu nombre,
confesar tu nombre,
desvelar tu nombre,

contemplar tu nombre,
bendecir tu nombre,
vivir tu nombre.

Y quiero que me dejes,
después,
estar en silencio
y a tus pies,
vacío y libre,
para que tu nombre
llene todo mi ser.

6

Creo, espero

6

Creo, espero

A TIENTAS

Creer,
cuando uno se adentra en la madurez de la vida,
o lleva años afirmando y regando
el jardín de sus flores y seguridades,
no consiste en soñar,
ni en volar,
ni en adentrarse en un mundo de ilusiones,
ni en quitar las hierbas malas,
ni en dar respuesta a todos los interrogantes,
ni en tener una estructura lógica y razonable
en la que apoyarse...

Creer, hoy, Señor,
es andar a tientas,
tanto de día como de noche,
entre sombras y luces,
bullicios y silencios
–que velan, desvelan, confunden y alertan–
e intentar, con los sentidos cansados,
olerte, oírte, verte, tocarte y besarte
en tus mediaciones.
Y alegrarse de estar aquí así,
a tientas.

COMO UN GRANO DE MOSTAZA

A veces, Señor, cuando dudo,
cuando no siento nada
y me percibo escéptico,
todavía sé pararme
y coger un grano de mostaza
en el cuenco de mi mano,
y mirarlo y mirarlo,
acordándome de tus palabras.

Y a veces, cuando todo va bien,
cuando la vida me sonríe,
cuando no tengo problemas
para creer en Ti,
ni para creer en los hombres y mujeres,
ni para creer en mí...,
también me atrevo a coger un grano de mostaza
en el cuenco de mi mano,
y lo miro y miro
acordándome de tus palabras:
"Si tuvierais fe como un grano de mostaza..."
Pero menos, Señor.

CREO... PERO ME DESDIGO

Creo que Tú me has hecho
y que me has dado alas,
y que entre tu cielo
y mi suelo has puesto tu amor y viento.

Pero me desdigo,
porque en vez de volar
me quedo a medio vuelo
agarrado a los elementos,
o me escondo en el corral,
o caigo en tierra con los huesos rotos...
¡Y aún me atrevo a hablar de libertad!

Soy terco, posmoderno
y algo más.
Pero creo que eres el mejor alfarero
para mis sueños.

DAR CRÉDITO

Muchos anuncios,
muchas promesas,
muchas rebajas,
muchas oportunidades,
muchas gangas...
Muchas voces me susurran
constantemente
sus ofertas.

Con sus llamativas,
vanas,
huecas,
lights
palabras
cubren su pobreza
y cantan sus alabanzas.

Mas no me satisfacen,
pues ni me alimentan,
ni me quitan el hambre,
ni me acogen como persona,
ni me defienden de sus intrigas.

En este mar de palabras,
de propaganda sofisticada,
de ilusiones engañosas,
de ofertas apetecibles,
de oportunidades novedosas,
yo sólo quiero dar crédito
a tu palabra buena y nueva,
valiosa y gratuita,
que me ofrece la vida,
la dignidad y la alegría.
Yo sólo quiero darte crédito
a Ti, que eres la Palabra y la vida.
Creo, Señor, en Ti.

DIGAN LO QUE DIGAN, NO ME IMPORTA

Alzo las manos
y miro a lo alto
porque siento y creo
que Tú extiendes las tuyas hacia abajo
y no dejas de mirarnos, noche y día.

Me inclino hasta el suelo
y beso la tierra
porque siento y creo
que Tú andas por ella sin avergonzarte
y la besas para hacerla más habitable.

Alzo las manos porque me siento alzado.
Miro a lo alto porque estoy en tu regazo.
Me inclino hasta el suelo para ver tus huellas.
Beso la tierra y tu Espíritu me llena.
Creo en Ti y, digan lo que digan, no me importa.

ERES EL QUE ME ENTIENDE

Anochece, Señor.
He vivido la jornada que me has dado
haciendo lo que hago diariamente...
He sembrado un puñado de ilusiones
y encendido algunas luces.

Estoy cansado
y se me duermen hasta las ilusiones.
Pero te creo como a nadie,
y sé que eres compañero y cómplice,
que te desvives por mí
y me entiendes.

Acúname,
descánsame
y despiértame creyéndote más,
y más serena y libremente.

HOY CREO UN POCO MÁS

Me has despertado y besado,
me has cogido de la mano
y me has llevado a pasear
por sitios que había olvidado.

Me has sacado de mi mundo,
de mis penas y barreras.
Has hecho que levantara los ojos
y viera algo de lo que me rodea.

Has cansado mi cuerpo bien sudado,
pero has aligerado mi espíritu
y devuelto la paz y la alegría
que tenía olvidadas o perdidas.

No sé si por todo esto, Señor,
o porque estoy aprendiendo,
o porque las dudas ya no son lo mío,
hoy creo un poco más en Ti.

ORACIÓN DEL HIJO-HIJA

Digo que eres amor,
y es a medias.
Que eres bueno y justo,
y es injusto decirlo.
Cuando digo que eres fiel,
es poca cosa.
Sólo si digo que Tú eres Dios,
que eres fiel, justo, bueno
y que me quieres,
parece que acierto...
Y si añado que eres Padre/Madre
–y me detengo,
gozo
y guardo silencio–,
comprendo qué es ser hijo.

¡Es todo lo que creo y siento!

PRACTICAR LA FE

Vagar por el bosque.
Empezar a inquietarse o a cansarse.
Tener tocado el ánimo
y también los pies y las razones.
Acelerar el ritmo.
Sentir que se echa encima la noche,
la niebla,
el frío,
los silencios y los ruidos,
y afloran los temores.
Aceptar que estoy perdido.

Y, de pronto, encontrarme a alguien
con quien puedo comunicarme
y contarle lo que me sucede.

Pedirle que me ayude...
y descubrir que sólo podemos apoyarnos
compartiendo los senderos que hemos probado inútilmente,
los caminos falsos,
y las zonas exploradas que no nos sirven.

Seguir buscando la salida
–la verdad, el horizonte, tu presencia–,
perdidos pero serenos y alumbrándonos,
eso es practicar la fe.
Eso es creer como Tú quieres.

SÉ DE QUIÉN ME HE FIADO

Cuando miro mi vida
y veo esa estela de huellas
en tantas direcciones,
con tantos caminos y sendas,
con tantas cruces,
subidas y bajadas,
idas y vueltas,
pérdidas y encuentros,
me río un poco del destino,
de la moda de los horóscopos,
de los hados y del sino.

Ni la fortuna ni la fatalidad,
ni los éxitos ni los fracasos,
ni la sangre...,
tampoco la ciencia y la cultura,
llevan las riendas de mi vida
y hacen mi historia.

En el fondo de todo,
noche y día, al alba y al atardecer,
en los momentos conscientes,
siempre apareces Tú
como roca firme,
espacio abierto
y seno materno.

Y aunque para otros nada sea firme,
todo sea fragmentario
y gusten y vivan a su aire,
yo sigo caminando a tu lado.
¡Sé de quién me he fiado!

SÍ A LA VIDA

Siento dentro de mí, Señor, un profundo deseo de vivir.
A pesar de mis sufrimientos, de mis penas y fracasos,
a pesar de mis incertidumbres, dudas y oscuridades,
amo la vida que Tú me has dado, y digo un sí
del cual todavía no acierto a ver las consecuencias.

No me importa que me tomen por ingenuo optimista
mientras yo pueda decir que es tu ilusión en mí.
No me importa que me consideren siervo encadenado
mientras yo sienta y transmita deseos de vivir y dejar vivir.

Señor, renuevo hoy, una vez más, mi sí a la vida;
y asumo, ante Ti, el compromiso de darle cuerpo y espíritu
con todo lo que tengo y soy, con tu aliento,
en su riqueza y miseria, en su pequeñez y grandeza.

Y si alguna vez me desdigo
y estoy a punto de hacer el ridículo,
renueva, oh Señor, tu compromiso conmigo,
para que pueda vivir como hijo, de nuevo.

YO NO SOY QUIÉN

He oído hablar de Ti, Señor,
y ando tras tus pasos hace tiempo
porque me seducen tus caminos;
pero yo no soy quién
para que entres en mi casa.

Te admiro en secreto,
te escucho a distancia,
te creo como a nadie he creído;
pero yo no soy quién
para que entres en mi casa.

Ya sé que no hay castas ni clases,
que todos somos hermanos
a pesar de la cultura, de la etnia y el talle;
pero yo no soy quién
para que entres en mi casa.

Sé que lo puedes hacer,
pues tu poder es más grande que mi querer.
Sabes que anhelo abrazarte y conocerte;
pero yo no soy quién
para que entres en mi casa.

Agradezco que vengas a verme,
que quieras compartir techo,
costumbres, esperanzas y preocupaciones;
pero yo no soy quién
para que entres en mi casa.

7

Encuentro

HISTORIA DE AMOR

El día que naciste no te cortaron el cordón umbilical,
no te lavaron con agua limpia ni te frotaron con sal,
no te envolvieron en pañales...
Nadie se apiadó de ti,
nadie tuvo compasión
ofreciéndote uno de estos cuidados,
sino que te arrojaron al campo
como un ser despreciable.

Yo pasé junto a ti,
te vi chapoteando en tu propia sangre, y te dije:
Sigue viviendo y crece como brote campestre.

Y tú creciste, te hiciste moza y llegaste a la sazón...
Tus senos se afirmaron y el vello te brotó,
pero estabas desnuda y en cueros.

Yo pasé de nuevo junto a ti y te vi;
estabas ya en la edad del amor:
extendí mi manto sobre ti y cubrí tu desnudez;
me uní a ti con juramento,
hice alianza contigo y fuiste mía.

Te bañé y ungí con aceite, te vestí,
te ceñí de lino, te revestí de seda,
te engalané con joyas...
Te hiciste cada vez más hermosa
y llegaste a ser como una reina...

Y tú, confiada en tu belleza, te prostituiste...
Menospreciaste el juramento y rompiste la alianza...
Pero yo me acordaré de la alianza que hice contigo
en los días de tu juventud,
y estableceré contigo una alianza eterna.

Ezequiel 16,4-15.59-61

OCASIÓN PERDIDA

Tú nos has propuesto pasar a la otra orilla,
y lo hemos aceptado al momento.
Es lo que anhelamos después de tanto encuentro,
trabajo, experiencia y sobresalto.

Hemos dejado a la gente,
te hemos cogido tal como estabas,
nos hemos embarcado en lo nuestro
y hemos empezado a soñar
proyectos,
encuentros,
descansos,
grandezas,
reinos
y triunfos...

Tú te has dormido sobre el cabezal
ajeno a nuestros sueños,
libre de preocupaciones,
confiado en nuestra pericia y amistad.

Y en vez de un encuentro
sereno y descansado,
con diálogo íntimo y enriquecedor,
ya ves lo que hemos logrado:
nueva tormenta que nos descompone
y envuelve en el miedo.

Hemos perdido el tiempo...
Quizá quieras que comencemos de nuevo.

PARA SABERTE

Para saberte
hay que probar la vida,
adentrarse en el misterio
y curar las heridas de la historia
hechas por los guijarros de tu ausencia
y nuestra falta de ternura.

Para disfrutarte
hay que sentir tu paso por la vida,
tu paso por nuestra sangre,
y abrir las entrañas sin miedo
para oxigenarse y hacerte sitio
a tiempo y a destiempo.

Busco tu roce
en el silencio y en la calle,
ese roce que rompe todas mis imágenes,
que me despierta y enciende
y me hace más transparente
para saberte y disfrutarte.

¿QUIÉN ERES, SEÑOR?

Cualquier día,
en cualquier momento,
a tiempo o a destiempo,
sin previo aviso,
lanzas tu pregunta:
Y tú, ¿quién dices que soy yo?

Y yo me quedo a medio camino
entre lo correcto y lo que siento,
porque no me atrevo
a correr riesgos
cuando Tú me preguntas así.

Nuevamente me equivoco,
y me impones silencio
para que escuche tu latir
y siga tu camino.
Y al poco, vuelves a la carga:
Y tú, ¿quién dices que soy yo?

Enséñame como Tú sabes.
Llévame a tu ritmo
por los caminos del Padre
y por esas sendas marginales
que tanto te atraen.

Corrígeme,
cánsame
y vuelve a explicarme
tus proyectos y quereres,
y quién eres.

Cuando en tu vida toda
encuentre el sentido
para los trozos de mi vida rota;
cuando en tu sufrimiento y en tu cruz

descubra el valor de todas las cruces;
cuando haga de tu causa mi causa;
cuando ya no busque salvarme,
sino perderme en tus quereres...
Entonces, Jesús, vuelve a preguntarme:
Y tú, ¿quién dices que soy yo?

REPARAR FUERZAS

Venid a un sitio tranquilo;
a un lugar apartado del bullicio agobiante
que nos acompaña día y noche;
a un lugar retirado
de vuestros negocios y preocupaciones,
de vuestras falsas necesidades;
a un lugar apropiado para encontraros
con Dios, entre vosotros y con vosotros mismos.
Venid a un sitio adecuado
para reparar fuerzas.

Y descansad un poco.
Detened vuestro ritmo alocado.
Haced un alto en el camino.
Sosegaos de tanto ajetreo.
Que se calmen vuestros nervios.
Que se serene vuestro espíritu.
Dejad la mochila a un lado,
quitaos las sandalias
y lavaos el cuerpo entero
para reparar fuerzas.

Los que estáis rendidos y agobiados,
los que vivís bajo el yugo de las responsabilidades,
los que soportáis el peso de los compromisos
y de las obligaciones ineludibles,
los que camináis con los ojos tristes
y la espalda doblada,
los que ya sólo divisáis niebla en el horizonte,
los que no sabéis vivir sin cargas y cruces,
echad el freno y apearos
para reparar fuerzas.

Yo os aliviaré.
Os sanaré la mente.
Tonificaré vuestro corazón.

Curaré vuestras heridas.
Vigorizaré vuestro cuerpo.
Calmaré vuestra ansiedad.
Os quitaré las pesadillas...
Estaré con vosotros en todo momento.
Tomaos un respiro conmigo
para reparar fuerzas.

Venid conmigo, amigos.
Gozad este momento y lugar.
Gustad todo lo suyo –que es vuestro–:
las verdes praderas, las aguas frescas,
los árboles frondosos,
el horizonte abierto...
Descansad sin prisas y sin miedo.
Cargad las pilas hasta rebosar
y escuchad mi buena nueva...
para reparar fuerzas.

SEDIENTO

Dame de beber.
¿Tan sediento estás que no reparas en quién soy?
Dame de beber.
¿Estás de broma, Señor?
Dame de beber.
¿Qué esquemas me quieres romper?
No me preguntes. Tú dame de beber.
¡Lo que me faltaba oír de Ti!
Dame de beber...
Yo no tengo agua, sino sed...

Dame, pues, tu sed.
Sentirías vómitos, estropajos y aridez.
Dame tu sed.
Te negarías a soñar y andar otra vez.
Dame tu sed.
Nadie me ha saciado. Y Tú no eres quién.
Dame tu sed y ¡verás!
Secaron mis entrañas. Ya no soy fácil de convencer.
¡Vamos! Dame tu sed.
No sé qué pretendes hacer...
No te resistas. Dame tu sed.
Quiero verte correr,
y vivir,
y sudar,
y reír...

TOCAR LAS LLAGAS

Dichoso tú, Tomás, que viste las llagas
y quedaste tocado;
te asomaste a las vidrieras de la misericordia
y quedaste deslumbrado;
palpaste las heridas de los clavos
y despertaste a la vida;
metiste tu mano en mi costado
y recuperaste la fe y la esperanza perdidas.
Pero, ¿qué hicieron después, Tomás, tus manos?

Ahora, ven conmigo
a tocar otras llagas todavía más dolorosas.

Mira de norte a sur,
de izquierda a derecha,
del centro a la periferia,
llagas por todos los lados:

Las del hambriento,
las del emigrante,
las del parado,
las del sin techo,
las del pobre pordiosero,
las de todos los fracasados. ¡Señor mío!

Las del discapacitado,
las del deprimido,
las del accidentado,
las del enfermo incurable,
las del portador de sida,
las de todos los marginados. ¡Dios mío!

Las del niño que trabaja,
las del joven desorientado,
las del anciano abandonado,
las de la mujer maltratada,
las del adulto cansado,
las de todos los explotados. ¡Señor mío!

Las del extranjero,
las del refugiado,
las del encarcelado,
las del torturado,
las de los sin papeles,
las de todos los excluidos. ¡Dios mío!

¿Quieres más pruebas, Tomás?
Son llagas abiertas en mi cuerpo
y no basta rezar: ¡Señor mío y Dios mío!
Hay que gritarlo y preguntar por qué;
hay que curarlas con ternura y saber;
hay que cargar muchas vendas,
muchas medicinas...
¡y todo el amor que hemos soñado!

¡Trae tus manos otra vez, Tomás!

YO SÍ TE CONOZCO

Hijo mío: Tú todavía no sabes lo que eres.
No te conoces aún
–quiero decir que no te has reconocido del todo–
como objeto de mi amor.
Por eso no sabes lo que eres en mí,
e ignoras las posibilidades que hay escondidas en ti.

Despierta y deja los malos sueños:
esa fijación en los fracasos y en los fallos,
en los cansancios, caídas y pasos en falso.
Todo eso no es tu verdadero yo.
¡Déjate amar y guiar y... ¡ya verás!

Las máscaras que llevas y los disfraces que te pones
te pueden ocultar a los ojos de los demás
–quizás a tus propios ojos también–,
pero no pueden ocultarte a los míos.

Esa mirada, tu mirada, que no es clara,
y tu deseo febril, anhelante,
así como tus ambiciones, apetencias y ardores
tan queridos, tan tuyos, tan fuertes...
Todo eso no es tu verdadero yo.
Bajo todo ello, detrás de todo eso,
más allá de tus dudas y tu pasado,
yo te miro, yo te amo, yo te elijo
y abro las puertas del cielo para mostrártelo.
Tú eres un hijo a quien quiero.

¡Podría decir tantas cosas...!
No de ese tú que busca disfraces,
sino del tú que permanece en mi corazón
y que acuno como Padre/Madre en mi regazo,
del tú que puede aún manifestarse.

Haz visible lo que eres para mí.
Sé el sueño hecho realidad de ti mismo.
Activa las posibilidades que he puesto en ti.
No hay ningún don al que no puedas aspirar.
Llevas mi sello, mi sangre y mi Espíritu.

Te beso, te amo, te libero, te lanzo...
Te abro a la vida y te hago dueño.
Y si todo esto es lo que yo hago,
¿qué te impide levantarte, andar y ser?
Estás en el mundo por tu bien y mi querer.

8

Tú me salvas

A TU MANERA

Saliste, Señor,
en la madrugada de la historia
a buscar obreros para tu viña.
Y dejaste la plaza vacía
–sin paro–,
ofreciendo a todos trabajo y vida
–salario, dignidad y justicia–.

Saliste a media mañana,
saliste a mediodía,
y a primera hora de la tarde
volviste a recorrerla entera.
Saliste, por fin, cuando el sol declinaba,
y a los que nadie había contratado
te los llevaste a tu viña,
porque se te revolvieron las entrañas
viendo tanto trabajo en tu hacienda,
viendo a tantos parados que querían trabajo
–salario, dignidad, justicia–
y estaban condenados todo el día a no hacer nada.

A quienes otros no quisieron
Tú les ofreciste ir a tu viña,
rompiendo los esquemas
a jefes, patrones, capataces, obreros y esquiroles...,
a los que siempre tienen suerte
y a los que madrugan para venderse
o comprarte... ¡quién sabe!

Al anochecer cumpliste tu palabra.
A todos diste salario digno y justo,
según el corazón y las necesidades te dictaban.
Quienes menos se lo esperaban
fueron los primeros en ver sus manos llenas;
y, aunque algunos murmuraron,
no cambiaste tu política evangélica.

Señor, sé, como siempre,
justo y generoso,
compasivo y rico en misericordia,
enemigo de prejuicios y clases,
y espléndido en tus dones.

Gracias por darme trabajo y vida,
dignidad y justicia
a tu manera...,
no a la mía.

ACÉPTANOS COMO SOMOS

No has venido, Señor, para juzgar
sino para buscar lo que estaba perdido,
para abrazar con ternura
lo que estaba enfermo y frío,
para liberar de culpas y temores
lo que estaba cansado y hundido.

Tú, que sabes que somos de barro,
acéptanos tal cual somos:
con nuestro pasado de pecado,
con el pecado del mundo,
con nuestros pecados personales,
con nuestra historia llena de ambigüedades...

No renuncies a ser Padre/Madre.
No nos dejes con nuestros fardos de siempre.
Infúndenos tu aliento de vida.
Llévanos nuevamente por tus sendas.
Sabes que somos de barro.
No abandones la obra de tus manos.

AMENAZADO DE VIDA

Dicen que estoy "amenazado de muerte"
porque ando en malas compañías
y frecuento zonas conflictivas,
porque no llevo guardaespaldas
y aparezco en medio de las refriegas;
dicen que mis gestos son peligrosos,
que voy por mal camino,
que exagero...
Tal vez.
Pero cuando los que mueren son los otros,
ya me diréis si hay exageración
en algo tan simple como curar y dar consuelo.

Dicen que estoy "amenazado de muerte"
porque soy un lázaro cualquiera,
porque mi piel es distinta,
porque soy extranjero,
porque tengo una vida que no es vida,
porque otros tienen preferencia...
Tal vez.
Pero no me digáis, entonces, que lo vuestro es vida.
¡Es cultura de muerte, y no me interesa!

Dicen que estoy "amenazado de muerte".
Es una advertencia para intimidarme,
meterme miedo en el alma y en el cuerpo
y dejar que todo siga el curso que beneficia a los de siempre.
Sea lo que fuere, estoy tranquilo
porque, si me matan, no me quitan la vida.
Me sembrarán contigo
y granaré
desbordando sueños.

Los cristianos no estamos amenazados de muerte.
Estamos "amenazados de vida".
Porque Tú eres la vida, aunque estés crucificado

en la cumbre del basurero del Mundo,
o enterrado en arrabales, suburbios y favelas.

Ni yo ni nadie estamos amenazados de muerte.
¡Estamos amenazados de vida, de esperanza, de amor...!
Porque tu hora, Señor, ha llegado,
y recorres nuestro mundo como río de agua viva.

Sobre el testimonio de José Calderón,
periodista guatemalteco

ASÍ ES MI VIDA

Como copo de nieve
que se derrite en el cuenco de otras manos,
así es mi vida cuando Tú la alientas.

Como grano de trigo sembrado en tierra
que revienta al amparo de la humedad y el calor,
así es mi vida cuando Tú la acunas.

Como levadura insignificante a la vista
que se mezcla con la masa y toda ella fermenta,
así es mi vida cuando Tú la amasas.

Como árbol seco tras el invierno
que florece en primavera dando vida,
así es mi vida cuando tu savia me renueva.

Como libro de estantería olvidado
que se convierte en buena noticia cuando se usa,
así es mi vida cuando Tú la tomas.

Como arcilla en manos de alfarero
que adquiere forma, figura y belleza,
así es mi vida cuando Tú la trabajas.

CÁNTICO DE SIMEÓN

Ahora, Señor, según tu promesa,
puedes dejar a tu siervo irse en paz,
porque mis ojos han visto a tu Salvador,
a quien has presentado ante todos los pueblos:
luz para alumbrar a las naciones,
y gloria de tu pueblo, Israel.

Lucas 2,29-32

CUANDO LOS MIEDOS ME INVADEN

En pleno ataque de miedos,
porque la situación me supera,
porque los míos se impacientan,
porque la verdad se dora y camufla,
porque esto no tiene pinta de mejorar...
oigo, Señor, tu voz susurrarmc:

No temas, que yo te he elegido.
Te he llamado por tu nombre.
Eres mío, así como suena y entiendes.
Te llevo tatuado en la palma de mi mano.

Si pasas por las aguas, yo estaré contigo.
Si por ríos, no te ahogarás.
Si caminas por el fuego, no te quemarás.

Si la enfermedad te aprieta,
yo estoy contigo.
Si crees que no te quedan fuerzas,
descansa en mí.
Si la tristeza te hunde,
apóyate en mi regazo.
Si estás quemado,
yo te refrescaré...
Y si te desechan como a tierra baldía,
yo haré de ti un vergel.

Nada de lo que te ocurra
podrá frenar mi amor por ti.

CUANDO OS FALLE VUESTRO SISTEMA

Venid a mí...
ahora y cuando os falle vuestro sistema
y estilo de vida:

Cuando estéis cansados del pragmatismo,
la injusticia, el dolor y la violencia,
la mediocridad, el ruido, las limitaciones,
la pobreza, el ritmo acelerado y la incertidumbre,
el egoísmo, el vacío y el andar sin rumbo.

Cuando estéis agobiados por la impotencia,
la responsabilidad, el miedo y el fracaso,
la enfermedad, el hambre y la ofensa,
el desamor, la impaciencia y el desempleo,
el futuro, los otros y vosotros mismos.

Venid a mí...
ahora y cuando os falle vuestro sistema
y estilo de vida.

Aquí estamos, Señor,
cansados y agobiados,
desilusionados
y sin rumbo fijo.

DIOS EN HUELGA

Es una buena noticia, oh Dios,
que nunca te hayas declarado en huelga,
aunque motivos te sobran por doquier.

Nosotros solemos ir a la huelga –decimos–
porque reivindicamos condiciones de vida más dignas,
porque nuestro trabajo y rendimiento
merecen mejor salario,
porque queremos un trato mejor...;
y también por motivos más egoístas e inconfesables.

Tú, oh Dios, hace tiempo que podías
haber decidido declararte en huelga,
pues ¡vaya trato que te hemos dado!
Podías haberte plantado y haber dicho:
"¡Ya está bien; se acabó!
Estoy harto de esta gente de la tierra.
No voy a estar pendiente de ellos ni de sus cosas.
Voy a pararme, voy a dejarlos solos,
voy a cortarles mi amor,
voy a cruzarme de brazos,
voy a cerrar las esclusas de mis dones,
voy a dejar mi trabajo, puesto que no me lo reconocen.
Y voy a reírme de sus tonterías...,
de sus problemas
y plegarias...".

Lo cierto es que estarías en tu derecho
si hablamos de justicia y juego limpio,
porque nadie ha sido más atropellado
o tratado con más desprecio que Tú, oh Dios;
y aún sigues regalándonos, a manos llenas,
todos los dones de tu gracia y Espíritu,
y escribiendo en tu libro de oro nuestras buenas acciones
para que nadie, nadie, las olvide;
y todo ello gratuitamente.

¡Oh Dios, no te declares en huelga!

EXILIADO Y EXTRANJERO

Dentro de mí hay una parte perdida
que vaga día y noche sin horizonte
tropezando en la oscuridad,
hundiéndose en charcas y pozos,
gritando por ser encontrada.

Dentro de mí hay algo que se remueve;
es esa parte de mi ser que vive en el exilio
sin protección, llena de miedo,
escondiéndose y siempre a la intemperie,
sin nada y con la identidad rota.

¡Dios de exiliados y náufragos!,
encuentra mi parte perdida,
átala con cuerdas de ternura
y guíala hacia Ti con brazo firme,
porque Tú eres nuestra tierra prometida.

Toma al extranjero que hay dentro de mí
y dale tierra, familia y casa,
papeles, trabajo y semillas de esperanza.
Hazme hijo y hermano, amigo y ciudadano,
para que vuelva a soñar con tus promesas.

¡HOSANNA, SEÑOR!

¡Qué tiempo éste en el que nadie
se inmuta ni se sorprende!
Hecho a medida de los que así lo quieren,
atrae, pero ya no clama ni ríe.
Todo se sabe, pero nada parece importante:
las utopías, sólo para debates;
las protestas, sólo en papeles;
el llanto y la ternura, siempre a escondidas;
los compromisos, nunca definitivos;
la paz y la alegría, en píldoras;
la solidaridad, sin menoscabo de nuestro estatus;
la pobreza –la que arrastramos–, siempre maquillada;
y la otra –la que creamos–, sólo en reportajes...
Y de gestos proféticos nada se sabe.

Necesitaríamos una melodía tan bella y penetrante
que rompiera los cascarones
en los que nos hemos refugiado
eludiendo nuestras propias realidades.

Necesitaríamos una catarata de flores
que nos despertara con su perfume
del sueño en el que estamos dormidos.

Necesitaríamos un viento fuerte
que nos hiciera chocar unos contra otros
hasta que nuestras armaduras se desintegren.

Necesitaríamos una lluvia suave y persistente
que nos empapara con frescor de vida
para volver a renacer con ilusiones.

Pero ya no hay música,
ni flores,
ni viento,
ni lluvia...
Estamos huérfanos.

Necesitamos uno que vaya por delante
abriendo camino,
despertando conciencias,
acercando el horizonte.

¡Hosanna, Señor! ¡Sálvanos, Hosanna!
Sácanos de este círculo asfixiante.
Mándanos a la aldea de enfrente
y haznos partícipes de tus gestos y planes
–aunque tengas motivos para no fiarte–.
Déjanos aclamarte.
Déjanos que entonemos tu canto.
Deja que nuestras palabras retumben con fuerza
y escandalicen a quienes no se unen.

El Señor rompe horizontes de negrura y tormenta;
el Señor derriba murallas y fronteras;
el Señor quiebra espacios de confusión y trampa;
el Señor se abre paso, como una primavera
que cuelga nuestras vidas de un florecer perpetuo.
¡Hosanna, Señor, Hosanna!

OS DARÉ UN CORAZÓN NUEVO

Os recogeré de entre las naciones,
os reuniré de todos los países,
y os llevaré a vuestra tierra.

Os rociaré con un agua pura que os purificará;
de todas vuestras inmundicias e idolatrías
os he de purificar.

Os daré un corazón nuevo
y os infundiré un espíritu nuevo;
arrancaré de vuestra carne el corazón de piedra
y os daré un corazón de carne.

Os infundiré mi espíritu,
y haré que caminéis según mis preceptos
y que guardéis y cumpláis mis mandatos.

Y habitaréis en la tierra que di a vuestros padres.
Vosotros seréis mi pueblo, y yo seré vuestro Dios.

Ezequiel 36,24-28

¿QUIÉN CONTRA NOSOTROS?

Padre,
sé que ordenas todas las cosas
para bien de los que te aman,
para bien de los que Tú has llamado
y elegido.
Porque a quienes de antemano conociste
también los predestinaste
a ser conformes con la imagen de tu Hijo,
para que él sea el primogénito entre muchos hermanos.

Singular misterio, el más misterioso:
nos has cogido la delantera
y has depositado tu confianza en nosotros.
Nos has llamado,
nos has rehabilitado,
nos has puesto en el camino de la salvación
y nos has dado tu Espíritu y vida.

Si Tú, oh Dios, estás con nosotros,
¿quién contra nosotros?
Tú, que no reservaste a tu propio Hijo,
sino que lo entregaste por todos nosotros,
¿cómo no nos darás gratuitamente con él
todas las demás cosas?

¿Quién será el fiscal de tus elegidos
si Tú eres quien nos salva?
¿Quién será el que nos condene
si Cristo Jesús ha muerto, más aún, ha resucitado
y está a tu derecha intercediendo por nosotros?

¿Quién nos separará del amor de Cristo?
¿La tribulación, la angustia, la persecución,
el hambre, la desnudez, el peligro, la espada?

Estoy seguro de que ni la muerte ni la vida,
ni los ángeles ni los principados,

ni las cosas presentes ni las futuras,
ni los poderes ni las debilidades,
ni las alturas ni las profundidades,
ni criatura alguna
podrá separarnos de tu amor, oh Dios,
presente en Cristo Jesús, Señor nuestro.

Paráfrasis de Rom 8,28-39

TABOR DE CADA DÍA

Cuando te has olvidado de ti mismo,
cuando te has agotado en el servicio a los últimos,
cuando has vencido la tentación de cualquier apego,
cuando has aceptado el sufrimiento como compañero,
cuando has sabido perder,
cuando ya no pretendes ganar,
cuando has compartido lo que tú necesitabas,
cuando te has arriesgado por el pobre,
cuando has enjugado las lágrimas del inocente,
cuando has rescatado a alguien de su infierno,
cuando te has introducido en el corazón del mundo,
cuando has puesto tu voluntad en las manos de Dios,
cuando te has purificado de tu orgullo,
cuando te has vaciado de tanto acopio superfluo,
cuando te sientes herido...
brilla en ti, gratis, la luz de Dios,
sientes su presencia irradiando frescura primaveral,
y su perfume te envuelve y reanima.

Ya no necesitas otros tesoros.
Dios te acompaña,
te habla,
te protege.
Te sientes esponjado en un mar de dicha.
Y si no estás en las nubes,
es un Tabor
que se te ofrece gratis,
para que disfrutes ya lo presente
y camines firme
y sin temores.

TE CREÍA UN CAPRICHO MÁS

Te creía un Dios cualquiera
de esos que salen al mercado,
crean impacto,
conquistan a la gente
y, en poco tiempo, quedan olvidados.

Te creía un payaso cansado
que se contenta con alegrar
a niños y simples,
y que ofrece oasis de fiesta
porque la vida de cada día
sigue siendo triste e injusta.

Te creía antiguo y bonachón,
señor de paredes y de cuadros
que mira pero no habla;
pastor que sigue manejando la honda
en tiempos de las armas letales.

Te creía poca cosa...
No daba importancia a tu palabra
ni a tu compañía.
Eras la visita de cumplido
para después del compromiso.
Eras el postre de una buena comida,
el complemento sentimental
de la razón y de la ciencia...

¡Te creía un capricho más!

Pero eres un Dios de vida e ilusiones.
No es inofensivo acercarse a ti.
No es una cortesía inocente dejarte entrar,
abrirte la puerta,
enseñarte la casa
y darte asiento en el salón.

¡Huésped inquieto y peligroso,
tierno y guasón,
inteligente y eficaz!
Zaqueo firmó un cheque en blanco.

Yo te creo, Dios.
Te creo capaz de dar la vuelta a la cabeza,
al corazón y a la vida,
a todas las vidas de todas las personas.
Capaz de reformar todos los planes
y desviar todas las rutas;
de abrir nuevos caminos;
de ofrecer horizontes inéditos.

Yo te creo capaz
de fijarte en quien está en la higuera;
de invitarte a comer por sorpresa;
de hospedarte en casa de un pecador;
de repetir, hoy, la historia.

No te hagas rogar.
Mírame como Tú sabes,
e invítate a comer en mi casa.

TÚ NOS SALVAS

No has venido a juzgar nuestros fallos y tonterías,
sino a buscar a quien anda extraviado,
defender a quien está acusado,
liberar a quien está aprisionado,
curar a quien está herido,
acoger a quien está desamparado,
lavar a quien está manchado,
sanar a quien está enfermo,
levantar a quien ha caído,
salvar a quien se siente culpable,
devolver la dignidad a quien la ha perdido.

Tú que crees en nosotros,
Tú que esperas de nosotros,
Tú que nos amas más que nosotros mismos,
Tú que eres mayor que todos nuestros pecados,
recréanos y danos un futuro nuevo y mejor.

VENID A MÍ

Los que estáis agotados y arruinados,
los que habéis fracasado ante los demás y ante vosotros,
los que sólo portáis miseria y tristeza,
los que ya no contáis ni valéis nada,
los que sólo recibís golpes y olvidos,
los últimos, los que ya no sois queridos...
venid a mí, que quiero cobijaros
a la sombra de mis alas.

Todos los marginados y humillados,
vendidos a cualquier precio y deseo:
niños de la calle y de nadie,
inmigrantes a la deriva,
parados al sol, cabizbajos,
enfermos y ancianos apartados...
venid a mí, que soy refugio y libertad,
y recobrad vuestra dignidad.

Hambrientos de pan y de justicia,
de dignidad y de respeto,
de salud y de ternura,
de paz y de buenas noticias,
de vida y de felicidad...
venid a mí, y saciad vuestra hambre y sed,
sin miedo y sin falsos respetos:
¡Todo lo que soy y tengo es vuestro!

Todos los que sentís la vida,
día a día, como una pesada carga:
los rechazados, los perseguidos,
los olvidados, los excluidos, los marginados,
los extranjeros, los sin papeles,
los que sólo tenéis seguro que sois pobres,
gente sin voz, sin prestigio, sin nombre...
venid a mí, descargad vuestros fardos y descansad.

VIDA VERDADERA

Aquí estoy, Señor,
con hambre y sed de vida.
Soñando que me lo monto bien,
creyendo que sé vivir,
consumo febrilmente
ligeros placeres,
no más que golosinas,
precarias sensaciones
arañadas aquí y allá...
Y mi hambre y sed no desaparecen.
Esto ya no es vida sino simulacro,
una vida sin calidad de vida.

Aquí estoy, Señor,
con hambre y sed de vida.
Pero acostumbrado a lo *light*
lo auténtico sólo entra con filtros.
Demasiado educado para ser blasfemo.
Demasiado tradicional para ir más allá de lo legal.
Demasiado cauto para saborear triunfos.
Demasiado razonable para correr riesgos.
Demasiado acomodado para empezar de nuevo...
Y mi hambre y sed no desaparecen.
Esto ya no es vida sino simulacro,
una vida sin calidad de vida.

Aquí estoy, Señor,
con hambre y sed de vida.
Mas sin pedirte mucho, para no desatar tu osadía;
amando sólo a sorbos, para no crear lazos;
rebajando tu Evangelio, para hacerlo digerible;
soñando utopías sin realidades;
caminando tras tus huellas sin romper lazos anteriores...
Y mi hambre y sed no desaparecen.
Esto ya no es vida sino simulacro,
una vida sin calidad de vida.

Silba, Señor, tu canción,
como buen pastor;
que se oiga por lomas y colinas,
barrancos y praderas.
Despiértanos de esta siesta.
Defiéndenos de tanta indolencia.
Condúcenos a los pastos de tu tierra.
Danos vida verdadera.

YO NO LLAMO A LOS BUENOS

Yo no llamo a los buenos.
Yo llamo a los malos.

Los buenos ya tienen bastante
con su bondad.
Tienen virtudes, valores, méritos,
un historial de compromiso,
y una colección de sacrificios,
que almacenan ufanos
y muestran a menudo,
por si acaso...

Tienen una conciencia perfecta
y una armadura sin defecto.
La moral de su piel siempre intacta,
sin una herida,
sin una puntada mal dada.
El horizonte de su vida claro,
sus necesidades bien cubiertas,
y el precio a pagar por el Reino tasado, de antemano,
a espaldas del convenio
por mí firmado.

¿Para qué me quieren a mí?

Yo sólo puedo dar algo a los malos,
a los que no pueden hacerse a sí mismos,
a los que andan vacíos,
a los que siguen haciendo pecados
después de haber prometido mil veces
que quieren ser hombres y mujeres nuevos,
a los que se sienten lejos del Reino...
Yo les ofrezco mi compañía;
les doy todo lo mío.

Y Jesús, cuando el murmullo enmudece,
dice con voz clara y fuerte:

“El que quiera oír que oiga:
Misericordia quiero,
estoy harto de sacrificios
y de que me devolváis
lo que siempre fue mío”.

9
Alabanza

ALABADO SEAS POR TU PALABRA

Tu palabra, Señor, es buena noticia,
semilla fecunda, tesoro escondido,
manantial de agua fresca, luz en las tinieblas,
pregunta que cautiva, historia de vida,
compromiso sellado, y no letra muerta.
Alabado seas por tu palabra.

Tu palabra, Señor, está en el Evangelio,
en nuestras entrañas, en el silencio,
en los pobres, en la historia,
en los hombres de bien, en cualquier esquina
y en tu Iglesia, también en la naturaleza.
Alabado seas por tu palabra.

Tu palabra, Señor, llega a nosotros
por tu Iglesia abierta, por los mártires y profetas,
por los teólogos y catequistas, por las comunidades vivas,
por nuestros padres y familias, por quienes creen en ella,
por tus seguidores, y también por gente de fuera.
Alabado seas por tu palabra.

Tu palabra, Señor, hace de nosotros
personas nuevas, sal y levadura,
comunidad de hermanos, Iglesia sin fronteras,
pueblo solidario con todos los derechos humanos,
y zona liberada de tu Reino.
Alabado seas por tu palabra.

BENDITO SEA DIOS

Bendito sea Dios,
Padre de nuestro Señor, Jesús el Mesías,
que por su gran misericordia
nos ha hecho renacer a la vida.

Porque gracias a la resurrección de Jesús
nos ha hecho ser personas,
abriéndonos las puertas a una esperanza viva
que no decae ni se marchita;
y nos ha dado una herencia
que ni se estropea ni se pierde,
puesto que es vida y liberación plena,
cuyas primicias ya podemos disfrutar,
y que Él hará efectiva del todo
cuando lleguemos a su seno.

Aunque nos aflijan pruebas diversas,
no perdamos el ánimo; saltemos de gozo.
Que la alegría nos embriague y rebose al exterior.
Pruebas y aflicciones nunca faltarán.
Pero vedlas como motivo de alabanza.
A través de ellas, nuestra fe logra autenticidad,
se aquilata y resulta más preciosa,
como se prueba el oro en el crisol.

Así, nuestro conocimiento de Jesucristo,
probado en el seguimiento diario,
se convierte en manantial de vida y gozo
imposible de expresar con palabras,
mientras seguimos caminando,
seguros ya de nuestra salvación.

Bendito sea Dios,
Padre de nuestro Señor, Jesús el Mesías,
que por su gran misericordia
nos ha hecho renacer a la vida.

Paráfrasis de 1 Pe 1,3-9

BENDITO SEA DIOS Y SU PLAN

Bendito sea Dios,
Padre de nuestro Señor Jesucristo,
que nos ha bendecido en la persona de Cristo
con toda clase de bienes espirituales y celestiales.

Él nos eligió en la persona de Cristo,
antes de crear el mundo,
para que fuésemos santos
e irreprochables ante Él por el amor.

Él nos ha destinado en la persona de Cristo,
por pura iniciativa suya,
a ser sus hijos,
para que la gloria de su gracia,
que tan generosamente nos ha concedido
en su querido Hijo,
redunde en alabanza suya.

Por este Hijo, por su sangre,
hemos recibido la redención,
el perdón de los pecados.
El tesoro de su gracia, sabiduría y prudencia
ha sido un derroche para con nosotros,
dándonos a conocer el misterio de su voluntad.

Éste es el plan
que había proyectado realizar por Cristo
cuando llegase el momento culminante:
recapitular en Cristo todas las cosas
del cielo y de la tierra,
llevando la historia a su plenitud.

Gloria al Padre...

Efesios 1,1-10

BENEDICTUS

Bendito sea el Señor, Dios de Israel,
porque ha visitado y redimido a su pueblo,
suscitándonos una fuerza de salvación
en la casa de David, su siervo,
según lo había predicho desde antiguo
por boca de sus santos profetas.

Es la salvación que nos libra de nuestros enemigos
y de la mano de todos los que nos odian,
realizando la misericordia que tuvo con nuestros padres,
recordando su santa alianza
y el juramento que juró a nuestro padre Abrahán.

Para concedernos que, libres del temor,
arrancados de la mano de nuestros enemigos,
le sirvamos con santidad y justicia,
en su presencia, todos nuestros días.

Y a ti, niño, te llamarán profeta del Altísimo,
porque irás delante del Señor
a preparar sus caminos,
anunciando a su pueblo la salvación,
el perdón de sus pecados.

Por la entrañable misericordia de nuestro Dios,
nos visitará el sol que nace de lo alto,
para iluminar a los que viven en tinieblas
y en sombras de muerte,
para guiar nuestros pasos por el camino de la paz.

Lucas 1,68-79

CÁNTICO DE LOS TRES JÓVENES

Criaturas todas del Señor, bendecid al Señor,
ensalzadlo con himnos por los siglos.

Ángeles del Señor, bendecid al Señor;
cielos, bendecid al Señor.

Aguas del espacio, bendecid al Señor;
ejércitos del Señor, bendecid al Señor.

Sol y luna, bendecid al Señor;
astros del cielo, bendecid al Señor.

Lluvia y rocío, bendecid al Señor;
vientos todos, bendecid al Señor.

Fuego y calor, bendecid al Señor;
fríos y heladas, bendecid al Señor.

Rocíos y nevadas, bendecid al Señor;
témpanos y hielos, bendecid al Señor.

Escarchas y nieves, bendecid al Señor;
noche y día, bendecid al Señor.

Luz y tinieblas, bendecid al Señor;
rayos y nubes, bendecid al Señor.

Bendiga la tierra al Señor;
ensálcelo con himnos por los siglos.

Montes y cumbres, bendecid al Señor;
cuanto germina en la tierra, bendiga al Señor.

Manantiales, bendecid al Señor;
mares y ríos, bendecid al Señor.

Cetáceos y peces, bendecid al Señor;
aves del cielo, bendecid al Señor.

Fieras y ganados, bendecid al Señor,
ensalzadlo con himnos por los siglos.

Hombres todos, bendecid al Señor;
bendiga Israel al Señor.

Sacerdotes del Señor, bendecid al Señor;
siervos del Señor, bendecid al Señor.

Almas y espíritus justos, bendecid al Señor;
santos y humildes de corazón, bendecid al Señor.

Ananías, Azarías y Misael, bendecid al Señor;
ensalzadlo con himnos por los siglos.

Bendigamos al Padre y al Hijo con el Espíritu Santo,
ensalcémoslo con himnos por los siglos.

Bendito el Señor en la bóveda del cielo,
a Ti gloria y alabanza por los siglos.

Daniel 3,56-88

DESBORDADOS POR TU AMOR

Hoy queremos expresarte, Padre,
nuestra ilusión y nuestra alegría
porque tu aliento nos anima y guía,
tus manos nos alzan y sostienen
y en tu regazo encontramos ternura y descanso.

Con el corazón encogido por tanto don recibido
y tanto horizonte abierto,
nos brota con facilidad la alabanza.
Desbordados por tu amor
y llenos de gozo te ensalzamos.

Queremos vivir el presente
con la fuerza de las opciones hechas
y de los pasos dados,
con la paz de quien se siente querido
y la tensión y vigilia de quien ama.

Lleva a buen término lo que has comenzado.
No dejes, Padre, que nuestro orgullo o cobardía,
nuestras incongruencias y dejadez
estropeen el trabajo que cada día,
con paciencia y esmero,
Tú vas haciendo en nosotros.

Sigue abriendo nuestro corazón a tu Palabra
que se hace carne en tantos rostros conocidos,
y en tantos rostros que aún no conocemos.
¡Queremos alabarte siendo hijos tuyos fraternales!

EN EL SILENCIO DE LA MAÑANA

En el silencio de la mañana,
cuando sólo el rumor de la calle
se filtra por mis ventanas
como brisa que despeja mi mente,
yo te alabo.

Con mi cuerpo descansado,
con mis sentidos abiertos,
con mi rostro sereno,
con mi sangre latiendo,
con mis entrañas tiernas,
con tu Espíritu dentro,
yo te alabo.

Te alabo por esta nueva posibilidad
de un día por hacer,
por seguir construyendo,
por ensanchar la vida,
por crear encuentros,
por descubrir tesoros,
porque puedo amar y ser amado.

Te alabo
cargando ilusiones,
afrontando las dificultades,
labrando decisiones,
sintiendo tu presencia
ante el dolor,
la ignorancia,
y la indiferencia,
besando tu frente.

Porque eres como eres,
y porque puedo sentir y esperar todo esto,
yo te alabo, Señor,
y me prendo de tu mano.

EN EL SILENCIO DE LA NOCHE

En el silencio de la noche,
ahora que todo respira quedamente
intentando dormirse en paz,
y un respeto tierno e inmenso nos invade,
yo te alabo.

Con mi cuerpo roto,
con mis sentidos cansados,
con mi rostro sereno,
con mi sangre dada,
con mis glándulas vivificadas,
con mis entrañas amasadas,
con tu Espíritu dentro,
yo te alabo.

Te alabo,
por tu presencia fiel a lo largo del día,
por tu amor dado gratuitamente,
por tu ternura hecha vida,
por tu perdón limpio y renovado,
por tu paciencia infinita con mis tonterías,
por ser único juez de mis ilusiones y trabajos.

Te alabo
silbando las canciones aprendidas,
compartiendo la vida vivida,
contándote mis penas y alegrías,
presentándote mis manos vacías,
aspirando el perfume de tus dones,
dejando mis desvelos a tu cuidado,
descansando tranquilo en tu regazo.

Porque eres como eres,
y hoy has estado conmigo en todo momento,
yo te alabo.
¡Duérmeme, Señor, con nanas, en tus brazos!

HIMNO DE LA CARTA A LOS COLOSENSES

Damos gracias a Dios Padre,
que nos ha hecho capaces de compartir
la herencia del pueblo santo en la luz.

Él nos ha sacado del dominio de las tinieblas,
y nos ha trasladado al reino de su Hijo querido,
por cuya sangre hemos recibido la redención,
el perdón de los pecados.

Él, Jesucristo, es imagen de Dios invisible,
primogénito de toda criatura;
porque por medio de Él
fueron creadas todas las cosas:
celestes y terrestres, visibles e invisibles,
tronos, dominaciones, principados, potestades;
todo fue creado por Él y para Él.

Él es anterior a todo, y todo se mantiene en Él.
Él es también la cabeza del cuerpo, de la Iglesia.
Él es el principio,
el primogénito de entre los muertos,
y así Él es el primero en todo.

Porque en Él quiso Dios
que residiera toda la plenitud.
Y por Él quiso reconciliar consigo todos los seres:
los del cielo y los de la tierra
haciendo la paz por la sangre de su cruz.

Gloria al Padre...

Colosenses 1,12-20

MAGNIFICAT

Proclama mi alma la grandeza del Señor,
se alegra mi espíritu en Dios, mi Salvador,
porque ha mirado la humillación de su esclava.

Desde ahora me felicitarán todas las generaciones,
porque el Poderoso ha hecho obras grandes por mí:
su nombre es santo y su misericordia llega a sus fieles
de generación en generación.

Él hace proezas con su brazo:
dispersa a los soberbios de corazón,
derriba del trono a los poderosos
y enaltece a los humildes;
a los hambrientos los colma de bienes
y a los ricos los despide vacíos.

Auxilia a Israel, su siervo,
acordándose de la misericordia
–como lo había prometido a nuestros padres–,
en favor de Abrahán y su descendencia por siempre.

Lucas 1,46-55

MOTIVOS DEL CORAZÓN PARA ALABARTE

Te alabamos, Señor,
porque ni la fuerza de los poderosos,
ni las redes de los tramposos,
ni las razones de los técnicos,
ni el dinero de los ricos,
ni la seducción dc la publicidad,
ni las manos de los jefes,
pueden ahogar la fuerza de la libertad
que nos viene de ti.

Te alabamos, Señor,
porque nuestros planes bien trazados,
nuestros títulos largamente acariciados,
nuestros puestos de prestigio,
nuestras opciones radicales,
nuestras palabras y proyectos,
no pueden detener el futuro de la esperanza
que nos viene de ti.

Te alabamos, Señor,
porque ni la familia con su ternura y sangre,
ni la comunidad con sus ilusiones,
ni la Iglesia con sus necesidades,
ni la sociedad con sus ambigüedades,
ni las amistades aunadas,
ni las relaciones más ricas,
ni las voces de los que nos quieren
logran atrincherarnos
en refugios cálidos y seguros.

Te alabamos, Señor,
porque en nuestra debilidad
Tú eres nuestra libertad,
nuestra esperanza
y nuestra única seguridad.

POR EL DON DE LA PALABRA

Bendito seas, Señor,
por el don de la palabra que nos has dado.
Gracias a él podemos comunicarnos,
dialogar y participar,
preguntar y responder,
expresar nuestros sentimientos,
susurrar y gritar,
salir de nosotros,
abrirnos al mundo,
a los hermanos
y a Ti.

Bendito seas, Señor,
por el don de la palabra que nos has dado
para que sabios y pensadores
revelen nuevos caminos a todos;
para que poetas y cantantes
nos alegren con sus poemas y voces;
para que los más pobres y débiles
tengan siempre gratis voz
para expresar sus necesidades
y profetizar en tu nombre.

Bendito seas, Señor,
por el silencio que nos ofreces
para que podamos escuchar
el eco de las palabras que esperamos;
para que podamos tener tiempo
de pensar y controlar nuestras ideas;
para que podamos balbucir palabras llanas
que intuyan y revelen tu misterio.

Bendito seas, Señor,
por haberte hecho palabra encarnada,
palabra que nosotros podemos concebir,
y así poderte conocer y saborear.

Bendito seas, Señor,
porque eres palabra entendible,
palabra de nuestra historia,
palabra viva,
palabra implicativa,
palabra de buena noticia
siempre nueva y abierta.

POR ESTE TIEMPO TAN PROPICIO

Bendito seas, Padre,
por este tiempo tan oportuno,
para la conversión y el encuentro,
que tú concedes gratis
a todos tus hijos e hijas
que andamos desorientados o perdidos
por los caminos de la vida.

Bendito seas, Padre,
porque llamas a cada hombre y mujer,
sea cual sea su historia y vida,
a emprender cada día,
de manera más personal y consciente,
su compromiso de seguir a Jesús,
tu Hijo y nuestro hermano.

Bendito seas, Padre,
por despertarnos de nuestros dulces sueños,
tan vaporosos e infecundos,
por interpelarnos en lo radical de la vida,
por liberarnos de nuestras falsas seguridades,
por poner al descubierto nuestros ídolos secretos
que tanto defendemos e intentamos justificar.

Bendito seas, Padre,
porque nos das tu Espíritu,
el único que puede convertirnos,
el único que puede atravesar nuestros pensamientos,
el único que puede darnos un corazón de hijos,
el único que puede guiarnos por la senda del Evangelio,
el único que hace posible nuestra vuelta a tu seno.

¡Bendito seas, Padre,
por este tiempo tan propicio!

SIGNO Y SACRAMENTO DE TU AMOR

Te alabamos, Dios, Padre/Madre,
porque sólo Tú eres bueno y fuente de vida.

Te alabamos por habernos hecho a tu imagen,
capaces de amar, crear, trabajar y soñar.

Te alabamos por la capacidad de ternura y entrega,
de alegría, sacrificio y comprensión,
de diálogo, utopía y perdón
que has puesto en el corazón humano.

Pero, sobre todo, te alabamos y damos gracias
por el amor que Tú nos has revelado en Jesús.
Él es camino y luz en nuestro diario vivir;
eje, motor y buena noticia de nuestras vidas.
Gracias a Él sabemos que el amor da sentido
a nuestros afanes, proyectos y trabajos,
a nuestros logros y también a nuestros fracasos.

Envía la fuerza de tu Espíritu sobre nosotros
para que nos acompañe siempre
en nuestros proyectos de vida en común,
en nuestros trabajos, decisiones y esfuerzos,
en nuestras alegrías, gozos y penas,
en los momentos más intensos
y en la monotonía de cada día,
como acompañó a Jesús en todo momento.

Tú que nos has dado el convencimiento
de que el camino de la mutua entrega
ayuda a superar las ocasiones en las que el amor
se enfría, se enturbia o palidece,
haz que nuestro mutuo amor se despliegue
en amor preocupado y misericordioso hacia los otros.

Y que la promesa que hoy hacemos
de vivir nuestra sexualidad en comunión,

creando una familia y un hogar acogedor,
sea signo y sacramento
de tu amor encarnado y gratuito.
Por todo ello,
¡te alabamos, Dios, Padre/Madre!

UNA CIUDAD ALEGRE

Desbordo de gozo con el Señor,
y me alegro con mi Dios:
porque me ha vestido un traje de gala
y me ha envuelto en un manto de triunfo,
como novio que se pone la corona,
o novia que se adorna con sus joyas.

Como el suelo echa sus brotes,
como un jardín hace brotar sus semillas,
así el Señor hará brotar la justicia
y los himnos ante los pueblos.

Por amor de Sión no callaré,
por amor de Jerusalén no descansaré,
hasta que rompa la aurora de su justicia,
y su salvación llamee como antorcha.

Los pueblos verán tu justicia,
y los reyes tu gloria;
te pondrán un nombre nuevo,
pronunciado por la boca del Señor.

Serás corona fúlgida en la mano del Señor
y diadema real en la palma de tu Dios.

Ya no te llamarán "Abandonada",
ni a tu tierra "Devastada";
a ti te llamarán "Mi favorita",
y a tu tierra "Desposada",
porque el Señor te prefiere a ti,
y tu tierra tendrá marido.

Como un joven se casa con su novia,
así te desposa el que te construyó;
la alegría que encuentra el marido con su esposa
la encontrará tu Dios contigo.

Gloria al Padre...

Isaías 61,10–62,5

Y DESAPARECIÓ LA TRABA DE SU LENGUA

Tendríamos que recurrir para alabarte
a palabras vivas como el agua de los manantiales,
a palabras penetrantes como el silencio del desierto,
a palabras alegres como el susurro de la brisa,
y que los mismos sordos pudiesen escuchar.

Tendríamos que recurrir para cantarte
a palabras firmes como las montañas,
a palabras versátiles como las nubes,
a palabras sonoras como la vida misma,
y que nadie pudiese olvidar.

Tendríamos que recurrir para rezarte
a palabras ingenuas como las de un niño,
a palabras tiernas como las nanas de una madre,
a palabras incómodas como confesiones de enamorados,
y que sólo fuesen un eco de tu voz.

Tendríamos que recurrir para celebrarte
a palabras sangrantes como el grito de los pobres,
a palabras impertinentes de talla profética,
a palabras cálidas de conciencia fraterna,
y que transformasen el mundo.

Tendríamos que recurrir para gritarte
a palabras de rabia cinceladas en roca,
a palabras claras como consignas de manifestaciones,
a palabras silenciosas de pueblo oprimido,
y cuyo clamor llegase hasta Ti.

Tendríamos que recurrir para bendecirte
a palabras engendradas en nuestros vientres yermos,
a palabras nacidas de nuestros corazones rotos,
a palabras acunadas en regazos humanos,
y que Tú pudieses pronunciar.

Pero a esas palabras, después,
tendríamos que acrisolarlas,
quitarles su escoria y presunción,
para que pudieran deleitar tus oídos
con su sencillez, ternura y pobreza.
Tendríamos que limarlas
para que no raspasen nuestros labios
ni convirtieran nuestra boca
en cueva de bandidos.

Oh, Dios de charlatanes y de mudos,
de ancianos y de niños,
de vírgenes y de madres,
de profetas y de escépticos:
Tú que eres el innombrable,
Tú que existes desde siempre,
Dios de palabras y de silencios,
¿por qué quieres que tu nombre
sea proclamado y dicho en términos humanos?

YO TE SALUDO, MARÍA

Yo te saludo, María,
porque el Señor está contigo;
en tu casa, en tu calle, en tu pueblo,
en tu abrazo, en tu seno.
Yo te saludo, María,
porque te turbaste
–¿quién no lo haría ante tal noticia?–;
mas enseguida recobraste paz y ánimo
y creíste a un enviado cualquiera.

Yo te saludo, María,
porque preguntaste lo que no entendías
–aunque fuera mensaje divino–,
y no diste un sí ingenuo ni un sí ciego,
sino que tuviste diálogo y palabra propia.

Yo te saludo, María,
porque concebiste y diste a luz
un hijo, Jesús, la vida;
y nos enseñaste cuánta vida
hay que gestar y cuidar
si queremos hacer a Dios presente en esta tierra.

Yo te saludo, María,
porque te dejaste guiar por el Espíritu
y permaneciste a su sombra,
tanto en tormenta como en bonanza,
dejando a Dios ser Dios
y no renunciando a ser tú misma.

Yo te saludo, María,
porque abriste nuevos horizontes
a nuestras vidas;
fuiste a cuidar a tu prima,
compartiste la buena noticia,
y no te hiciste antojadiza.

Yo te saludo, María,
¡Hermana peregrina de los pobres de Yahvé,
camina con nosotros,
llévanos junto a los otros
y mantén nuestra fe!

10

Ofrecimiento

ACOGE, SEÑOR

Acoge, Señor,
mi vida entre tus manos
y, en el atardecer de cada día,
amásala
y hazla tierna hogaza repartida.

Acoge, Señor,
mi mano entre tus manos
cuando la oscuridad venga a mi encuentro,
y guíame
por las sendas y vericuetos que llevan a tu Reino.

Acoge, Señor,
mi sonrisa en tus labios
cuando mi corazón su ritmo acorte,
y bésame
para que acepte mi suerte y madure.

Acoge, Señor,
mi mirada en tus ojos
cuando la luz del sol se haga suave,
y lávala
para que vea sólo lo que Tú quieres.

Acoge, Señor,
mis sueños en tu regazo,
ahora que sé lo que es estar roto,
y acúname
para que descanse y despierte
como Tú me sueñas y quieres.

AQUÍ ME TIENES

Aquí me tienes, Padre,
aprendiendo a vivir en tu casa
y dejando que tu mensaje cale.
¡Cuenta conmigo!

No soy mucho
ni valgo mucho
ni tengo mucho.
Soy un simple servidor tuyo.
Aquí me tienes, Padre.

Quiero aprender a vivir en tu casa.
Pero aumenta mi fe,
que es bien débil;
y mi amor a todos,
que sigue siendo torpe;
y mi esperanza niña,
con tantas promesas...,
cuida, corrige y eleva.
Aquí me tienes, Padre.

Quiero que tu mensaje me cale,
que me ares y siembres en mí
tu proyecto de hermandad,
tu respeto a los pequeños,
tu perdón al ser ofendido,
tu servicio siempre gratuito...
Aquí me tienes, Padre.
Cuenta conmigo,
aunque haya silencios o estallidos,
olvidos y guerras secretas.

Creo en la alegría de servir.
Creo en la grandeza de la pequeñez.
Creo en quien dignifica al otro con su hacer.
Creo en la fuerza de la fe,

porque es don de balde y sin cargo.
Creo en Ti,
y creo un poco... en mí.

Aquí me tienes, Padre.
Aquí me tienes...
para servir tu mensaje y comida
en estos lares,
como me enseñes,
Padre.

AUNQUE SÓLO SEA UN MOMENTO

Un rayo de luz,
una ráfaga de aire,
unas nubes que van y vienen...

Un murmullo de voces,
unos rostros sin nombre,
unos corazones que laten...

Una mirada,
un abrazo,
un momento...

Despierto.
Tomo conciencia.
Escucho.

Siento tu silencio
como pregunta y diálogo,
impulso de mi libertad.

Renuevo mi compromiso
de hijo y hermano.
Me pongo a tu lado.
Me ofrezco.

Un día más
forjo mi amor con tu amor,
me acrisolo con tu fuego...
aunque sólo sea un momento.

CRISTO NECESITADO

Señor, no tienes manos,
tienes sólo nuestras manos
para construir un mundo nuevo
donde florezca la paz y la justicia.

Señor, no tienes pies,
tienes sólo nuestros pies
para poner en marcha a los oprimidos
por el camino de la libertad.

Señor, no tienes labios,
tienes sólo nuestros labios
para proclamar a los pobres
la buena noticia de la solidaridad.

Señor, no tienes rostro,
tienes sólo nuestro rostro
para alegrar a tristes
y serenar a fracasados y perdidos.

Señor, no tienes medios,
tienes sólo nuestra iniciativa y acción
para lograr que todas las personas
vivan como hermanos.

Señor, nosotros somos tu Evangelio,
el único Evangelio que nuestros hermanos pueden leer,
si nuestra vida tiene palabras y hechos solidarios
para todos los que padecen olvido y necesidad.

Señor, aquí tienes mis manos, mis pies, mis labios,
mi trabajo, mi tiempo, mi ilusión, mi vida...,
todo lo que soy y tengo.
¡Aquí estoy, Señor, cuenta conmigo!

DÉJAME SER BODEGA

Ya sé que no puedo ser bosque,
pradera, lago, árbol,
rosa, estrella, aire...;
tampoco primavera
ni horizonte;
y que no valgo para el canto
ni para ser guitarra, flauta o piano.
¡Este barro fue modelado por otros vientos,
y renunció a muchos proyectos!

Pero déjame ser bodega
de sueños, vinos y encuentros.
Y déjame fermentar
y aspirar
y embriagarme
y hablar,
movido por tu Espíritu,
de tus hechos y proyectos,
de tus pascuas y signos...

Ya sé que no puedo,
pero déjame...

DESDE LA REALIDAD Y EL COMPROMISO

Conmovidos por la suerte de las víctimas,
convertidos a la dimensión liberadora del Reino,
implicados en la acción por la justicia social,
formados en el conocimiento de la realidad,
entrenados en un método de reflexión y acción,
organizados como militantes cristianos,
comprometidos en las organizaciones políticas,
presentes en diversos ámbitos de lucha social,
donde se juegan los derechos humanos,
entregados a una praxis liberadora,
persuadidos del valor evangelizador
del testimonio personal y asociado,
sostenidos por la vivencia comunitaria
de la fe, de la esperanza y de la caridad,
aquí estamos, Señor,
aprendiendo a ser discípulos.
Acudimos a tu encuentro;
acepta nuestro ofrecimiento.

EN TUS MANOS

Padre, en tus manos, mi vida:
con todos sus trabajos por Ti emprendidos,
con todas sus penas soportadas por Ti,
con toda su miseria que clama a tu bondad.

En tus manos, mi pasado:
donde tiene tu misericordia tanto que perdonar,
y tu poder tanto que suplir,
y tu amor tanto que amnistiar.

En tus manos, mi presente:
con las angustias que lo nublan,
con las alegrías que lo desbordan,
con el dolor que lo invade.

En tus manos, mi porvenir:
porque lo has preparado con ternura infinita,
porque sé muy bien a quién me confío
y estoy seguro que no me has de fallar.

En tus manos, todo mi ser:
para que lo acunes y recrees con tu aliento,
para que descanse, seguro, de sus fatigas,
y nunca se sienta inútil y perdido.

En tus manos, mis seres queridos:
para que cuide de ellos tu corazón de Padre/Madre,
para que te sirvan como Tú esperas,
para que se reconozcan hermanos.

Padre, en tus manos, este momento:
con su paz y su tormento,
con tu presencia y tu silencio,
con mis dudas y mi ofrecimiento.

HUECO QUE SE OFRECE

Aquí estoy;
azotado por el viento
y adelgazado por los besos y encuentros,
ya soy hueco,
hueco que se ofrece,
como regazo y descanso,
a Ti, Señor,
y a todos los que andan por la vida
con los pies cansados,
las espaldas dobladas
y la mirada triste y perdida.

Aquí estoy;
soy hueco que se expone y ofrece
a tu Espíritu.
Moldéame a tu gusto
y sigue haciéndome
hueco y regazo
donde el aire cante y silbe
y la vida crezca y descanse.

Aquí estoy;
soy hueco expuesto a tus encuentros,
besos
y sueños.

OFRECIMIENTO AL COMENZAR EL DÍA

Al comenzar este nuevo día,
tierno todavía como una hogaza recién hecha,
ahora que despunta el alba
y, en silencio, tu brisa
despierta mis sentidos a la vida,
te saludo con gozo y sin prisas:
¡Buenos días, Padre!

Te ofrezco la jornada entera:
el trabajo, el ocio, la comida,
tareas y decisiones,
encuentros,
idas y venidas,
las cosas corrientes y las nuevas,
el esfuerzo, las alegrías y las penas...
¡Infúndeles tu Espíritu, Padre!

Que tu presencia, fiel y efectiva,
acompañe todos mis pasos.
Me pongo en tus manos.
Amasa mi vida a tu gusto.
Hazme hijo
y hazme hermano.
¡Gracias, Padre!

Al comenzar este nuevo día
te saludo con gozo y sin prisas:
¡Buenos días, Padre!

ORACIÓN DEL PAYASO

Señor:
Soy un trasto, pero te quiero;
te quiero terriblemente, locamente,
que es la única manera que tengo yo de amar,
porque ¡sólo soy un payaso!

Ya hace años que salí de tus manos
lleno de talentos y dones,
equipado con todo lo necesario
para vivir y ser feliz
–tu amor, tu caja de caudales,
tus proyectos,
tus sorpresas y regalos de Padre–.
Pronto, quizá, llegue el día
en que vuelva a Ti...

Mi alforja está vacía,
mis pies sucios y heridos,
mis entrañas yermas,
mis ojos tristes,
mis flores mustias y descoloridas.
Sólo mi corazón está intacto...

Me espanta mi pobreza
pero me consuela tu ternura.
Estoy ante Ti como un cantarillo roto;
pero, con mi mismo barro,
puedes hacer otro a tu gusto...

Señor:
¿Qué te diré cuando me pidas cuentas?
Te diré que mi vida, humanamente, ha sido un fallo;
que he perdido todo lo tuyo y lo mío,
y me he quedado sin blanca;
que no he tenido grandes proyectos,
que he vivido a ras de tierra,

que he volado muy bajo,
que estoy por dentro como mi traje,
cosido a trozos, arlequinado.

Señor:
Acepta la ofrenda de este atardecer...
Mi vida, como una flauta, está llena de agujeros...,
pero tómala en tus manos divinas.
Que tu música pase a través de mí
y llegue hasta mis hermanos los hombres;
que sea para ellos ritmo y melodía
que acompañe su caminar,
alegría sencilla de sus pasos cansados...

POR ENCIMA DE MIS PALABRAS

Señor, yo soy poca cosa
y un tanto retorcida:
espiral de proyectos y esperanzas
buenas, truncada.
Diecinueve brotes
que se quedaron hace tiempo
en muñones sin savia
son mis heridas.
Alegría de calderilla
desparramada por la vida
es toda mi fortuna,
y las alforjas rotas.

Y vienes Tú y me dices
que soy único a tu mirada,
que te encanta mi ser y mi nada
y que siga presente en las encrucijadas.

Y no puedo desdecirte
sin engañarme y herirme,
porque, por encima de mis palabras,
yo sé que Tú me amas.

Aquí estoy, Señor,
con todo lo que no entiendo de mí
y a Ti te encanta,
para responder a tu oferta.

SIN MIEDO A PERDERME

Hoy,
camino sereno,
al encuentro
del que me encuentra
siempre
tras otras hucllas,
sin miedo a perderme.

Voy
ligero y libre
de equipaje,
preñado de aire
puro
que me alienta
empujando mis pasos.

Soy
cuerpo y espíritu
en tus manos,
soplado y puesto
aquí
para anunciar
tus sueños más humanos.

Doy
palabras y arterias,
mi ser vivo,
a tu Espíritu
bueno,
porque anhelo
ser discípulo tuyo.

¡VA POR TI, SEÑOR!

Quiero comenzar este día
siendo consciente de la vida
que bulle ante mí,
y que Tú sostienes y bendices
con tu amor generosamente.

Quiero pasar por lo cotidiano
como quien estrena en cada momento,
en cada persona que encuentra,
en cada circunstancia y suceso,
lo que más ha esperado.

Quiero acoger lo novedoso e inesperado
como quien se sabe envuelto siempre
en regalos, abrazos y buenas noticias,
igual que un niño pequeño
en brazos de sus padres.

Quiero vivir hoy contigo,
atento a tu voz que llama,
mecido por tu brisa que alienta,
fijos mis ojos en los tuyos,
anhelando tus caricias y besos.

¡Va por Ti, Señor!

11

Acción de gracias

A VER SI ACIERTO A DECIRTE LO QUE SIENTO

Gracias, Señor, porque estás esperándome
siempre que abro mis puertas a la vida.

Gracias porque tu brisa me despierta, cada mañana,
silbando alegres melodías junto a mi ventana.

Gracias porque debajo de todos mis puentes
pasan tus aguas refrescándome gratis.

Gracias porque iluminas y coloreas con tu luz
los rincones y valles de mi tierra.

Gracias porque con tus caricias me vas gastando,
adelgazando y modelando a tu manera.

Gracias, Señor, porque Tú estás todavía a mi vera
invitándome a gozar del camino y de tu compañía.

ACCIÓN DE GRACIAS AL FINAL DEL DÍA

Gracias por este día que acaba
y está ya más en tu regazo que en el mío.
Dejo tareas, trabajo, sueños, proyectos, preocupaciones...,
no sé si en tu artesa o en tu horno,
para que sigan fermentando y dorándose.

Gracias, porque una vez más es posible
seguir creyendo, seguir pensando,
seguir soñando, seguir viviendo,
seguir combatiendo por un mundo mejor...
a pesar de nuestros triunfos y tropiezos.

Porque te dices amor y sostienes la esperanza,
porque es segura y fiel tu alianza,
porque has estado presente durante el día,
porque vas a velar este descanso necesario,
gracias, Dios amigo, Padre y Madre.

ACCIÓN DE GRACIAS EN LA BODA

Gracias por nuestros padres:
por ellos y por su amor estamos aquí.

Gracias por nuestras familias:
en ellas hemos crecido y aprendido a vivir.

Gracias por la Iglesia:
ella nos ofrece tu Evangelio y acoge nuestro compromiso.

Gracias por esta comunidad, tuya y nuestra:
ella da sentido y esperanza a nuestros proyectos.

Gracias por los amigos que nos acompañan:
ellos enriquecen nuestra vida cada día.

Gracias, Señor, porque nos amas
y nos das la posibilidad de amar.

Gracias por nuestro amor compartido:
bendícelo, hazlo fecundo.

Gracias por esta celebración
que, desde hacía tiempo, tanto anhelábamos.

Gracias, Señor.
Gracias por todo.

AMÉN

Somos más que simples elementos
o materia con nombre.
Somos mezcla y barro,
a veces polvo,
a veces estiércol,
a veces flor y fruto,
a veces cacharros rotos;
siempre arcilla entre tus manos.

Por eso somos más que sueños,
más que unas palabras,
más que unos pensamientos,
más que una utopía,
más que movimientos pendulares,
más que proyectos,
más que líneas y formas,
más que tres chorradas...

Somos hueco y estructura,
cuerpo y espíritu,
viento y fuego,
perfume y color en movimiento;
risa y llanto desbordado de tus osadías,
esperanza viva
aunque fracasemos.

Somos tus hijas e hijos
con vocación de hermanos.
Somos hombres y mujeres
que construyen, paso a paso, el horizonte.
Somos tu querer presente
siendo caricias de enamorados.
Por eso, nos sentimos invadidos
sin ser desplazados.

Gracias, Señor. Amén, aleluya.

CELEBRA TU VIDA

Cada día que, haciendo un alto en el camino,
me miro en el espejo de tu rostro,
sea al alba, a mediodía o al anochecer,
resuena el eco de tu voz que me dice:

¡Celebra hoy la alegría de vivir!

Cuenta tus años, no por el tiempo vivido,
sino por la ternura de tu corazón.

No por la amargura de un dolor,
sino por el gozo y paz alcanzados.

No por el número de tus éxitos,
sino por la aventura de tu búsqueda.

No por las veces que llegaste,
sino por las veces que tuviste el coraje de partir.

No por los frutos recogidos,
sino por la simiente que lanzaste.

No por las desilusiones que tuviste,
sino por la esperanza que infundiste.

No por las cosas a que tuviste que renunciar,
sino por los encuentros que te han enriquecido.

No por el número de los que te aman,
sino por la apertura de tu corazón, capaz de amar a todos.

No por los sueños que no se realizaron,
sino por los que siguen ilusionándote.

No por los años que haces o tienes,
sino por aquello que haces con tus años.

¡Celebra hoy la alegría de vivir!

Detrás de cada línea de llegada, hay una de partida;
detrás de cada logro, un desafío;
detrás de cada fracaso, una nueva semilla.

Tras la tempestad, viene la calma;
tras las nubes, el cielo raso;
tras el invierno, la primavera.

No vivas de fotos amarillas;
si extrañas lo que hacías, vuelve a hacerlo,
pero nunca te destruyas.

¡Celebra hoy la alegría de vivir!

Y mis entrañas se remueven,
y todo mi ser inicia un canto
que repite una y otra vez:
gracias, Señor, gracias.

CON POCAS PALABRAS

Al anochecer, cansado de la jornada,
alzo mis ojos hacia los tuyos
y te hablo con pocas palabras.

Gracias por este día que termina.
Tú me lo diste.
Lo he vivido como ya sabes.

Náufrago varado en tu regazo,
me acoges y acunas
toda la noche.
Gracias, de veras.

Duérmeme con tu música
y descánsame
para mañana.
Gracias sinceras.

DESCUBRIMIENTOS Y SORPRESAS

Gracias, Señor, por haberme enseñado
a reflexionar y a ampliar horizontes.

Tantas cosas, ayer importantes, las veo ahora secundarias;
hechos, ayer oscuros, destilan luz radiante;
acontecimientos, antes tristes, son hoy fuente de alegría,
porque tu sola presencia introduce paz y orden
en el caos de mi historia y vida.

Gracias, Señor, porque estoy descubriendo nuevos valores:
la riqueza interior de las personas,
la fuerza de la debilidad y de la ternura,
la importancia de los gestos sencillos,
la grandeza de las cosas recién nacidas,
la belleza de las rosas con espinas,
la claridad de los sucesos grises,
las pequeñas realidades de cada día...

Gracias, Señor, por ofrecerme gratis
tantos descubrimientos y sorpresas.

GRACIAS, PADRE

Te damos gracias, Padre,
porque nos has revelado el rostro de tu Hijo Jesús
y quieres recrearnos a su imagen.

Te damos gracias, Padre,
porque nos ofreces la posibilidad de vivir plenamente,
arraigados y cimentados en Él.

Te damos gracias, Padre,
porque Tú has querido dárnoslo como camino
y compañero fiel a nuestro lado.

Te damos gracias, Padre,
porque has tatuado su nombre en nuestro corazón
como sello indeleble de que somos hijos tuyos.

Te damos gracias, Padre,
porque has hecho de nosotros iconos vivos de su amor
para todos los que caminan tristes y perdidos.

Te damos gracias, Padre,
porque nos has injertado en su tronco
para que seamos sarmientos vivos con su savia.

Te damos gracias, Padre,
porque su fidelidad y misericordia
nos hacen caminar erguidos y con dignidad.

GRACIAS POR ESTE ENCUENTRO

Gracias, Padre.
Hemos estado juntos hablando de Ti,
de nuestra vida y proyectos,
alegrías y dificultades,
esperanzas y compromisos...

Jesús en medio,
y su Evangelio abierto.

¡Qué sólida su presencia
y qué sonoro su silencio!
Sentíamos fuego en las entrañas
respirando con él, al unísono,
el mismo aire y vida.

Ha sido un hecho salvador
a pesar de su sencillez y naturalidad,
como cuando estaba con sus amigos.

Fue a casa de Zaqueo, y cambió su vida.
Nicodemo le citó de noche, y descubrió el día.
Conversó con la Samaritana, y la hizo mujer nueva.
Se hospedó en casa de Marta y María,
y les enseñó a vivir con serenidad y alegría.
Entró donde estaban sus discípulos, y los sacó fuera.

Todo se hace nuevo,
todo adquiere sentido,
todo tiene vida,
todo es buena noticia con él.
Gracias, Padre.

Ahora, al terminar este encuentro,
nuestro corazón late de agradecimiento
y te cantamos lo mejor que sabemos:
¡Aleluya, Padre/Madre, por todo!
Somos un poco más hijos tuyos.

Mañana será mejor.
Será más cálida la presencia de Jesús,
más sonoro su silencio.
Hablaremos mejor de Ti.
Sentiremos más dentro a los pobres, tus preferidos.
Tu Reino estará más cerca.
Nos haremos más hermanos.
Mañana será mejor.

Gracias, Padre, por este encuentro.

GRACIAS PORQUE AÚN NO HE LLEGADO

Gracias por estar en camino
y poder sentir y aceptar,
unos días a pesar de mis pies cansados,
otros a pesar de mis alegrías y triunfos,
que no he llegado.

Quiero ser sólo un caminante
que recorre los caminos de la vida,
al lado de otros hombres y mujeres,
fijos los ojos en Ti,
dejándose azotar por la brisa de tu Espíritu.

Seguir tus huellas día y noche,
caminar en claridad y en penumbra,
sin aferrarme a las respuestas y costumbres
de ayer y de siempre,
atento a las voces de otros caminantes.

No mirar a nadie por encima.
No ser impermeable.
No perder el tacto y la sensibilidad.
No sentirme satisfecho con lo conseguido.
No quedarme al margen.

Prefiero tu vela vacilante a mi candela fija,
tus promesas a mis conquistas,
tu campo a través a mi camino hecho,
tu horizonte a mi presente,
tus alas de águila a mi tierra firme.

Te prefiero a Ti,
y este impulso que me lleva a salir de mí
para perderme en tus ofertas.
¡Gracias porque aún no he llegado!

GRACIAS, SEÑOR, POR MI CUERPO

Gracias, Señor, por mi cuerpo,
tu regalo y mi tesoro más estimado
para andar por este mundo.

Por los pies con que camino
al encuentro de mis hermanos,
gracias, Señor.

Por las piernas que me sostienen
y que nunca se cansan de mí,
gracias, Señor.

Por las manos, útiles herramientas,
para trabajar, servir y abrazar,
gracias Señor.

Por los labios, boca, dientes y lengua
con que río, hablo y como gozosamente,
gracias, Señor.

Por los ojos con que descubro y veo
tanta gracia y hermosura a mi lado,
gracias, Señor.

Por mi sexo entrañable
con el que me siento y expreso,
gracias, Señor.

Por los nervios, rápidos y sensibles conductores
de sensaciones y emociones, y también de mis quereres,
gracias, Señor.

Por mi cabeza, hermoso ingenio
que piensa, maquina y ordena,
gracias, Señor.

Por la piel que me protege
dándome forma, figura y seguridad,
gracias, Señor.

Por este corazón que nunca descansa,
que ama y se deja amar,
gracias, Señor.

Por mi cuerpo entero, hecho con ternura
por tus manos y tu soplo,
gracias, Señor.

GRACIAS, SEÑOR, POR TU OBRA EN NOSOTROS

Gracias, Señor,
porque podemos ser fuertes,
porque podemos ser sinceros,
porque podemos ser tiernos sin avergonzarnos,
porque podemos compartir nuestra vida.

Gracias, Señor,
porque somos alegres,
porque somos débiles,
porque somos capaces de tener amigos,
porque somos diferentes.

Gracias, Señor,
porque nos quieres libres,
porque nos das responsabilidades,
porque nos sueñas adultos en tus planes,
porque nos amas tal como somos.

Gracias, Señor,
por la vida que nos das,
por las dificultades que nos curten,
por los triunfos que nos animan,
por el camino recorrido y lo que nos queda.

Gracias, Señor,
porque así podemos hacer un mundo de personas
libres, iguales y hermanas.

LETANÍA DE ACCIÓN DE GRACIAS

Gracias por mi familia, por todos los míos:
mis padres, mis hermanos, mis abuelos...
mi mujer, mi marido, mis hijos, mis nietos...

Gracias por mis amigos, mis vecinos, mis compañeros.

Gracias por mi cuerpo, mis ojos,
mis oídos, mis brazos, mis pies,
mi inteligencia y mi capacidad de expresarme.

Gracias por mi casa, mi trabajo, mi comunidad,
mi pueblo, mi ciudad, mi país...

Gracias por las cosas que uso: mis vestidos, mis zapatillas,
mi colonia, mi radio, mi cama, mi reloj, mi coche...

Gracias por la lavadora, los grifos, la electricidad,
las lámparas, el teléfono, el ordenador,
la batidora, los platos...

Gracias por las tijeras, la escoba,
las llaves, las gafas, el paraguas,
el jabón, el peine, las ruedas,
las sillas y el sofá, el bolígrafo, el lápiz...

Gracias por el sol, la luna, las estrellas,
los cometas, las nubes,
el aire, el viento, la luz, el frío, el calor...

Gracias por la montaña, el mar, el bosque, la alameda,
la playa, el desierto, el oasis, la selva, las praderas...

Gracias por los árboles, el césped, las semillas, las flores,
los frutos, las huertas, los campos y los invernaderos...

Gracias por los caminos, sendas y autopistas,
por los túneles, puentes y vías férreas,

por los refugios, calles, plazas y jardines,
por los parques, polideportivos y piscinas,
por los zoos y las áreas de recreo,
por los bares, las salas de fiesta y los *campings*...

Gracias por los perros, gatos y golondrinas,
los delfines, los buitres y las palomas,
por las ardillas, los burros y caballos,
por todos los animales salvajes y domésticos...

Gracias por los materiales: la madera, el plástico, el mármol,
el barro, el papel, el vidrio, el cemento, las telas,
la piedra, el adobe, el cartón, la formica...

Gracias por las legumbres, las verduras,
las frutas, los zumos,
el café, el pan, las especias, la leche, el vino...
sin olvidarme nunca del agua.

Gracias por el arte, los pintores, escultores y arquitectos,
artesanos y publicistas, escritores, actores,
cantantes, gente de circo, de la noche y de la fiesta...

Gracias por todos los que se ocupan de los demás.
Gracias por todos los que llenan de interrogantes
y respuestas nuevas mi vida tranquila:
por los que tienen dolores, pasan hambre,
sufren miserias y vejaciones,
están en paro, carecen de instrucción, sufren la injusticia,
no tienen el cariño de nadie, tienen que emigrar, malviven,
y nadie defiende sus derechos...

Gracias porque me quieren,
porque me quieres,
porque te quiero,
porque puedo conocer las necesidades de mis hermanos;
porque no tengo grandes pretensiones;

porque no quiero ser ni tener más que nadie,
porque sé que estarás a mi lado siempre...

Gracias por conocer a tanta gente buena y acogedora,
alegre, positiva, solidaria, humilde, sincera...

Gracias por los que me enseñan a vivir mejor,
por los que me hacen caer en la cuenta de que hay cosas
más importantes que yo.

Gracias por mis días tranquilos y alegres,
por todo lo que he vivido,
por este momento,
por cada instante de consciencia y fe
que me hace acercarme a Ti.

Gracias, Señor.

PARA CELEBRACIONES Y RENOVACIONES DEL AMOR

Queremos darte gracias,
Padre de Jesucristo y Padre nuestro
por estos amigos nuestros (N. y N.),
que hoy celebran y renuevan su amor.

Porque en su entrega mutua
han sabido descubrirse cada día
y superar los obstáculos del cansancio
y de la monotonía.
Gracias.

Porque en su unión
se saben libres frente a la vida
y responsables de su destino
con ilusión y realismo.
Gracias.

Porque han aprendido que la ternura
da a la vida una luz insospechada,
porque han sentido en sí mismos el gozo que Tú sientes
al amar a las personas.
Gracias.

Porque han saboreado la alegría
y saben, sienten y nos susurran
que el amor es más fuerte que el tiempo
y la esperanza es más fuerte que las dudas.
Gracias.

Porque han sabido renovar su fe
en la resurrección de tu Hijo
que hace posible un mundo humanizado,
impulsado por todos aquellos que luchan por la libertad.
Gracias.

Porque esparcen semillas de esperanza
en todos los campos y sendas
que pisan, cultivan y sueñan
a manos llenas.
Gracias.

POR LO QUE HA SIDO Y HA DE SER

Por lo que me has dado,
por lo que he descubierto,
por lo que he vivido,
por lo que hemos compartido,
por lo que hemos gozado,
por lo que hemos regalado,
por esas huellas y surcos,
por las heridas ya curadas,
por tantas ausencias y presencias,
por todo lo que ha sido, gracias.

A los sueños acunados,
a las semillas sembradas,
a las flores abiertas,
al amor anhelado,
a la vida engendrada,
a la convivencia iniciada,
a lo que está por venir,
a los gozos y a las lágrimas,
a los frutos de esperanza,
a todo lo que ha de ser, sí.

TE DAMOS GRACIAS
CON FUERZA Y TERNURA

Hoy, Señor, queremos cantarte
con nuestra voz humana,
con nuestras palabras torpes y libres
y nuestro lenguaje de calle,
que tú tan bien entiendes,
porque la comunicación es posible.

Por ser viajeros del tren de la vida,
por haber dejado de ser islas,
por adentrarnos por senderos y charcos,
playas, desiertos, montañas y llanos;
por tu presencia viva en esta aventura,
te damos gracias con fuerza y ternura.

Por nuestro yo abierto que compartimos,
por nuestro yo íntimo que tanto amamos,
por nuestro yo ciego que a veces nos da miedo
y también por nuestro yo desconocido que va aflorando,
por todo lo que somos y compartimos,
te damos gracias con fuerza y ternura.

Por todos los pequeños y grandes caminos
de comunicación, diálogo y encuentro:
por la palabra y el gesto con la mano abierta,
por la sonrisa, el guiño, el beso y las lágrimas,
por el abrazo redondo, red de todas las comunicaciones,
te damos gracias con fuerza y ternura.

Por los ojos que saben decir lo que llevan dentro,
por los pies que nos acercan a los que están solos,
por el cuerpo que expresa nuestros sentimientos,
por los corazones que laten al unísono,
por quien con su amor nos comunica vida,
te damos gracias con fuerza y ternura.

Porque nos hemos puesto en camino a toda prisa,
porque hemos entrado en casa del pobre,

porque hay vientres llenos de espíritu vivo,
porque tú estás con nosotros siempre
como prenda y señal de toda comunicación,
te damos gracias con fuerza y ternura.

UN ALTO EN EL CAMINO

Señor, no sé bien por qué hoy quiero agradecerte
todo lo que Tú me has dado y tengo:
lo que me hace vivir y ser feliz,
lo que me permite creer y esperar,
lo que me da fuerzas para amar y descansar.

Gracias por esta vida humana
que me ha marcado, como marca a todos,
con marcas indelebles en el cuerpo y el espíritu:
son tus huellas en mi historia,
huellas de pasión y ternura.

Gracias por las personas de mi vida:
por las que ya se han ido,
por las que permanecen fieles,
y por las que me sorprenden con su presencia
cuando abro mis puertas y ventanas.

Gracias por los momentos fuertes
de decisión, de entrega y ruptura:
por los que he tenido que vivir en soledad,
por los que he podido compartir
y por esos en los que he sido oyente y testigo.

Gracias por quienes despertaron mi fe,
y por quienes la mantienen hoy.
Por las redes que acunan mis esperanzas,
por los lazos de solidaridad que nos unen,
por los brotes de fraternidad que me ilusionan.

Gracias por el agua, los perfumes y la casa,
por la comida necesaria y el descanso,
por quienes cantan y escriben poemas a la vida,
por los besos y abrazos compartidos,
y por todas las cosas puestas hoy en mi camino.

UNA VEZ MÁS

Una vez más me invitas
a preparar los caminos, los nuevos y los de siempre,
por donde Tú vienes trayendo buenas noticias.
Gracias, Señor.

Porque cuentas conmigo
para allanar colinas y valles
y para desterrar mentiras y opresiones,
gracias, Señor.

Porque te pones en la senda
por la que yo voy caminando
para que te encuentre,
gracias, Señor.

Porque entras en mi casa
y quieres hacer de ella una morada nueva
para todos los que caminan y se acercan,
gracias, Señor.

Tú me has encontrado,
y ese toque tan tuyo me está transformando.
La vida ya germina dentro de mí.
Gracias, Señor.

12

Conversión

DAME LA VUELTA

No;
no he roto la última amarra.

No;
no he puesto las cartas boca arriba.

No;
no he vaciado de razones mi alforja.

No;
no me atrevo a salir con una sola prenda.

No;
no tengo todas mis acciones en tu banca.

No;
no he dado el paso que me libera.

No;
no soy digno, pero...
no renuncies a tu promesa.

¡Rompe mis argumentos
y dame la vuelta!

DÉJALA UN POCO MÁS

No es la primera vez que vienes
y que la higuera muestra sus hojas arrogante
–verdes, grandes, ásperas, sin fruto–,
engañándote.

Sabes que ocupa terreno fértil,
que sudaste y te deslomaste cuidándola
para que diera los higos mejores,
inútilmente.

Y aunque tienes ganas de cortarla
tu corazón hortelano se resiste.
Le cavarás la tierra, le echarás abono
nuevamente...

Hablo robándote las palabras
que me dijiste al encontrarme
e invitarme a tu causa y buena nueva
urgentemente.

Déjala un poco más.
Déjanos un poco más.
Déjame un poco más, Señor,
y cuídame.

DESMARCARSE

Huir del odio, de la violencia, del terror,
huir de la envidia, de la mentira, de la falsedad,
huir de la injusticia, de la calumnia, del favoritismo...

Huir de la tristeza, de la desconfianza, de la pereza,
huir de la indiferencia, del tedio, de la rutina,
huir del miedo, de la cobardía, del aburrimiento...

Huir del orgullo, de la vanidad, de la hipocresía,
huir del consumo, del despilfarro, de la superficialidad,
huir de las drogas, de las modas, de los complejos...

Huir del fanatismo, del fariseísmo, del legalismo,
huir del ritualismo, del dogmatismo, del egoísmo,
huir del chovinismo y de todos los "ismos"...

Escuchar la voz de Dios,
dejarse llevar por el Espíritu,
discernir acontecimientos...
no es poner kilómetros por medio;
es tomar postura
y desmarcarse del mal,
dar oportunidad a la vida
y adorar sólo a Dios...

Tú nos lo enseñaste, Jesús.

ESPACIO ABIERTO

Fuerza mis defensas para librarme.
Sácame de mí mismo para encontrarte.
Llévame a la periferia para centrarme.

Manténme abierto a lo diferente y extraño.
Ayúdame a aceptar lo inusual y cotidiano
Vacíame plenamente para poder acogerte.

Dame pies firmes para andar siempre.
Y no permitas nunca que pise los sueños de otros
cerrándolos, ignorándolos o rechazándolos.

Hazme espacio abierto y de fácil acceso
para todos los que andan por la vida
buscando manantiales, refugios y caminos.

INSPIRA TÚ TODAS MIS ACCIONES

Señor, Tú sabes que es verdad:
buscando seguridad, ando perdido;
lleno de mis quereres, me encuentro vacío;
guardando, me desaparece lo más querido.

Cuando obro sin Ti, obro frecuentemente contra mí.
No es obrar verdadero el que en Ti no echa raíces.

Tú eres la buena tierra en la que mi vida
se convierte en cosecha de frutos apetecibles.
Tú eres la roca firme que me ofrece
refugio y apoyo en todo momento.

No te extrañe, pues, que insistentemente te pida:
Inspira tú, Señor, todas mis acciones.
Sólo si tu gracia sostiene mi vida y mi obrar
seré testigo de la Buena Noticia y la esperanza.

JARDINES CERRADOS

Tú, Dios, que amas y recreas la vida
y cuidas de los pequeños brotes con ternura,
que siempre permaneces en vela
para acogernos, regarnos y abrirnos,
mira los espacios muertos de mi corazón
que todavía rehúsa darte refugio y entrada.

Empieza a levantar las capas de resistencia
con las que me cubro y aíslo cuando te acercas.
Abre una a una esas zonas de mi vida
donde rechazo ser sorprendido;
esos ámbitos de mi ser
cerrados a toda novedad y encuentro;
esos parajes de mis entrañas
estériles a todo crecimiento;
esos rincones de mi persona
temerosos de la luz y los gritos;
esos aspectos de mi espíritu
donde mi seguridad pelea con tu verdad.

No hagas caso de mis quejas.
Trabájame a tu estilo
con tu tierno pero firme amor.

LA PODA

La poda es algo muy frecuente en el campo.
Campesinos y hortelanos son diestros en ella.
Incluso en la ciudad,
los amantes de los árboles y de las plantas
las podan en tiempos señalados.
Obtienen así ejemplares más bellos,
más fuertes, más sanos...

Pero con ser una operación tan corriente,
necesaria y positiva,
nos resulta una energía extraña,
cuando no una anti-energía o muerte.

Sin embargo, la poda es ley de vida y crecimiento
de las plantas... de las personas y de los grupos.
Controla, encauza y orienta las fuerzas;
impide la dispersión, da nuevas energías.
Nos hace crecer y ser nosotros mismos.

Nos poda el Padre, eso dices Tú.
Poda a los que dan fruto, para que den más.
Nos poda a los que bien nos quiere.
Nos corta las alas de la soberbia y de la comodidad
que nos impiden dar fruto y malgastan energía.
¡Corta brotes "naturales",
que parecen ser expresión de vida,
para que demos más y mejor fruto!

Nos podan los amigos, el grupo, la comunidad,
a través de relaciones claras y fraternales;
a través de la ayuda, la crítica y la exigencia.
Nos podan cuando ponen en crisis
nuestro estilo de vida y escala de valores;
cuando nos hacen afrontar las incoherencias
y zonas oscuras de nuestro ser.

Algunos se podan a sí mismos para dar más fruto.
Saben decir no a ciertas cosas.
Saben renunciar a bienes positivos y objetivos dignos
para conseguir bienes mayores y tesoros escondidos.
¡Dichosos esos hombres y mujeres!
Dichosos los que viven con ellos,
porque participan de su fruto.

La mayoría de las podas vienen sin buscarlas.
Las trae la vida cuando menos lo esperas;
son podas involuntarias, imprevistas,
a veces duras y dolorosas,
y no siempre las aceptamos como algo positivo.

Involuntaria o voluntaria
a tiempo o a destiempo,
asumida o rechazada,
la poda es el secreto
de las personas que se han hecho fuertes,
de los hombres y las mujeres que dan fruto,
de quienes tienen vida.

¡Pódanos, Señor!
¡Pódame, Señor!

LO QUE A DIOS LE PLACE

Cuando entré en tu casa
tú no me ofreciste agua para los pies;
ella, en cambio, me los ha regado
con sus lágrimas
y me los ha secado con su pelo largo.

Tú no me besaste;
ella, en cambio, desde que entró
no ha dejado de besarme.

Tú no me echaste ungüento en la cabeza;
ella, en cambio, ha ungido mis pies
con perfume caro.

Y si pasamos a otras cosas...

Tú me invitaste
y me has dejado plantado;
ella se invitó
y me ha acompañado.

Tú has estado mirando de reojo;
ella, con sus húmedos ojos llorosos.

Tú, en tu fuero interno, has murmurado
de ella y de mí sin reparo;
ella me ha amado como sabe
y me place ser amado.

Tú has sido bien tacaño
y hasta taimado;
ella, agradecida
con sus gestos humanos.

Tú te has escandalizado;
ella ha recuperado su dignidad perdida
y se ha salvado...

El banquete ha terminado.
No te sorprendas.
Dios quiere personas nuevas.

MANOS NUEVAS

Vengo a tu casa y taller,
de artesano y alfarero,
en busca de unas manos nuevas.

Éstas que tengo y ves ya no sirven
para lo que Tú me sugieres y propones
ni para lo que yo siento y te prometo.

Quiero saber si pasando por tu casa y taller
puedo recuperar la movilidad de mis dedos
y el tacto y sensibilidad ante la vida.

Quiero saber si puedo empezar otra vez,
trabajar otra vez,
abrazar, acariciar, acoger... otra vez.

Quiero tocar, como Tú nos tocaste y tocas,
el mundo, los cuerpos, las campanas,
las raíces, las rosas, los surcos,
los rostros y los sueños...

Quiero que mis manos sirvan para recrear
la madera, los metales, la tierra;
para construir casas, jardines y caminos,
y pulsar las teclas que despiertan y crean melodía.

Pero, sobre todo, quiero tener manos sensibles
al viento y al polvo del sello triturado
de nuestra pobre eternidad terrestre.

Y éstas que tengo y ves, Padre,
ya no me sirven.
Dame unas manos nuevas, Alfarero
de mis brazos y mis sueños.

PARADOJAS Y PROMESAS

Hoy tenemos edificios más altos,
pero temperamentos más cortos;
autopistas más anchas, y puntos de vista más estrechos.
Ganamos más, y nos sentimos pobres.
Tenemos más vacaciones, pero estamos más cansados.
Compramos más, y disfrutamos menos.
Nos quejamos mucho, y cambiamos poco.
Pedimos justicia, y somos injustos.

Tenemos casas más grandes,
pero familias más pequeñas;
más compromisos, pero menos tiempo;
más títulos, pero menos sentido común;
más conocimientos, pero menos criterio.
Hay más expertos, pero más problemas;
más medicinas, y menos salud.
Hemos multiplicado nuestras posesiones,
pero hemos reducido nuestros valores.
Hablamos mucho, amamos poco y odiamos demasiado...

Nos invaden los medios de comunicación,
pero aumentan las soledades.
Hemos globalizado y estructurado la economía,
y la solidaridad no alcanza todavía el 0,7.
Aprendemos a armar una vida,
pero no a vivirla plenamente.
Hemos llegado a la luna y regresado,
y tenemos problemas a la hora de cruzar la calle
y conocer a nuestro vecino.
Hemos conquistado el espacio exterior, pero no el interior...

Limpiamos el aire, pero polucionamos nuestras conciencias.
Tenemos mayores ingresos, pero menos moral.
Hemos aumentado la cantidad, pero no la calidad.
Éstos son tiempos de personas más altas,
con caracteres más débiles;
con más libertad, pero menos alegría;
con más comida, sí, pero menos nutrición...

Son días en los que llegan dos sueldos a casa,
pero aumentan los divorcios.
Son tiempos de casas más lindas, pero hogares rotos.
Un tiempo con demasiado en la vidriera
y poco de puertas adentro.

Tal vez ya sea tiempo de buscarte, Dios,
y dejar de ser víctimas de nuestros pasos y decisiones.

Por eso, prometo, Señor, de hoy en adelante:
no guardar nada "para una ocasión especial",
porque cada día que vivo es una ocasión especial.

Pasar más tiempo con las personas que quiero,
comer mi comida favorita y visitar los sitios que anhelo,
pues la vida es una sucesión de momentos para disfrutar,
no una competición para sobrevivir.

Vestirme para estar a gusto, usar mi perfume favorito
y beber en esas copas de cristal que guardo
y sólo saco en ocasiones especiales.

Sentarme en la terraza y mirar, cerca y lejos,
y admirar lo que se me ofrece y contemplo,
a pesar de las nubes, malas hierbas y espinos.

Quitar de mi vocabulario las frases:
"uno de estos días...", "mañana...", "quizá...".
Y no retardar nada que traiga ilusión y gozo
a mi vida y a la vida de los demás.

Buscarte cada día, cada hora, cada minuto...,
porque este momento es esa ocasión especial
que ahora tengo y dispongo, para estar contigo y ser feliz.

Sobre una canción de Luis Alfredo

PERDIDO

No hay aire que me serene,
no hay agua que me refresque,
no hay fuego que me temple.

Sueño donde nunca estoy,
espero donde nadie pasa,
y trabajo sin tu visto bueno.

Iría, pero no voy.
Quiero decir, y no digo.
Quisiera ser, y no soy.

Un día, pierdo el camino.
Otro día, el corazón.
Y casi todos, me pierdo yo mismo.

Si pudiera ser, Señor,
infúndeme, de nuevo, tu aliento
para que recobre aire, pulso y ritmo.

Acércate a mi vera para que te sienta;
refréscame, témplame, ponme en camino
y dame tu visto bueno.

SEÑOR, TÚ ME CONOCES

Tú, Señor, me conoces.
Conoces mi vida y mis entrañas,
mis sendas y mis sueños,
mis idas y mis vueltas,
mis dudas de siempre.
Tú eres, a pesar de mis fallos,
el Señor de mis alegrías y de mis penas.

Déjame estar en tu presencia.
Sosiégame.
Serena mi espíritu.
Abre mis sentidos.
Lávame con agua fresca.
Vísteme como a un hijo y háblame.

Haz posible lo imposible:
compromete mi vida
con un amor fuerte y responsable,
fiel –como el tuyo conmigo–
a los últimos, a los pobres, a los hermanos
en los que Tú, Señor, estás presente.

SIN MÁSCARAS

Nos miras como Padre,
y nos ves tan incautos,
crédulos,
ingenuos,
inocentes,
cándidos,
timoratos,
pusilánimes,
ilusos,
pardillos,
y simples...
que no te reconoces
ni por dentro
ni por fuera.

Te duele que los hijos de las tinieblas
sean más sagaces que los de la luz.

Te avergüenza que justifiquemos nuestras torpezas
acudiendo a tu amor.

Te entristece nuestra falta de riesgo
cuando Tú has apostado por nosotros sin medida.

Te sorprende el que aleguemos tu querer
para respaldar nuestras simplezas.

Te apena que apelemos a tu voluntad
para dejar a otros los negocios de este mundo.

Te hiere nuestra falta de responsabilidad
que busca refugio en tu confianza.

Te da risa tanta seriedad
que no revela ni cuestiona nada.

Te repugna el que nos las demos de intachables
y seamos esquiroles de tus planes.

Te aflige que seamos tan beatos
–tan farsantes–
que no aprovechemos el injusto dinero
para ganarnos amigos,
cuando somos tan poco claros y honrados
en los demás negocios
que llevamos entre manos.

¡Padre bueno y paciente,
infúndenos,
nuevamente,
tu Espíritu y sangre!

TÚ NO JUEGAS A LOS DADOS

Pensé que podías ser Dios de azar...
de suerte, sino, destino, hado...
hasta que jugando al juego
te he ido perdiendo
y me he sentido triste y frustrado.

Vuelvo porque te necesito y quiero
y hecho de menos
tus caricias y mi confianza
en tu regazo.

Álzame, abrázame
y hazme cosquillas como antes,
hasta que ría
y abra todos los sentidos a la vida;
hasta que recupere la confianza
que tienen tus hijos
y salga de mis entrañas esa palabra:
Papá, Aita, Abbá...

13

Perdón

A LA CONTRA

Estás cerca,
estás siempre,
estás esperando
y no me detengo.

Respetas mi libertad,
caminas junto a mí,
sostienes mi vida
y no me entero.

Me ayudas a conocerme,
me hablas como a un hijo,
me animas a ser yo mismo
y no te hago caso.

Me amas con ternura,
quieres lo mejor para mí,
me ofreces todo lo tuyo
y no te lo agradezco.

Eres fiel,
eres gratuito,
eres lo que necesito
y no te abrazo.

Perdóname, Padre,
y abrázame ya,
como sabes y quieres,
sin esperar permisos.

CLAVOS CONTRA LOS HERMANOS

Señor, Dios nuestro:
Tú eres bueno,
eres fiel y misericordioso
y justo con todo lo que haces,
mientras que nosotros
te hemos traicionado y abandonado,
hemos manipulado tu buena noticia
y expoliado tu hacienda.

Delante de todos los hermanos
nos reconocemos pecadores
y te pedimos perdón.
Hemos clavado muchos clavos
en el cuerpo de nuestros hermanos.

Clavos de soberbia y de orgullo:
nos creemos superiores.
Clavos de envidia:
hemos sido mezquinos.
Clavos de lujuria:
hemos buscado placeres sin medida.
Clavos de avaricia y posesión de riquezas:
no hemos compartido lo que tenemos.
Clavos de gula:
tenemos el estómago lleno.
Clavos de miedo al compromiso:
nos hemos refugiado en nosotros mismos.
Clavos de ira:
no hemos tenido paciencia ni ternura.
Clavos de cobardía y pereza:
hemos olvidado nuestras promesas bautismales.

Nuestros pecados son martillazos
que damos, sin piedad, a nuestros hermanos.
Señor, escucha nuestra súplica arrepentida.
Acógenos en tu regazo
y danos un corazón nuevo.

DESPOJADO DE JUSTIFICACIONES

Hazme ver, Señor, mis fallos y culpas,
los que no veo y los que no quiero ver.
Los *stops* a tu llamada,
los silencios ante la injusticia,
los talentos que no desarrollo,
la pereza para retomar tu camino,
la alergia a todo esfuerzo,
el apego a mi estatus,
el miedo a lo nuevo,
el bien que no hago,
esas diarias justificaciones...

Y, también, mis cumplidos por quedar bien,
mis ganas y manejos por ser el centro,
mis críticas ácidas que matan ilusiones,
mi desamor que justifico como falta de tiempo,
mi soberbia escondida y su falsa protección,
mis sentimientos mal encauzados que me anegan,
mis frenos a la generosidad ajena,
mis batallas oscuras y sin causa,
mi ridícula dignidad...

Hazme ver, Señor, mis fallos y culpas,
los que no veo y los que no quiero ver.
Ábreme los ojos y el corazón.
Lávame, despiértame y renuévame.

DIOS DE VIDA Y PERDÓN

Dios de nuestros padres y nuestro:
nos da vergüenza y apuro levantar la vista,
porque el pecado nos envuelve
como aire contaminado,
y nuestras culpas se amontonan
como un inmenso basurero.

Desde que aprendimos a andar
hemos incurrido en muchas culpas.
Nuestros ojos son envidiosos,
nuestras lenguas afiladas como cuchillos,
y nuestras manos, sedientas de dinero,
se pegan a las monedas
como a la miel las patas de las moscas.

Tú nos propones la paz,
y nosotros nos empeñamos en la guerra.
Tú nos invitas a vivir como hermanos,
y nosotros nos tratamos como perros.
Tú nos propones la justicia,
y apenas nos conmueve el desempleo,
la corrupción, la delincuencia, la tortura,
la emigración, la violencia y la pobreza
de las personas y pueblos que nos rodean.

Mas ahora, en este momento,
Dios fiel y misericordioso,
pasas por nuestras vidas repartiendo perdón,
curando heridas, restaurando cuerpos maltrechos,
borrando nuestras infidelidades
y fortaleciendo espíritus desfallecidos.

¿Volveremos a darte la espalda
y a violar tus mandatos?
Señor, Dios nuestro, Tú eres justo
y nosotros un puñado de cobardes.

Aquí estamos, delante de Ti,
con nuestros pecados de siempre.
Perdónanos, Señor,
y guía nuevamente nuestros pasos.

EL PECADO DEL MUNDO

Juzgaste certeramente
las mentiras sociales
y las injusticias del mundo.
Tomaste partido,
empeñaste tu palabra y vida,
y diste un veredicto inapelable
que hirió a los más grandes,
a los ricos de siempre,
a todos los pudientes.

Y a nosotros nos hiciste caer en cuenta
de lo implicados que estamos
en esta situación colectiva de pecado.
Todo un entramado social
que no respeta los derechos humanos,
que no hace hijos
ni hermanos
ni ciudadanos,
y es contrario a la voluntad del Padre.

Justificamos nuestro estatus
porque hemos hecho del lujo necesidad,
y de la abundancia dignidad,
aún a sabiendas
de que no es sostenible nuestro bienestar
sin expolio,
sin desigualdad,
sin defensas,
sin mentiras.

Y nosotros, cómplices
–conscientes o inconscientes–
de este pecado colectivo,
en momentos de lucidez,
nos reconocemos corresponsables.
Con nuestra connivencia y nuestra omisión,

con nuestras normas y murallas
fomentamos y perpetuamos
el pecado del mundo.

Tú, que viniste a quitar
el pecado del mundo
y te sumergiste hasta el fondo
en nuestra historia,
bautízanos con agua
y, sobre todo, con tu Espíritu,
para que, contigo,
podamos hacernos cargo de la realidad,
cargar humildemente con ella,
y encargarnos de que sea
lo que Dios quiere y sueña,
y no lo que a nosotros nos interesa.

HIJO PRÓDIGO

Me levantaré.
Y tendré que ir, sé adónde y a quién.
No es la primera vez.
Y sé cuáles serán mis palabras y las tuyas.
Mediré nuevamente el corazón de un Padre.

Volver a tu casa,
dejarte ser Padre,
reconocer mis veleidades,
renunciar a la excusa,
pegar silencios como voces;
aceptar abrazos y besos,
permitir que me laves como a un niño,
ser invitado de honor,
participar en tu fiesta,
avivar la confianza, encenderla...

No vuelvo a tientas. Vuelve el hijo;
el que se marchó de casa
y malgastó tu hacienda;
el de siempre.

Aquí estoy, Padre, otra vez.
Vengo como me ves,
como ya sabes.
Por necesidad
y porque sólo en Ti halla paz mi ser
pobre y vacío.
Aquí estoy, Padre, otra vez.

HOGUERA DE VANIDADES

Hagamos una hoguera,
una gran hoguera con todas nuestras vanidades.
Desprendámonos, sin miedo,
aunque nos duela el cuerpo entero,
de todo aquello que se nos ha adherido
o hemos almacenado a lo largo del camino:
esos barros que desfiguran nuestro rostro,
esas costras que insensibilizan nuestros sentidos,
esas escamas que ciegan nuestros ojos,
esos pesos que paralizan nuestros pies,
esos vestidos que ridiculizan nuestra figura.

Abramos el baúl de nuestras vanidades
y hagamos una gran hoguera
con lo que crea arritmia a nuestro corazón,
corta las alas a nuestro espíritu,
seca nuestras esperanzas,
encorva nuestras espaldas,
perturba nuestra paz
y es fatuo o vanidoso,
insustancial o quimérico...

Pidamos a Dios que prenda y queme,
con su llama, nuestras vanidades.
Y entremos, débiles y con jirones,
hasta el corazón de la hoguera.
Él nos acrisolará nuevamente
y seremos, por su querer y palabra,
lo que Él soñó en la primera alborada:
clara imagen suya,
tan humana y renovada,
que lo tiene todo
con sólo decir "Abbá".

PERDÓN, SEÑOR

Por nuestra insensibilidad y rutina,
por nuestras dudas y desconfianzas,
por nuestros cansancios y miedos,
por nuestras cobardías a la hora de ser cristianos,
por nuestra falta de testimonio,
por nuestra búsqueda de seguridades,
por nuestra escasa relación contigo...
Perdón, Señor, por nuestras faltas de fe.

Por nuestros desánimos y desencantos,
por nuestra tristeza y pesimismo,
por nuestras impaciencias y prisas,
por nuestras alienaciones y aturdimientos,
por nuestras rebajas a tus promesas,
por nuestra ceguera a los signos de los tiempos,
por nuestra falta de vigilancia y compromiso...
Perdón, Señor, por nuestras faltas de esperanza.

Por el cinismo de nuestras relaciones humanas,
por la pequeñez y dureza de nuestro corazón,
por nuestras violencias y enemistades,
por nuestra insolidaridad con los hermanos,
por nuestro egoísmo y ansia de poseer,
por nuestras injusticias individuales y colectivas,
por nuestra insensibilidad ante el dolor de los demás...
Perdón, Señor, por nuestras faltas de caridad.

SALMO 50:
MISERICORDIA, DIOS MÍO

Misericordia, Dios mío, por tu bondad,
por tu inmensa compasión borra mi culpa.
Lava del todo mi delito, limpia mi pecado.

Pues yo reconozco mi culpa,
tengo siempre presente mi pecado.
Contra Ti, contra Ti solo pequé,
cometí la maldad que aborreces.

En la sentencia tendrás razón,
en el juicio resultarás inocente.
Mira, en la culpa nací,
pecador me concibió mi madre.

Te gusta un corazón sincero
y en mi interior me inculcas sabiduría.
Rocíame con el hisopo: quedaré limpio;
lávame: quedaré más blanco que la nieve.

Hazme oír el gozo y la alegría,
que se alegren los huesos quebrantados.
Aparta de mi pecado tu vista,
borra en mí toda culpa.

Oh Dios, crea en mí un corazón puro,
renuévame por dentro con espíritu firme;
no me arrojes lejos de tu rostro,
no me quites tu Santo Espíritu.

Devuélveme la alegría de tu salvación,
afiánzame con espíritu generoso.
Enseñaré a los malvados tus caminos,
los pecadores volverán a Ti.

¡Líbrame de la sangre, oh Dios, Salvador mío!
y cantará mi lengua tu justicia.

Señor, me abrirás los labios,
y mi boca proclamará tu alabanza.

Los sacrificios no te satisfacen;
si te ofreciera un holocausto, no lo querrías.
Mi sacrificio es un espíritu quebrantado,
un corazón quebrantado y humillado tú no lo desprecias.

Misericordia, Dios mío, por tu bondad,
por tu inmensa compasión borra mi culpa.
Lava del todo mi delito, limpia mi pecado.

SEÑOR, TEN PIEDAD

Nos alimentamos de lo fácil:
de antojos,
de apariencias,
de ganas de tener,
de comodidad,
de modas,
de aire viciado,
de seguridades frágiles,
de nosotros mismos y no de Ti.
Señor, ten piedad.

Nos olvidamos de tu Palabra:
de tu buena noticia,
del mandamiento del amor,
de la entrega y el servicio,
de poner nuestra confianza en Ti,
de proseguir tu causa,
de cantar tus maravillas,
de conversar con los hermanos.
Cristo, ten piedad.

Cargamos soledades estériles,
cruces inútiles,
miedos que nos paralizan,
inseguridades caprichosas,
insatisfacciones constantes,
deseos huecos,
ramas sin fruto,
oscuridades de siempre.
Señor, ten piedad.

SOMOS DE TODO Y DE NADA

Señor:
Somos un poco de todo y de nada.

Somos hermanos y extraños,
compañeros y enemigos de camino,
solidarios pero también indiferentes,
ciudadanos e indefensos,
cómplices y demasiado pacientes.
Somos un poco de todo y de nada.

Somos intento de diálogo y palabra vacía,
huella y piedra de tropiezo,
memoria y olvido,
protesta y enigma,
indefensos creadores de murallas.
Somos un poco de todo y de nada.

Somos audaces y cuitados,
víctimas y verdugos de nosotros mismos,
a veces soñadores, otras rastreros,
firmes y volubles,
llenos de agujeros e impermeables.
Somos un poco de todo y de nada.

Señor:
Somos y no somos.
Estamos confundidos.
Somos mártires de nada.
Somos claroscuros.
Perdónanos y acrisólanos.

TABLA DE DESPROPÓSITOS

Nos divertimos menos de lo que nos aburrimos.
Trabajamos menos de lo que nos divertimos.
Soñamos menos de lo que trabajamos.
Sabemos menos de lo que soñamos.
Hacemos menos de lo que sabemos.
Esperamos menos de lo que hacemos.
Sembramos menos de lo que esperamos.
Damos menos de lo que sembramos.
Compartimos menos de lo que damos.
Sonreímos menos de lo que compartimos.
Perdonamos menos de lo que sonreímos.
Creemos menos de lo que perdonamos.
Amamos menos de lo que creemos.
Y así es como somos lo que somos...

Perdón, Señor, por esta aberrante tabla de despropósitos
que encadena nuestra vida al vacío
y nos hace marionetas sin sueños y sin gritos.

YA NO ESCUCHO TU VOZ

Hace tiempo, Señor, que no te escucho
ni en casa ni en la calle ni en el trabajo;
tampoco en el silencio ni entre mis hermanos.

Hace tiempo, Señor, que no me despierto...
con la música que has sembrado en mi pecho.
¡Se me están acabando la sonrisa y los pasos!

Tu voz, Señor, sin duda está clamando
en el desierto de mi vida, y no la escucho
porque me dejo llevar sólo por cantos de sirenas.

Nuevamente me he perdido en tu encuentro.
Acércate y ponme otra vez en camino.
Perdóname y orienta bien mis sentidos.

YO CONFIESO

Confieso ante Dios y ante vosotros, hermanos,
que he puesto obstáculos al plan de Dios,
al Reino que está viniendo,
a la dignidad de muchas personas,
y a mi propia realización,
con mis actitudes, hechos y omisiones.
Por lo cual, reconozco humildemente
que necesito ser perdonado
y reconstruido por Dios.

Y, de corazón
y con voluntad de cambio,
pido perdón a todos los que he ofendido;
ruego a vosotros que intercedáis por mí,
y me pongo en manos de Dios, Padre/Madre,
esperando su abrazo y su misericordia,
por medio de Jesucristo, nuestro Señor. Amén.

14

Súplica

AMARTE AMANDO TODO LO CREADO

Danos fuerza para amarte
y amar con plenitud la vida
en sus gozos y en sus tristezas,
en sus ganancias y en sus pérdidas.

Danos sensibilidad para amar la creación entera,
para respetarla, cuidarla y gozar de ella,
junto con todas las personas y pueblos,
y dejarla a nuestros descendientes mejorada.

Danos la sabiduría y el coraje necesarios
para vivir plenamente esta vida que nos has dado,
para compartir y entregarnos generosamente
y cantar tu presencia en nuestra historia.

Danos ternura a raudales
para acoger con entrañas de misericordia
todo lo maltratado, perdido y abandonado,
lo que nadie valora y Tú más quieres.

Danos fuerza, sensibilidad, sabiduría
coraje y ternura, como sólo Tú sabes,
para amarte y amarnos
amando todo lo creado.

CONFESIÓN SINCERA

Señor, tú ya lo sabes,
mas déjame decírtelo otra vez:
soy una persona que llama y suplica,
llora, sufre y duda;
pero soy también alguien que se entusiasma,
canta, ensalza y disfruta de la vida.

Soy una persona herida, caída, fracasada;
y soy también alguien que revive,
se alza e ilusiona cada día de un modo nuevo.

Soy aspiraciones sublimes y debilidades infantiles,
gritos de fe y llantos desesperados,
pregonero de libertad necesitado de leyes,
ráfagas de claridad y tinieblas permanentes,
coleccionista de impermeables que busca empaparse,
impulsos de generosidad y mezquindad,
campo lleno de contradicciones...

Soy tu hijo,
y necesito el contacto de tus manos,
el calor de tu aliento,
la sonrisa de tu rostro,
la seguridad de tu regazo...
¡y sentirme libre más que el viento y mis sueños!

CRÉEME, SEÑOR

No pienses en las pifias y disparates
que los hombres y mujeres cometemos,
te lo ruego, Señor.
Piensa, más bien, en nuestras buenas acciones.
Estoy de acuerdo en que son menos numerosas,
pero confiesa que son más preciosas.
Créeme, Señor,
no es fácil ser bueno en este mundo.
Y si no viese con mis propios ojos
que los hombres y las mujeres, a pesar de todo,
a pesar de tantos obstáculos y desilusiones,
somos capaces de bondad,
no creería, Señor.
Te ruego, Señor,
no te ensañes con tus hijos e hijas;
aunque rara, su bondad
debería sorprenderte;
y sus ilusiones
conmoverte.

DESVELOS

Enséñame tus palabras.
Ilumíname durante el día.
Cuídame hasta el alba.
Bésame rostro y entrañas.
Despídeme con tu mano cálida.

Dame tener el corazón abierto.
Dame poner mi vida como alfombra.
Dame prender estrellas gratuitas.
Dame llorar regando los rosales.
Dame estar sin estorbar a nadie.

La alegría, a raudales.
La paz, a todas horas.
El silencio, en tu presencia.
El amor, sin condiciones.
El trabajo, realizándome.

Querido Dios: confío mis desvelos
en tus manos de Madre desvelada.
Acrisólalos en tu regazo,
para que ya no sean carga,
sino experiencia de tu gracia.

EN LA ENFERMEDAD

Oh Dios de mi salud y mi enfermedad,
de mi debilidad y mi fortaleza,
de mi tristeza y mi alegría,
de mi soledad y mi compañía,
de mi certidumbre y mi esperanza,
de mi vigor y mis dolencias;
oh Dios de vida y salud.

En la noche de mi enfermedad
me pongo en tus manos de Padre:
alumbra esta oscuridad con un rayo de tu luz;
abre una rendija a mi esperanza;
llena con tu presencia mi soledad;
sé mi confianza por encima de todo
y mi refugio en los malos momentos;
trata con ternura mi debilidad;
cura mis heridas con tu aceite
y déjame ser en tu compañía.

Que el sufrimiento no me aplaste;
que tu aliento me alivie;
que la enfermedad me dignifique,
y que el ser hijo/hija sea lo más grande.

EN LA MUERTE DE UN SER QUERIDO

Elevemos nuestra súplica al Señor Resucitado, vida y esperanza de la humanidad entera. Pongamos en manos de Dios Padre nuestras peticiones.

1. Oremos por N. N. Que todo cuanto él creyó, pueda gozarlo en tu presencia; que todo cuanto él esperó, lo esté viviendo en plenitud; que todo cuanto él anhelaba saber, lo conozca con claridad; que todo cuanto él amó siga vivo entre nosotros. *Roguemos al Señor.*

2. Oremos por todos los que sienten especialmente esta muerte: por toda su familia y amigos. Para que, a pesar del dolor y la oscuridad, sigan amando la vida y, con la fortaleza y la confianza de Dios, sean testigos de su grandeza y debilidad. *Roguemos al Señor.*

3. Oremos por todos los hombres y mujeres que experimentan el dolor, la enfermedad, el olvido, la injusticia... Para que Dios sea para ellos fuente de esperanza y buena noticia por encima de todo. *Roguemos al Señor.*

4. Oremos por todas las personas que hoy han muerto, especialmente por las que han muerto de una forma absurda y aparentemente en el fracaso, solas, abandonadas y sin cariño. Para que el Dios de la vida y del amor las acoja con ternura en su regazo y les dé todo aquello que se les negó en este mundo. *Roguemos al Señor.*

5. Oremos por la Iglesia. Para que, a ejemplo de Jesús, sea signo de vida en esta sociedad; para que nos ayude a vivir con alegría y dignidad y nos acompañe con amor y respeto en la hora de la muerte. *Roguemos al Señor.*

6. Oremos por todos los que estamos reunidos en esta celebración. Que amemos y defendamos la vida siempre y en todas las personas, sea cual sea su ideología, cultura o religión; que seamos solidarios con los que sufren y con todos aquellos para los que vivir es una dura carga, y así podamos dar razón de nuestra fe y esperanza en el Dios de la vida y el amor. *Roguemos al Señor.*

Padre, Tú nos conoces y sabes que somos de barro. A Ti acudimos siempre, especialmente en nuestras oscuridades y luchas con la confianza de experimentar tu bondad y tu consuelo. Por Jesucristo, muerto y resucitado, que ahora vive contigo y el Espíritu Santo, por los siglos de los siglos. Amén.

ENSÉÑAME A ENVEJECER

Señor, enséñame a envejecer.
Convénceme de que no son injustos conmigo
los que me quitan responsabilidades,
los que ya no piden mi opinión,
los que llaman a otro para ocupar mi puesto,
los que confían en nuevos compañeros y amigos.

Quítame el orgullo de mi experiencia pasada;
quítame el sentimiento de creerme indispensable;
quítame el miedo a desvelar mis saberes;
quítame el afán de figurar entre los mejores;
quítame el deseo de hacer más de lo que puedo.

Señor, que en este gradual despego de las cosas
yo sólo vea la ley del tiempo y del cariño,
y considere este relevo en los trabajos
como una manifestación alegre y ansiosa
de la vida que se muda y se turna
bajo el impulso de tu providencia.

Pero ayúdame, Señor, a ser todavía útil a los demás,
contribuyendo con mi optimismo y oración
a la alegría y bien hacer
de los que ahora tienen responsabilidades;
viviendo en contacto humilde y sereno
con el mundo que cambia,
sin lamentarme por el pasado que ya se fue;
aceptando mis horas ociosas
como acepto con naturalidad la puesta de sol.

Perdóname si sólo en esta hora tranquila
caigo en la cuenta de cuánto me has amado.
Y concédeme que al menos ahora mire con gratitud
hacia el destino feliz que me tienes preparado,
y hacia el cual me orientaste
desde el primer momento de mi vida.

Señor, enséñame a envejecer.

ESPIRITUALIDAD ENCARNADA

Tú, que no quieres en modo alguno
ser amado contra lo creado,
sino glorificado a través de la creación,
danos, hoy y cada día:

La atención a lo real
en su riqueza y en su complejidad.

El coraje humilde para decidir y actuar
sin tener garantizado el acierto y, menos aún, el éxito.

La paciencia para lo que sólo germina a largo plazo,
para lo que no está en nuestras manos acelerar.

Un vivir reconciliado con nuestro cuerpo
imprevisible, vulnerable, amable.

El trabajo con su gozo y su fatiga,
y el sufrimiento por quienes no pueden trabajar.

Una apertura sin defensas
a la presencia de los otros
que nos visitan muy dentro
si dejamos que entren con su irreductible diversidad.

Sólo así entenderemos tu encarnación.
Sólo así podremos vivir encarnados.

JUNTO A MÍ

No camines delante de mí,
que no podré seguirte.
No camines detrás de mí,
pues no sabré adónde ir.

Camina, Señor, junto a mí,
para ser mi amigo y guía.
Así yo podré seguirte
y sabré adónde ir.

Y si un día me desdigo
y cambio de opinión
y te digo que no te necesito,
no me hagas caso, Señor:
¡sigue caminando junto a mí!

NO ME QUITES LA RISA

Quítame el pan, si quieres;
quítame el agua, el aire,
el sol, las nubes, los caminos
y hasta las estaciones, si quieres;
pero no me quites la risa.

Quítame el sueño, si quieres;
quítame las flores, los frutos,
la voz, los espejos, los proyectos
y hasta las vacaciones, si quieres;
pero no me quites la risa.

Porque sin risa todo sabe a nada,
la vida se encuentra desnuda de gracia,
yo no sé cómo comunicarme ni qué ofrecerte,
y tú no logras entenderme.
Déjame la risa, Señor, para gozarte y ofrecerme.

ORACIÓN POR LOS HIJOS

Señor:
Te damos gracias por habernos dado estos hijos,
fruto de nuestro amor y tu querer,
y que Tú tan bien conoces y amas desde siempre.

Ellos son para nosotros
una gran alegría y gozo,
y las preocupaciones, trabajos y sacrificios,
que nos traen cada día
los aceptamos con serenidad.

Ayúdanos a amarlos sinceramente,
a respetarlos en su dignidad,
a corregirlos para que sean como Tú los quieres,
y a conducirlos hacia la felicidad,
aunque, a veces, nos sea tan difícil comprenderlos,
ser como ellos nos desean y necesitan
y ayudarles a hacer su propio camino.

Danos sabiduría para guiarlos,
paciencia para instruirlos,
serenidad para escucharlos,
ternura para comprenderlos,
persuasión para habituarlos al bien
con nuestro ejemplo,
y fortaleza para no claudicar en nuestra tarea.

Tú, que eres Padre y Madre,
y sabes tanto de las alegrías y sufrimientos
que te damos tus hijos e hijas,
acoge nuestra oración
y danos todo lo que necesitamos
cuando miramos a nuestros hijos
o ellos nos miran tal como son.

PLEGARIA NO ACABADA

De los que caminan por valles oscuros,
de los que se sustentan en sus títulos, poder o autoridad,
de los que no saben amar sino amarse,
de los que no saben dar ni darse,
de los que manipulan y ocultan la verdad,
de los que eligen las tinieblas como morada,
de los que caminan entre niebla sin ver los rayos del sol,
de los que no sienten tu rostro ni tu presencia:
acuérdate, Señor.

De los recién nacidos,
de los recién enamorados,
de los recién casados,
de los que estrenan cada día con una sonrisa,
de los que han sido padres,
de los que son felices,
de los que son testigos de tu Evangelio,
de los que comparten su tiempo,
de los que han formado nuevo hogar,
de los que se sienten realizados como personas:
acuérdate, Señor.

De los ancianos,
de los enfermos,
de los solos y olvidados,
de los sin pan y sin trabajo,
de los que se venden,
de los que pasan hambre,
de los que no tienen casa,
de los emigrantes,
de los que son tratados como extranjeros,
de los heridos por la vida,
de los heridos por nosotros:
acuérdate, Señor.

De los que hacen de la tierra un infierno,
de los que gozan dando zarpazos,

de los que andan por las nubes,
de los que intrigan y explotan a sus semejantes,
de los que disparan contra el prójimo,
de los que destruyen la creación,
de los que construyen murallas y guetos,
de los que pisan para estar a flote:
acuérdate, Señor.

De los que sienten miedo,
de los que sienten vacío,
de los que no sienten la presencia del hermano,
de los que no tienen sentimientos,
de los que viven sin sentido:
acuérdate, Señor.

De tu Iglesia adormecida y miedosa,
de tu Iglesia inclinada a la seguridad,
de tu Iglesia parapetada en la repetición,
de tu Iglesia luz y fermento,
de tu Iglesia sembradora de semillas de reino nuevo,
de tu Iglesia abierta al diálogo y la confrontación,
de tu Iglesia ventana de oxígeno en la corrupción,
de tu Iglesia compañera de las angustias y alegrías
de los hombres y mujeres de hoy:
acuérdate, Señor.

VULNERABLES

Señor,
que quienes te buscan a tientas,
te encuentren;
que quienes dudan siempre de Ti,
no desistan;
que quienes se extravían en su camino,
vuelvan;
que quienes creen poseerte,
te busquen.

Señor,
que quienes caminan solos,
no se pierdan;
que quienes tienen miedo al futuro,
se abran a la confianza;
que quienes no logran triunfar,
perseveren;
que quienes tienen hambre y sed,
sean saciados.

Señor,
que los grandes y poderosos
se sientan vulnerables;
que los amargados de la vida
disfruten de tantos dones;
que los olvidados de todos
dejen oír su canción;
que tus hijos e hijas
nunca nos saciemos de tus dones.

15

Justicia y liberación

ABRE NUESTROS OJOS

Señor, has venido a traer una buena noticia
a pobres, marginados y vencidos.
Has puesto sus gritos en tu boca,
asumes sus reivindicaciones hasta sufrirlas en tu carne,
y vienes a hacerlas fructificar, y llenarlas de amor,
más allá de sus utopías y de toda esperanza.

Abre nuestros ojos a los que sufren cada día
la estafa, los golpes y las injusticias
del reino del dinero y de la guerra,
y de los poderes que les sirven
en lugar de servir a las personas.

Empapa nuestros corazones de justa cólera.
Haznos lúcidos y responsables.
Quítanos tanta prudencia y miedo.
Danos fuerza y osadía.

Purifica y sostén nuestros compromisos
en las acciones sociales y políticas,
para que la dignidad y la fraternidad
no sean palabras engañosas y vacías
para pobres, marginados y vencidos.

Pon en todas nuestras opciones y luchas
generosidad, amor y esperanza.
Que nuestro testimonio siga siendo buena noticia, la tuya,
para quienes Tú más quieres,
tus hijos pobres, marginados y vencidos.

AL MARGEN

Fuera suena el mundo, sus mercados, su prisa,
sus furias que dan a una su zumba y su lamento.
Escucho. No lo entiendo.

La bolsa, las empresas, los partidos, la guerra;
largas filas de hombres cayendo de uno en uno.
Los cuento. No lo entiendo.

El hambre, el paro, la raza, la xenofobia...
condenan siempre a ser reverso de la historia.
Es claro. No protesto.

Sus líderes, sus curas, sus profetas y esbirros
se creen dioses y dueños, imponen silencio.
Observo. No protesto.

Levantan sus banderas, sus sonrisas, sus dientes,
sus tanques, su avaricia, sus cálculos, sus vientres.
Lo veo. No lo creo.

Viven seguros, construyen graneros; ¡soberbios!,
sólo ofrecen las migajas de su banquete.
Lo pienso. No lo digo.

Farsantes de feria, se ríen de la justicia,
imponen sus leyes con engaños y consignas.
Lo veo. No lo digo.

Yo tengo un agujero oscuro y calentito
en el que vivo, como, sueño y estoy tranquilo.
Te rezo muy piadoso.

Pero vienes con ira y me agarras por el cuello,
me lanzas fuera para que entienda, crea y diga.
Te miro. Me sorprendo.

Sobre un poema de Gabriel Celaya

AÚN PODEMOS SOÑAR

Nos dijeron un día: "Se acabaron los sueños".
Pero aún podemos soñar
mientras quede un niño en el mundo
y un rayo de luz en el firmamento.

Nos manifestaron: "Estáis equivocados".
Pero aún podemos buscar la verdad
mientras sigamos compartiendo
y no cerremos las puertas al diálogo.

Nos certificaron: "No valéis para nada".
Pero aún podemos esperar
mientras sigamos caminando
y atisbando el futuro entre la niebla.

Nos aseguraron: "Terminaréis fracasando".
Pero aún nos quedan fuerzas
mientras haya pobres en la cuneta
y corazones solidarios.

Nos gritaron: "Moriréis entre humos y palos".
Pero aún podemos vivir
mientras luchemos por la paz y la justicia
y crezca una flor a nuestro lado.

Nos llamaron: "Parias ilusos".
Pero aún tenemos dignidad
mientras alguien nos vea como hermanos
a pesar de nuestra debilidad.

Nos declararon: "No sois nada".
Pero seguiremos creyendo
y guardando tu recuerdo
mientras Tú sigas susurrando nuestro nombre.

Padre nuestro, que conoces nuestros sueños,
no nos dejes caer en la tentación
de no creer ya en tu Espíritu ni en nosotros;
y líbranos del canto de las sirenas y del "malo".

AYER Y HOY

Ayer a Ti, Señor,
ante la carne doliente del enfermo,
ante la carne olvidada del marginado,
ante la carne agotada del anciano,
ante la carne necesitada del discapacitado,
ante la carne cansada del parado,
ante la carne arruinada del hambriento,
ante la carne sometida del esclavo,
ante la carne corrompida del leproso,
ante la carne afligida de la madre,
ante la carne deshabitada del joven...
se te conmovieron las entrañas,
te dio un vuelco el corazón
y no pudiste quedarte al margen.

Hoy nos encontramos,
a poco que abramos los sentidos,
con una realidad más flagrante y triste:
montones de cuerpos masacrados y degollados;
columnas de cuerpos desplazados y rotos,
aglomeraciones de cuerpos hinchados y esqueléticos,
pabellones de cuerpos moribundos,
manifestaciones de cuerpos desgarrados...
Cuerpos vendidos,
cuerpos hacinados,
cuerpos pisoteados,
cuerpos malheridos,
cuerpos abandonados...

Haz, Señor, que mis entrañas se conmuevan
y mi corazón dé un vuelco
para no quedarme al margen.
Hazme compasivo y tierno,
para ser digno y poder así introducir en la historia
un poco de esperanza y misericordia.

COMPARTIR

Partir con quien nada tiene,
pero que es digno de todo
a sus ojos
y a los de Dios.

Partir no sólo lo sobrante,
también lo que hemos robado,
lo que hemos trabajado,
y hasta lo necesario.

Partir por justicia, por amor,
por encima de lo que es legal,
sin llevar la cuenta,
hasta que el otro se sienta a gusto.

Partir con sencillez y entrega,
sin creerse superior o mejor,
sin exigir cambio
o reconocimiento.

Partir evangélicamente
en todo tiempo,
en todo lugar,
en toda ocasión,
ahora ya.

Partir,
o al menos intentarlo;
nunca en soledad,
siempre en compañía;
nunca para salvar,
y menos aún para sentirse salvado;
sencillamente para hacer posible
el compartir,
como Tú, Señor.

COSAS PEQUEÑAS

Un vaso de agua gratis,
dos minutos ayudando a atravesar la calle,
un objeto menos en nuestros enseres,
unas monedas que ni van ni vienen,
un día de ayuno consciente,
unos refrescos menos en nuestros sudores,
esas tardes con grupos marginales,
unas horas escuchando soledades,
una compra menos en nuestros haberes...
son cosas pequeñas.
Nuestra cultura progresista las repele.
Asistencialismo,
limosnas,
caridades,
paternalismo,
justificaciones,
austeridad que ni va ni viene,
parches,
decimos en nuestro lenguaje.

Esas cosas chiquitas
no acaban con la pobreza,
no sacan del subdesarrollo,
no reparten los bienes,
no socializan los medios de producción,
no expolian las cuevas de Alí Babá,
no subvierten el orden,
no cambian las leyes...

Pero desencadenan la alegría de vivir
y mantienen vivo el rescoldo
de tu querer y nuestro deber.
Al fin y al cabo,
actuar sobre la realidad, y cambiarla
aunque sea un poquito,
es la única manera de mostrar
que la realidad es transformable.

Señor de la historia y de la vida,
no sea yo quien menosprecie y deje sin hacer
las cosas pequeñas de cada día.

DIOS DE REFUGIADOS Y EXILIADOS

Señor, Dios y Padre nuestro,
Tú que eres el auxilio de exiliados y refugiados,
escucha los silencios y gritos
de los que no tienen casa ni hogar,
de los que no tienen patria ni trabajo,
de los que viven a la intemperie,
escondidos o en tierra extranjera,
por salvar su vida y dignidad.

Escucha los silencios y gritos
de los perseguidos y prisioneros de guerra,
de las viudas, huérfanos y refugiados,
de los pobres y exluidos por cualquier motivo,
de los que se ven abocados a coger pateras...
Mantennos unidos a ellos:
que nuestra compasión y solidaridad cree lazos y redes
que les transmitan alegría y seguridad.

Tú que eres Dios de exiliados y refugiados,
muéstranos la parte de nosotros que vive en el exilio,
que está perdida y necesita volver a casa.
Danos todo el calor y ternura que necesitamos
para sentirnos queridos y protegidos.
Guíanos a nuestro ser verdadero
para que vivamos como hijos y hermanos.

Tú que eres Dios de exiliados y refugiados,
ayúdanos a ver claramente los aspectos de nuestra cultura
que crean exclusión y nos hacen vivir en cautiverio.
Concédenos la visión, el coraje y la fuerza necesaria
para mantener los valores del Evangelio.

Tú que eres Dios de exiliados y refugiados,
llama a la Iglesia con voz firme y clara
a volver a los caminos de la justicia y de la verdad.
Y danos, a todos los que decimos seguirte,

un corazón compasivo y una mente abierta
para que nadie permanezca en el exilio.
¡Tú, Dios de exiliados y refugiados!

EL MILAGRO DE COMPARTIR

Si tanto os preocupa la gente
y la situación clama al cielo,
no me salgáis por peteneras
diciendo que son muchos y no llega,
que hay que despedirlos,
que no es tiempo de vacas gordas...
¡Dadles vosotros de comer!

¡Aquí hay cinco panes y dos peces!
Son los primeros del banquete.
Y tú, ¿qué es lo que tienes?
Vacía tu alforja
y, ligero, pregunta a tu compañero
si quiere poner también él lo que lleva.

Corred la voz.
Que se haga mesa fraterna;
que nadie guarde el pan de hoy para mañana.
Desprendeos de lo que lleváis encima.
Tomad todo lo que llega.
Levantad los ojos al cielo
y bendecid al Dios de la vida
que tanto vela y vela.

Lo repartieron los que nada tenían.
Llegó para todos
y aún sobró para soñar utopías.

Días habrá en que tendréis que compartir
no lo de un día,
ni lo de una mochila,
ni lo que lleváis encima,
ni las sobras de la primavera,
sino lo mejor de vuestra cosecha,
y aún vuestra vida misma.

Gracias, Señor,
por romper nuestras murallas
y enseñarnos a compartir
siguiendo tu Palabra.

EN EL REVERSO DE LA HISTORIA

Señor:
en este mundo insolidario y frío
queremos buscarte.
En los barrios marginales y zonas periféricas
queremos encontrarte.
En los que esta sociedad esconde y olvida
queremos verte.
En los que no cuentan para la cultura dominante
queremos descubrirte.
En los que carecen de lo básico y necesario
queremos acogerte.
En los que pertenecen al reverso de la historia
queremos abrazarte...

En los pobres y marginados de siempre,
en los emigrantes y parados sin horizonte,
en los drogadictos y alcohólicos sin presente,
en las mujeres maltratadas,
en los ancianos abandonados,
en los niños indefensos,
en la gente estrellada,
en todos los heridos y abandonados al borde del camino
queremos buscarte,
encontrarte,
verte,
descubrirte,
acogerte,
abrazarte.

IDENTIDAD, GÉNERO Y LIBERACIÓN

Señor:
por cada mujer fuerte cansada de aparentar debilidad,
hay un hombre débil cansado de parecer fuerte.

Por cada mujer cansada

de tener que actuar como una tonta,
hay un hombre agobiado
por tener que aparentar saberlo todo.

Por cada mujer cansada de ser calificada
como "hembra emocional",
hay un hombre al que se le ha negado
el derecho a llorar y a expresar su ternura

Por cada mujer catalogada como poco femenina
cuando compite de igual a igual y triunfa,
hay un hombre obligado a competir
para que no se dude de su masculinidad.

Por cada mujer cansada de ser un objeto sexual,
hay un hombre preocupado por su potencia sexual.

Por cada mujer que se siente atada por sus hijos,
hay un hombre a quien le ha sido negado
el placer de la paternidad.

Por cada mujer que no ha tenido acceso a un trabajo
o a un salario digno y satisfactorio,
hay un hombre que debe asumir
la responsabilidad económica de otro ser humano.

Por cada mujer que desconoce
los mecanismos del automóvil,
hay un hombre que no ha aprendido el arte de cocinar.

Por cada mujer que da un paso hacia su propia liberación,
hay un hombre que redescubre
el camino hacia la libertad.

Señor, que el género no sea un obstáculo,
ni peso, ni cadena, ni muralla que nos aliene,
sino camino abierto para la liberación.

INSTRUMENTO DE TU PAZ

Señor, haz de mí un instrumento de tu paz.
Donde haya odio, que yo ponga amor.
Donde haya ofensa, que yo ponga perdón.
Donde haya discordia, que yo ponga unión.
Donde haya error, que yo ponga verdad.
Donde haya duda, que yo ponga fe.
Donde haya desesperanza, que yo ponga esperanza.
Donde haya tiniebla, que yo ponga luz.
Donde haya tristeza, que yo ponga alegría.

Haz que yo no busque tanto
el ser consolado como el consolar,
el ser comprendido como el comprender,
el ser amado como el amar.

Porque dando
es como se recibe.
Olvidándose de sí mismo
es como uno se encuentra a sí mismo.
Perdonando
es como se obtiene perdón.
Muriendo
es como se resucita para la vida eterna.

Atribuida a san Francisco de Asís

MARGINACIÓN

Tu escritura es latina. Tus cifras, árabes.
Tu coche, alemán. Tu ordenador, americano.
Tu pizza, italiana. Tu democracia, griega.
Tu café, brasileño. Tus vacaciones, turcas.
Tus alfombras, persas. Tu té, ceilandés.
Tu cámara, japonesa. Tu perfume, francés.
Tus electrodomésticos, europeos. Tus refrescos, caribeños.
Tus safaris, africanos. Tu güisqui, escocés.
Tu oro, sudafricano. Tu cacao, senegalés.
Tu cuero, argentino. Tus modales, ingleses.
Tus manteles, portugueses. Tu incienso, hindú.
Tus puros, cubanos. Tu porcelana, china.
Tu gato, siamés. Tu perro, siberiano.
Tu acuario, tropical. Tu petróleo, kuwaití.
Tu reloj, suizo. Tu marfil, congoleño.
Tu sauna, finlandesa. Tu sol, mediterráneo.
Tu ropa, importada. Tus útiles, *made in...*

Tu Cristo, judío. Y tu vecino...
¿un despreciable extranjero?

NOS MIRARÁ

No tenemos en nuestras manos
la solución a los problemas del mundo;
pero, frente a los problemas del mundo,
tenemos nuestras manos.
Cuando el Dios de la historia venga,
nos mirará las manos.

No tenemos en nuestro corazón
la ternura para calmar tantos mares de violencia;
pero, frente a esos mares de violencia,
tenemos nuestro corazón.
Cuando el Dios de la historia venga,
nos mirará el corazón.

No tenemos en nuestras entrañas
el consuelo para serenar este valle de lágrimas;
pero, frente a este valle de lágrimas,
tenemos nuestras entrañas.
Cuando el Dios de la historia venga,
nos mirará las entrañas.

No tenemos en nuestra cartera
dinero suficiente para alegrar a los pobres;
pero a pesar de tanta pobreza y miseria
todavía ahorramos y nos sobra.
Cuando el Dios de la historia venga,
de nada nos servirán nuestros ahorros y monedas.

ORACIÓN POR LA PAZ

Señor, Jesús:
evangelio de vida y paz,
defensor de la dignidad humana,
buen samaritano,
víctima de nuestras injusticias e ideologías,
¡haz de mí un instrumento de tu paz!

Tú, que me invitas a proseguir tu causa,
arranca la violencia de mi corazón,
dame entrañas de misericordia
con quienes sufren y han sufrido.
Mira este pueblo tuyo y nuestro,
aviva nuestra capacidad de diálogo y tolerancia,
¡ábreme al perdón y a la reconciliación!

Señor, infúndeme tu Espíritu,
para que pueda pensar como Tú,
trabajar contigo y vivir en Ti,
para que yo también llegue a ser
un instrumento de tu paz.

"Desarmar la Palabra" – Diócesis de Bilbao, 1999

RICOS Y MENDIGOS

Creímos que era posible el cambio.
Nos comprometimos,
trabajamos,
oramos,
proyectamos nuevos sistemas,
nuevas ideologías,
nuevas formas de reparto.
Soñamos utopías contra el despilfarro.

Y cuando pensábamos
que todo estaba al alcance de la mano,
¡zas! –una vez más, como siempre–,
nos vienen con nuevas teorías y ofertas.

Dicen que la solución está
en hacer más espléndido el banquete,
en lograr que la tarta de la mesa
aumente su tamaño y riqueza;
así habrá más sobras y migajas,
de este festín de puertas abiertas,
para los que andan mendigando
y cubiertos de llagas...,
si nadie más se sienta a la mesa.

Anuncian que no hay revoluciones posibles,
que las ideologías han muerto
y que el margen de negociación
depende del mercado
y no de las conciencias...

Señor, para esta oferta
no se necesitan alforjas.

Pero yo quiero que cuentes,
con voz fuerte y dolorida,
nuevamente,

al sur y al norte,
al este y al oeste,
a escépticos y creyentes,
tu parábola de Lázaro, el pobre.

SE SUPRIMIRÁ

Se suprimirá el diálogo en nombre de la verdad;
después se suprimirá la verdad.

Se suprimirá la libertad en nombre de la responsabilidad;
después se suprimirá la responsabilidad.

Se suprimirá la caridad en nombre de la justicia;
después se suprimirá la justicia.

Se suprimirá la honradez en nombre de la eficacia;
después se suprimirá la eficacia.

Se suprimirá la democracia en nombre del bien común;
después se suprimirá el bien común.

Se suprimirá la fe en nombre de la ciencia;
después se suprimirá la ciencia.

Se suprimirá la conciencia en nombre de la razón;
después se suprimirá la razón.

Se suprimirán los escritos en nombre de los comentarios;
después se suprimirán los comentarios.

Se suprimirán los derechos en nombre del orden;
después se suprimirá el orden.

Se suprimirá la verdad en nombre del espíritu crítico;
después se suprimirá el espíritu crítico.

Se suprimirá la paz en nombre de la revolución;
después se suprimirá la revolución.

Se suprimirán las utopías en nombre de los proyectos;
después se suprimirán los proyectos.

Se suprimirá la tolerancia en nombre de la igualdad;
después se suprimirá la igualdad.

Se suprimirá el amor en nombre de la fraternidad;
después se suprimirá la fraternidad.

Se suprimirá al ciudadano en nombre de la patria;
después se suprimirá la patria.

Se suprimirá la ética en nombre de la estética;
después se suprimirá la estética.

Se suprimirá al profeta en nombre de la estabilidad;
después se suprimirá la estabilidad.

En nombre de nada se suprimirá al ser humano
–al niño, al vecino, al ciudadano,
al inmigrante, al débil y a ti mismo–,
y un océano de violencia anegará
nuestras casas,
nuestros pueblos,
nuestras patrias,
nuestro mundo,
nuestras entrañas...

Pero sobre el caos, el desorden
aleteará nuevamente tu Espíritu,
y tu Palabra creadora y liberadora
nos llenará de esperanza e identidad.

SI YO TUVIERA ENTRAÑAS DE MISERICORDIA

Señor, si yo tuviera entrañas de misericordia...
saldría de mi casa
para encontrarme con los necesitados;
de mi apatía,
para ayudar a los que sufren;
de mi ignorancia,
para conocer a los ignorados;
de mis caprichos,
para socorrer a los hambrientos;
de mi actitud crítica,
para comprender a los que fallan;
de mi suficiencia,
para estar con quienes no se valen;
de mis prisas,
para dar un poco de mi tiempo a los abandonados;
de mi mundo de seguridades,
para acompañar a los que viven perseguidos;
de mi pereza,
para socorrer a quienes están cansados de gritar;
de mi burguesía,
para compartir con los pobres.

Señor, si yo tuviera entrañas de misericordia...
aprovecharía mi experiencia para ayudar a los equivocados;
mi ternura, para acoger a emigrantes y niños;
mi salud, para acompañar a enfermos y ancianos;
mi ciencia, para orientar a los perdidos;
mi responsabilidad, para cuidar a los abandonados;
mi rectitud, para buscar a los pródigos;
mi paz interior, para reconciliar a los enemigos;
mi amor, para acoger a los desengañados;
mi oración, para hacerme más hijo y hermano;
mi vida, para darla a quien la necesita.
¡Señor, dame entrañas de misericordia!

¿TE IMPORTAN?

¿Lo conoces, Señor?
¿Conoces a ese niño desnudo,
en cuclillas, sobre un montón de estiércol,
a orilla del camino, junto a las chozas?
¿Te has fijado en él?
¿Sabes su nombre?

¿Conoces a esa niña arrebatada
para placer de unos desalmados,
que llora desconsolada,
que le han arrancado felicidad,
presente y futuro,
antes de abrirse a la vida?
¿Te has fijado en ella?
¿Sabes su nombre?

¿Conoces a esos niños y niñas
que salen en los llamados reportajes denuncia?
¿Y a los que no salen?

No me tomes a mal la pregunta, Señor.
No pienses que te acuso.
Es que quiero creerte;
quiero creer que esos niños
le importan a alguien,
que te importan a Ti.

Quiero creer
que el grande es el pequeño,
que el último es el primero,
que el pobre es preferido,
que el insignificante es quien más cuenta para Ti.

Lo quiero creer pero me cuesta,
porque yo mismo no veo
que importen tanto esos niños

sin mañana, casi sin hoy.
El mundo puede pasar sin ellos
y sin notar su falta.

Señor, dime que a Ti te importan, ¡por favor!
Dime que a Ti te importan más que te importo yo,
o por lo menos, que ellos te importan
tanto como nosotros, los "con suerte",
los que tenemos las necesidades cubiertas,
los que hasta podemos avergonzarnos de ello,
los que vivimos en esta sociedad
que damos en llamar "primer mundo".

Pues si esos niños y niñas a nadie le importan,
si no te importan a Ti, Señor,
entonces... nada importa.

UN BELÉN DIFERENTE

Este año pondré un nacimiento diferente,
sin ángeles, sin pastores, sin reyes,
porque en mi pueblo ya casi no existen,
y niños y adultos no entienden que estén contigo
sólo los que no se ven en la calle.
En su lugar pondré figuras del presente.

Un parado,
víctima de todas las multinacionales,
con las manos callosas y arrugas en la frente.
Tiene vergüenza y duele verle.

Un emigrante,
sin patria, sin hogar ni papeles,
de color, con olor y hambre.
Quizá esta noche lo acoja alguien.

Una prostituta,
con mirada triste y ternura palpitante,
usada y juzgada por casi toda la gente.
Quizá esta noche reencuentre su dignidad.

Un drogadicto,
aferrado a sus viajes y estrellas artificiales
porque en la tierra no tiene presente.
Quizá esta noche vea la estrella de su vida.

Un preso,
de los de siempre, sin causa ni gloria,
al margen de la sociedad y con barrotes.
Quizá esta noche le llegue una ráfaga de aire libre.

Un enfermo de sida,
separado, aislado como una peste,
tumbado en el lecho sin futuro y casi sin presente.
Quizá esta noche alguien se acerque a él y le bese.

Ya sé que no están todos;
pero si me atrevo a ponerme yo,
y no me olvido de colocarte a Ti,
este Belén no será de Herodes.

16

Misión, vocación, seguimiento

A TI TE ENTREGO LAS LLAVES

A ti te entrego las llaves:
en tus manos pongo la creación entera,
también mi Reino, mis ilusiones
y mi confianza y palabra de Padre.
Te hago portero de esperanzas y proyectos
para que te sientas libre y responsable.

Llaves para abrir las puertas cerradas,
los corazones duros e insolidarios
y todos los secretos fabricados.
Llaves para repartir los bienes de la tierra,
todo lo que puse y produce,
sin que te sientas ladrón de haciendas.

Llaves para mostrar todos los tesoros
de arcas, baúles y bibliotecas,
y poder sacar las cosas buenas.
Llaves para dar a conocer
los misterios de la ciencia
y desenredar conciencias.

Llaves para abrir lo que otros cierran
–Iglesias, fronteras, fábricas, bancos–,
quizá tu casa, tu patio, tu cuenta.
Llaves para entrar en cárceles,
quitar trabas, soltar cadenas,
anular grilletes, conocer mazmorras.

Llaves para perdonar barbaridades,
quitar miedos y culpabilidades
y andar con la espalda bien alta.
Llaves para que nadie encuentre
las puertas de su camino cerradas,
aunque sea de noche.

Llaves para desatar leyes,
normas, mandatos y edictos
de gobernadores, representantes y falsos dioses.
Llaves para liberar a los que sienten
que tienen las puertas cerradas
y la vida hecha y planificada.

Llaves para que los insensatos
no pierdan el tiempo quejándose,
y puedan entrar aunque lleguen tarde.
Llaves para que siempre puedas,
a quien llega a tiempo o deshora,
enseñar tus entrañas, tus rincones.

Llaves para abrir heridas
–en el cuerpo, en el alma, en las estructuras–
y así poder curarlas.
Llaves para cuidar y mostrar
la buena noticia, mi casa,
mis tesoros de Padre y Madre.

A ti te entrego las llaves;
pero mira los rostros setenta veces siete
antes de creerte juez, clérigo o jefe.

A TIEMPO Y A DESTIEMPO

Señor,
nuevamente me llamas por mi nombre,
me convocas a tu comunidad
y me invitas a desatar,
para todos mis hermanos y hermanas,
la palabra de vida
que siembras, día a día, en mis entrañas.

Que tu Espíritu me acompañe,
en todo momento y circunstancia,
para que mis labios y mi corazón
te anuncien, con alegría y ternura,
como la buena noticia de la liberación
en este mundo que anhela y busca.

Que con mi palabra y testimonio
salga urgentemente al encuentro
de los que buscan una vida más digna,
de todos los que ansían y necesitan cercanía,
salud y trabajo, justicia y paz,
diálogo y fraternidad, vida...

Que les ofrezca, gratis,
las primicias de tu Reino
desde la compañía respetuosa y fiel,
desde la historia y experiencia que Tú me has dado,
y desde la memoria de tu vida
que convence y llena.

Gracias, Señor, por tu elección y llamada
para anunciarte, hoy, a todos los que Tú amas.

DISCÍPULOS Y CIUDADANOS

Señor, enséñanos a mirar al cielo,
a gustar las cosas de arriba,
a guardar tus palabras,
a sentir tu presencia viva,
a reunirnos con los hermanos,
a anunciar tu mensaje,
a escuchar a tu Espíritu,
a sembrar tu Reino,
a recorrer tus caminos,
a esperar tu venida,
a ser discípulos.

Señor, enséñanos a vivir en la tierra,
a seguir tus huellas,
a construir tu comunidad,
a repartir tus dones,
a salir de Jerusalén,
a invertir los talentos,
a disfrutar de la creación,
a caminar por el amplio mundo,
a continuar tu proyecto,
a morir dando fruto,
a ser ciudadanos.

Señor, enséñanos a gozar como hijos
y a vivir como hermanos.
Enséñanos a ser discípulos y ciudadanos.

HACED DISCÍPULOS

Haced discípulos míos, no maestros;
haced personas, no esclavos;
haced caminantes, no gente asentada;
haced servidores, no jefes.
Haced hermanos.

Haced creyentes, no gente creída;
haced buscadores de verdad, no amos de certezas;
haced creadores, no plagistas;
haced ciudadanos, no extranjeros.
Haced hermanos.

Haced poetas, no pragmáticos;
haced gente de sueños y memoria,
no de títulos, arcas y mapas;
haced personas arriesgadas, no espectadores.
Haced hermanos.

Haced profetas, no cortesanos;
haced gente inquieta, no satisfecha;
haced personas libres, no leguleyas;
haced gente evangélica, no agorera.
Haced hermanos.

Haced sembradores, no coleccionistas;
haced artistas, no soldados;
haced testigos, no inquisidores;
haced amigos de camino, no enemigos.
Haced hermanos.

Haced personas de encuentro,
con entrañas y ternura,
con promesas y esperanzas,
con presencia y paciencia,
con misión y envío.
Haced hermanos.

Haced discípulos míos;
dadles todo lo que os he dado;
descargad vuestras espaldas
y sentíos hermanos.

ORACIÓN DEL CATEQUISTA

Señor,
tu elección llega por caminos insospechados.
Nos llamas a través de muchas personas
–a veces conocidas, otras desconocidas–
con su testimonio, con su vida, con sus necesidades.
Nos llamas, sobre todo, por medio de los pobres.

Tu voz es clara, cercana y firme;
busca y espera nuestra respuesta,
una respuesta generosa, confiada y libre,
sin trabas serviles, sin miedos, sin condiciones.

¡Aquí estoy, Señor!

Te doy gracias porque me has llamado y elegido
para ser acompañante de otras personas
en su caminar hacia Ti.

Quieres que sea para ellas
testigo de tu Evangelio,
mensajero de tu Reino,
pregonero de buenas noticias,
luz encendida y sal esparcida,
alfarero para sus vidas,
levadura tuya para su fermento,
compañero de camino,
orientador respetuoso con tu Espíritu.

¿Sabré corresponder a tu confianza?

Árame con tu Palabra,
siembra en mí tu mensaje de vida
y envía tu lluvia y tu sol, en abundancia,
sobre mi tierra árida y baldía,
para que produzca flores y frutos de vida.

Agarra mi mano con tu mano,
para que juntos agarremos muchas manos
y alcemos muchas personas hacia una vida nueva.

Gracias, Señor, porque me has elegido y llamado
para ser catequista de mis hermanos.

QUE NADA PASE POR INÚTIL

Construir, con las paredes rotas de la fe,
una fe nueva que nos haga vivir.
Con las ruinas de la vieja esperanza,
edificar la utopía desde abajo.
Con nuestros pequeños gestos de amor,
traer fraternidad universal.
Con la sucia palabra de todos los días,
cantar limpiamente a la vida.
Con las nubes de nuestra historia,
tejer un manto de ternura.
Con las piedras que hieren nuestros pies,
hacer una calzada recta.
Con nuestras manos cansadas,
elevar a quienes caen sin fuerza.
Con el sudor de nuestra frente,
regar la tierra para que fructifique.
Con las lágrimas amargas del dolor,
elevar la ciudad de la alegría.
Con la pérdida de nuestras seguridades,
forjar una paz duradera.
Con nuestros proyectos enterrados,
dar vida verdadera.

Si lo que cuenta es reabrir el amor y la vida,
aquí y ahora, para todos y a tu manera, Señor,
que nada de cuanto me suceda pase por inútil.

RECONOCIMIENTO

Siento, Señor, que estoy
donde Tú quieres que esté;
que nací para estar donde ahora estoy,
que vine al mundo para hacer lo que hago...

De no ser así,
Tú me hubieras hecho diferente:
más sabio o más pobre,
más hábil o más torpe,
más tierno o más firme,
más fuerte o más débil...

Tú,
que has abierto el cielo para siempre,
que me has dado vida y nombre,
que te has mojado para mojarme,
que me has perfumado con tu Espíritu,
que me susurras tus quereres,
que me llamas "hijo, hija" sin avergonzarte,
que me bautizaste para comprometerte
y que te alegras de que esté donde Tú me soñaste,
apacigua mi espíritu
cuando a veces se me ocurre,
al pesar mi vida –lo que hago, mis vanidades–,
que podría haber hecho algo más grande.

SEMILLAS DEL REINO

Sois semillas del Reino
plantadas en la historia.
Sois buenas
y tiernas,
llenas de vida.
Os tengo en mi mano,
os acuno y quiero,
y por eso os lanzo al mundo: ¡Perdeos!

No tengáis miedo
a tormentas ni sequías,
a pisadas ni espinos.
Bebed de los pobres
y empapaos de mi rocío.

Fecundaos,
reventad,
no os quedéis enterradas.
Floreced
y dad fruto.
Dejaos mecer por el viento.

Que todo viajero
que ande por sendas y caminos,
buscando o perdido,
al veros,
sienta un vuelco
y pueda amaros.
¡Sois semillas de mi Reino!

¡Somos semillas de tu Reino!

SER DISCÍPULO

Podría seguir así,
tirando más o menos como hasta ahora:
manteniendo el equilibrio prudentemente,
justificando mis opciones dignas,
diciendo "sí" cuando todo es a medias...
Pero también puedo ser... discípulo.

Quiero ser dueño de mi vida,
no renunciar a mi libertad,
gozar de tantas cosas buenas,
entregarme a los míos,
y tener esa serena paz del deber bien cumplido...
Pero también puedo ser... discípulo.

Puedo cargar con mi cruz, quizá con la tuya;
también complicarme la vida
y complicársela a otros con osadía,
hablar de la buena noticia
y soñar nuevas utopías...
Pero también puedo ser... discípulo.

Anhelo hacer proyectos,
proyectos vivos y sólidos
para un futuro solidario;
deseo ser eficaz, acertar,
dar en el clavo y ayudar...
Pero también puedo ser... discípulo.

Soy capaz de pararme y deliberar,
escuchar, contrastar y discernir;
a veces, me refugio en lo sensato,
otras, lanzo las campanas al vuelo
y parece que rompo moldes y modelos...
Pero también puedo ser... discípulo.

No siempre acabo lo que emprendo;
otras arriesgo y no acierto,

o me detengo haciendo juegos de equilibrio;
me gusta apuntarme a todo
y dejar las puertas abiertas, por si acaso.
Me asusta tu oferta...
Pero también puedo ser... discípulo.

SIEMPRE LLAMAS

Siempre llamas.

Con cariño
cada día que amanece.
Con susurros
en el silencio de la noche.
Con ternura
cuando el cansancio nos vence.
A gritos
en el ruido del mundo.
Con constancia
cuando nos equivocamos de camino.

Siempre llamas.

Desde el dolor
de los que sufren sin consuelo.
Desde la alegría
de los que cantan a la vida.
Desde el amor
de los que atienden al prójimo.
Desde la pasión
de los que se olvidan de sí mismos.

Siempre llamas.

TÚ ME ESTÁS LLAMANDO

Señor, Tú me estás llamando
y yo tengo miedo a decirte "sí".
Me buscas y yo trato de esquivarte;
insistes, y guardo silencio;
te acercas, e intento soslayarte;
quieres apoderarte de mí, y me resisto;
y así no acabo de entender qué es lo que deseas de mí.

Tú esperas de mí una entrega sin reservas,
llena de ilusión y generosidad.
Y yo a veces, es cierto, estoy dispuesto a realizarla
en la medida de mis fuerzas, sin hurtarte nada.
Tu gracia me empuja por dentro
y, en esos momentos, todo me parece fácil.
Tu invitación es como un horizonte abierto
que alegra y da sentido a mi vida.

Pero bien pronto
apenas me doy cuenta de lo que tengo que sacrificar
ante una dolorosa ruptura definitiva,
si tengo que renunciar a mis seguridades,
si tengo que nadar contracorriente,
vacilo, desconfío, me planto.

Señor, sufro en ansia, combato en la noche.
A veces dudo; otras quiero.
Soy así, Tú lo sabes.
Dame fuerzas para no rehusarte.
Ilumíname en la elección de lo que Tú deseas.
Estoy dispuesto, Señor.
Oriéntame.

VEN Y LO VERÁS

En eso de buscar excusas
soy, Señor, especialista.
Ante la urgencia de una respuesta
encuentro siempre argumentos
para escabullirme
y no dar golpe.
Pero Tú me dices:
Ven y lo verás.

Te aseguro, Señor,
que miro, veo y respondo
según mi conveniencia.
En esto de mirar y ver
hay muchas trampas,
y pienso que llegas tarde
si quieres enredarme.
Pero Tú me dices:
Ven y lo verás.

Muchos días miro y no veo nada.
Estoy dormido, bien dormido,
ante los marginados
y heridos del mundo.
Y creo que aquí no pasa nada,
que eso es un invento
para tenernos en vilo.
Pero Tú me dices:
Ven y lo verás.

Hay otros días en que veo doble,
y una injusticia a cada paso.
Pienso que esto no tiene arreglo,
y me amargo soñando
interminables desgracias
con los brazos cruzados,
y diciendo: Nada se puede hacer.
Pero Tú me dices:
Ven y lo verás.

Y cuando pongo manos a la obra,
porque estómago, corazón y cabeza
me duelen de tanto soportar,
son muchos los que afirman
que eso no va con nosotros,
que lo nuestro es otra cosa,
que no debemos meternos en política
ni despertar a los que duermen
bajo las higueras.
Pero Tú me dices:
Ven y lo verás.

Los eslóganes son claros:
que no me coma el coco,
que no sea un ingenuo,
que no me emocione al primer golpe,
que no me deje cambiar el nombre,
que no pregone mis ilusiones,
que respete a la gente en sus opciones,
que siga feliz descansando a la sombra,
que sólo se vive una vez,
que de Nazaret nada bueno puede salir...
Pero Tú me dices:
Ven y lo verás.

VOCACIÓN

Busqué una persona con los brazos abiertos,
el corazón a punto
y los pies ligeros,
que amara la vida,
la ciencia y el arte
y creyera en vosotros sin falsedades.

Era una persona llana y transparente,
haciéndose,
con virtudes y defectos,
con ternura en las entrañas,
con voz para hacer palabras mitad mías mitad suyas,
sin otro equipaje,
con afán de ser útil hasta muriendo.

Y la puse en medio de vosotros
para ser signo de contradicciones,
bandera de amor y engendro de rencores
a lo bueno,
a lo noble,
a lo justo,
a los derechos que son patrimonio de mis leyes.

Busqué una persona sensible a mis amores,
que hiciera con sus brazos una cruz
y con sus manos partiera el pan,
mi pan,
el suyo
y el vuestro,
a todos los que son escupidos por la violencia,
la mentira,
la injusticia
y la soberbia.

Busqué una persona sin títulos ni murallas,
con mi espíritu y sangre,

para estar presente en el corazón del mundo
siendo palabra,
vida
y buena noticia...
¡Y te hice servidor de tus hermanos!

17

Fraternidad, comunidad, Iglesia

ACOGIDA DEL COMPROMISO MATRIMONIAL

Como familiares y amigos vuestros,
como compañeros de fe y de camino,
aceptamos con alegría vuestro compromiso.
Y, desde ahora, con ilusión y gozo
os acogemos como matrimonio cristiano,
en el nombre del Dios de Jesús
y bajo su amor fiel, protector
y dador de vida plena y fecunda.

CREO EN ESTA IGLESIA

Creo en la Iglesia de Jesús encarnada en el pueblo pobre.
Creo en la Iglesia que libera al pueblo oprimido.
Creo en la Iglesia solidaria con los desprotegidos.
Creo en la Iglesia que defiende una vida digna para todos.
Creo en la Iglesia que exige la justicia y dice la verdad.

Creo en la Iglesia sin riquezas ni privilegios.
Creo en la Iglesia casa solariega para todos.
Creo en la Iglesia testimonio vivo de buena noticia.
Creo en la Iglesia que acoge y cura a los heridos.
Creo en la Iglesia que ilumina nuestra realidad actual.

Creo en la Iglesia en la que todos somos hermanos.
Creo en la Iglesia comunidad de comunidades.
Creo en la Iglesia con pastores de vida coherente.
Creo en la Iglesia que no margina ni condena.
Creo en la Iglesia liberada y liberadora.

Creo en la Iglesia profética.
Creo en la Iglesia que no se doblega ante los poderosos.
Creo en la Iglesia que promueve y respeta los derechos
y la dignidad de la mujer, de los laicos, de los extranjeros.
Creo en la Iglesia de puertas y ventanas abiertas.
Creo en la Iglesia que sufre persecución
por seguir a Jesús y proseguir su causa.

Creo, también, en la Iglesia que veo,
que me desvela y, a veces, me turba,
pero que me acoge y perdona,
y me ofrece la vida.

CUESTIÓN DE AMOR

Padre,
tú nos has revelado que pertenecer a tu comunidad
es cuestión de amor.

El amor nos lleva a la acción y al compromiso solidario
con todos nuestros hermanos,
especialmente con los más desfavorecidos y necesitados.
Quien ama mucho, lucha mucho.
Quien lucha poco, ama poco.
El que no ama, sólo se mueve por sus intereses.
¡Haz que el primer paso en nuestra comunidad
sea empezar a amar!

El compromiso sin amor produce peso y agobio.
Cuando nos mueve el amor,
vencemos el cansancio y damos alegría.
Si nuestro amor es como el de Jesús,
tendremos entusiasmo para la entrega total.
Ésta es la experiencia de muchos de nosotros.
¡Avívala cada día más en nuestra comunidad!

Tú nos has manifestado también,
y nosotros lo sabemos por experiencia,
que el amor, aquí, es dolor y gozo.
Una señal de amor verdadero
es sentir como propio el dolor y gozo ajenos,
sobre todo de los pobres y desfavorecidos.
¡Deseamos tener la compasión adulta del buen samaritano!

Haz que en el amor anónimo
de la lucha por la justicia,
del trabajo por un mundo mejor,
del cambio de estructuras,
de la creación de zonas liberadas,
del compromiso sociopolítico,
imaginemos los rostros concretos de nuestros hermanos

marcados por el dolor y la injusticia.
Así tendremos los mismos sentimientos de Jesús,
y nuestra comunidad será buena noticia,
señal de tu Reino, aquí en la tierra,
para los hombres y mujeres,
que Tú tanto amas.

CUIDARÉ LA COMUNIDAD

Cuidaré a mis hermanos,
pues con ellos vivo y camino,
ellos me dan aire fresco
y para ellos soy cristiano.

Prepararé con ilusión y mimo
mi regazo para la acogida,
mis manos para la compañía,
mis entrañas para la misericordia.

Velaré para que no salgan de mí
palabras aceradas ni gestos vanidosos;
no criticaré sus manías,
no trivializaré sus problemas,
no los encasillaré en mis cuadrículas,
no envidiaré sus triunfos ni me alegraré de sus fallos.

Pero no quitaré vigor y ternura
a mi palabra de hermano.
Si tengo que felicitar, felicitaré;
si tengo que afrontar, afrontaré;
si tengo que decidir, decidiré;
si tengo que corregir, corregiré;
si tengo que denunciar, denunciaré.

Entonaré mi corazón noche y día,
lo tendré siempre a punto,
enseñado y dispuesto
a abrir puertas y ventanas,
a no robar paz ni alegría,
a dar y recibir todo lo que es vida
y a soñar utopías comunitarias.

No osaré hacer comunión contigo, Señor,
si estoy alejado de mi hermano.
No mostraré suficiencia,

pediré perdón,
ofreceré la mano
y buscaré el abrazo fraterno.

Amaré y cuidaré mi comunidad.
No devolveré a nadie mal por mal.
Con los que están alegres, me alegraré;
con los que lloran, lloraré;
con los que sufren, sufriré.
No me dejaré vencer por el mal,
antes bien, venceré al mal a fuerza de bien.

Amaré y cuidaré la comunidad,
me esmeraré con ella,
le seré fiel,
la defenderé,
viviré con fervor sus proyectos,
y no le negaré los dones
que Tú me has dado.

Amaré y cuidaré la comunidad,
tu comunidad,
mi comunidad,
nuestra comunidad.

DESPEDIDA DE UN DIFUNTO

Señor, Dios y Padre nuestro:
estamos reunidos aquí, en torno al cuerpo
de nuestro hermano y amigo N. N.,
para rendirle el último homenaje antes de despedirle.

Dirigimos los ojos hacia la cruz de Cristo
y, aunque nuestra fe camina a tientas,
afirmamos con esperanza que éste no es el fin,
y que Tú, Dios nuestro, eres Dios de vivos.

La muerte nos arrebata su presencia física,
dejándonos sumidos en la soledad y el dolor,
pero queda entre nosotros su nombre,
por el que le conocimos en su caminar
y le seguiremos reconociendo,
y que Tú tienes tatuado en la palma de tu mano.

Ya no nos pertenece; se nos ha ido de este mundo.
Te rogamos, Padre bueno, que lo acojas en tu casa
y le abras las puertas del gozo y de la paz,
pues Tú lo hiciste hijo tuyo para siempre.

Nosotros queremos pronunciar su nombre
con el respeto y el cariño que Tú nos enseñaste,
y despedirlo con un "adiós" esperanzado
hasta que nos llames para encontrarnos junto a Ti.

Nuestro adiós, N. N., recibe nuestro adiós.
Gracias por todo lo que nos has dado.
Que el Señor colme y desborde tus proyectos,
tu fe, tu esperanza y tus amores.

EN LA CONFIRMACIÓN

Jesús,
hemos recibido tu Espíritu
que nos susurra la buena noticia,
que confirma nuestra fe,
que alienta nuestro caminar,
que nos hace adultos.
Gracias.

Somos felices,
y queremos comunicar nuestro gozo
a toda la comunidad
porque ella ha guiado nuestros pasos,
nos ha dado testimonio de Ti,
ha tenido ternura y paciencia con nosotros
y nos ha acogido en su seno.
Gracias.

Amamos a tu Iglesia
y, porque la amamos, te pedimos
que sea un lugar de encuentro y de servicio,
un canto a la libertad y a la esperanza,
una celebración continua del perdón,
un hogar caliente para los pobres y marginados,
una mano tendida a la amistad,
una mesa siempre puesta para compartir.
Gracias de antemano.

Nosotros nos comprometemos
a mantener joven el corazón,
a rechazar la guerra, la explotación y la violencia,
a construir la paz, la justicia y la fraternidad,
a apostar por la vida y darla generosamente,
a compartir trabajo, pan y sabiduría,
a ser, para todos, hermanos cercanos.
Gracias porque podemos hacerlo.

Jesús,
nos has seducido y nos hemos dejado seducir;
acabas de complicarnos la vida,
tenemos que nadar a contracorriente,
sabemos que no es fácil,
pero Tú estás con nosotros aquí,
en la comunidad reunida en tu nombre;
por eso estamos alegres y te decimos:
Gracias por todo.

EN TI RESUCITA TODO

Tú dices: "Yo soy la resurrección y la vida",
y todo cambia ante nuestros ojos.

Nuestra tierra, escenario de odio y violencia,
se convierte en semilla de tu Reino.
En sus surcos Tú trabajas.

La Iglesia, envejecida y desfigurada por tantos años,
se renueva con la brisa de tu Espíritu.
Fiel a tu Evangelio, sorprende a propios y extraños.

Nuestra comunidad, débil y pequeña,
surge como almendro en flor en este mundo.
Tú la proteges de inclemencias.

Nuestra fraternidad, tantas veces rota y violada,
renace al calor de tu palabra comprometida.
De su luz Tú sacarás el sol.

Nuestra vida, torpe y tan poco valorada,
la estimas como tu gloria y mejor alabanza.
Ni una gota quieres que se pierda.

Nuestra alegría, que tan pronto pasa,
Tú la guardas como tesoro precioso.
Con ella revistes tus moradas.

La muerte ya no pone término a nuestra historia,
porque en ese término Tú siembras el comienzo.
¡El comienzo de una vida sin término!

En Ti resucita la tierra.
En Ti resucita nuestra historia.
En Ti resucita nuestra fe y nuestra espera.
En Ti se hunde todo
y se yergue, sola, la vida.

GESTOS DE AMOR FRATERNO

Cenar con los amigos,
abrirles el corazón sin miedo,
lavarles los pies con mimo y respeto,
hacerse pan tierno compartido
y vino nuevo bebido.
Embriagarse de Dios,
e invitar a todos a hacer lo mismo.

Visitar a los enfermos,
cuidar a ancianos y niños,
dar de comer a los hambrientos
y de beber a los sedientos;
liberar a presos y cautivos,
vestir a los desnudos,
acoger a emigrantes y perdidos,
sepultar dignamente a los muertos.
No olvidarse de los vivos,
e invitar a todos a hacer lo mismo.

Enseñar al que no sabe,
dar buen consejo al que necesita,
corregir al que se equivoca,
perdonar injurias y torpezas,
consolar al triste,
tener paciencia con las flaquezas del prójimo.
Pedir a Dios por amigos y enemigos,
e invitar a todos a hacer lo mismo.

Trabajar por la justicia,
empeñarse en una paz duradera,
decir "no" a las armas,
desvivirse en proyectos solidarios,
reducir nuestras cuentas y carteras,
superar las limosnas.
Amar hasta el extremo,
e invitar a todos a hacer lo mismo.

Ofrecer un vaso de agua,
brindar una palabra de consuelo,
denunciar leyes injustas,
parar el viaje de los negocios propios,
cargar con el herido
aunque no sea de la familia,
salir de mi casa y círculo
–chiringuito, grupo o castillo–.
Construir una ciudad para todos,
e invitar a todos a hacer lo mismo.

Realizar el trabajo debidamente.
No defraudar a Hacienda.
Respetar la dignidad de todos.
Defender los Derechos Humanos.
Romper fronteras y guetos.
Dudar de fortunas y privilegios.
Crear desconcierto evangélico.
Amar como Él nos ama,
e invitar a todos a hacer lo mismo.

Etcétera, etcétera, etcétera...

Un gesto sólo, uno solo
desborda tu amor,
que se nos ofrece como manantial de vida.
Si nos dejamos alcanzar y lavar,
todos quedamos limpios,
como niños recién bañados,
para descansar en tu regazo.
¡Lávame, Señor!
¡Lávanos, Señor!

HAZNOS UNA COMUNIDAD BUENA NOTICIA

Haznos, Señor, una comunidad buena noticia:
abierta, confiada, fraterna,
invadida por el gozo de tu Espíritu;
una comunidad entusiasta,
que sepa cantar a la vida,
acoger el misterio,
vibrar ante su tarea
y anunciar con alegría tu Reino.

Que llevemos la sonrisa en el rostro,
el júbilo en las entrañas,
la fiesta en el corazón
y la felicidad a flor de piel
desbordándose por todos los poros.

Que no nos acobarden las dificultades
–tensiones, diferencias y conflictos–
que puedan surgir entre nosotros.

Que en nuestra pobreza y debilidad
sepamos abrirnos, darnos y compartir
con la ilusión de quien se enriquece
y se siente dichoso con lo que hace.

Da, Señor, a esta comunidad tuya
una gran dosis de buen humor,
para que no deje de cantar y buscar la paz
en estos tiempos de inclemencia y violencia;
para que sepa desdramatizar tantas situaciones
difíciles, ambiguas y equívocas;
para que siembre el consuelo y la esperanza
entre los que sufren y lloran.

Haznos expertos
en deshacer nudos y romper cadenas,
en curar heridas y dar ternura,

en abrir surcos y arrojar semillas,
en mostrar la verdad y defender la justicia,
y en mantener viva la esperanza.

Concédenos ser, para todos los que nos ven y sienten,
testigos de tu buena noticia,
y del gozo, la fiesta y la risa
que vienen gratis con ella.

LA FIESTA DE LA VIDA

Venid, venid todos, venid a la fiesta.
No os quedéis fuera mirando con tristeza.
Celebremos la fiesta del Señor, la que nos mandó.
Hagamos todos juntos un pan tierno y grande,
y preparemos abundante y generoso vino.

Que las mujeres no se olviden de la sal,
que los hombres consigan levadura,
que los adultos vacíen sus sacas de harina,
que los jóvenes traigan agua cristalina,
que todos pongan una pizca de su aroma.

Salid a las calles, invitad sin miedo
a ciegos, sordos, cojos, presos, pobres;
del Sur y del Norte, ciudadanos y extranjeros,
de toda raza y color, oficio y clase...
Venid todos al encuentro del Señor.

¡Pronto! Dejad vuestros negocios.
Sigamos la receta del Señor.
Amasemos todos, en la artesa, con las manos,
y veamos con alegría cómo crece el pan.
Cozámoslo en el horno del amor.

Porque celebramos el encuentro con Jesús
y renovamos nuestro compromiso con el Reino.
Nadie quedará con hambre ni estará solo y triste.
Hay para todos, en abundancia, cuando se comparte.
Venid todos a participar en la fiesta de la vida.
Es el Señor quien nos invita.

LAS VELAS DE NAVIDAD

Ni las velas serán velas;
ni las estrellas, buenas guías;
ni la alegría, alegría;
ni la noche, Nochebuena
si te cansas de esperar.

Para que hoy sea Navidad,
y mañana lo sea también,
olvida pactos y treguas,
haz coronas de laurel
y no te canses de amar.

Vamos a encender velas
para alumbrar y calentar
los corazones y la ciudad
(no sólo arde la cera),
a ver si así fermentan
los sueños y deseos buenos
en flores y semillas vivas;
a ver si así se transforman
los hombres y mujeres
en familias e iglesias unidas;
a ver si así se desvela
la pobre y lejana paz
que da con el hombre en tierra,
con el hombre y su buena voluntad,
para que hoy sea Navidad,
y mañana lo sea un poco más.

ORACIÓN DE JESÚS POR LOS SUYOS

Padre, ha llegado la hora;
glorifica a tu Hijo para que tu Hijo te glorifique a Ti,
pues le diste poder sobre todos los hombres
para que dé vida eterna a todos los que tú le has confiado.
Y la vida eterna consiste en esto:
en conocerte a Ti, el único Dios verdadero,
y a tu enviado, Jesús, el Mesías.
Yo te he glorificado aquí en el mundo,
llevando a cabo la obra que me encomendaste.
Ahora, Padre, glorifícame junto a Ti
con la gloria que compartía contigo
antes de que el mundo existiera.

Yo te he dado a conocer a los hombres que me confiaste,
a aquellos que Tú me diste de entre el mundo.
Eran tuyos, Tú me los confiaste,
y han aceptado tu palabra.
Ahora comprenden que todo lo que yo tengo procede de Ti,
porque yo les he enseñado lo que recibí de Ti,
y ellos han aceptado mi enseñanza.
Ahora saben, con absoluta certeza, que yo he venido de Ti,
y han creído que fuiste Tú quien me envió.

Yo ruego por ellos. No ruego por el mundo,
sino por los que me has confiado, pues son tuyos.
Todo lo mío es tuyo y lo tuyo es mío,
y en ellos se revela mi gloria.
Ya no estaré más en el mundo,
pero ellos continúan en el mundo
mientras yo voy hacia Ti, Padre.
Guárdalos en tu nombre y protégelos
para que sean uno, como lo somos nosotros.

Mientras estaba con ellos yo los protegía;
los custodié y no se perdió ninguno de ellos,
excepto el que tenía que perderse.
Ahora voy hacia Ti y, todavía en el mundo, digo esto
para que ellos participen plenamente en mi alegría.

Yo les he comunicado tu mensaje, pero el mundo los odia
porque no pertenecen al mundo,
como tampoco pertenezco yo.

No te pido que los saques del mundo,
sino que los protejas del Malo.
Haz que ellos sean completamente tuyos
por medio de la verdad: tu Palabra es la verdad.
Yo los he enviado al mundo, como Tú me enviaste a mí.
Por ellos me ofrezco enteramente a Ti,
para que también ellos se ofrezcan enteramente a Ti
por medio de la verdad.

Pero no te ruego solamente por ellos,
sino también por los que han de creer en mí
por medio de su palabra.
Que todos sean uno.
Como tú, Padre, estás en mí y yo en Ti,
que también ellos sean uno en nosotros;
así, el mundo podrá creer que Tú me has enviado.

Yo les he dado la gloria que Tú me diste a mí,
para que sean uno como lo somos nosotros,
yo en ellos y Tú en mí, para que sean plenamente uno
y el mundo sepa así que Tú me enviaste,
y que los amas a ellos como me amas a mí.
Padre, yo deseo que todos estos que tú me has dado
puedan estar conmigo donde esté yo,
para que contemplen la gloria que me has dado,
porque Tú me amaste antes de la creación del mundo.

Padre justo, aunque el mundo no te ha conocido,
yo te conozco
y todos estos han llegado a reconocer
que Tú me has enviado.
Les he dado a conocer quién eres,
y continuaré dándote a conocer,
para que el amor con que me amaste
pueda estar también con ellos, y yo mismo esté en ellos.

Juan 17

ORACIÓN ECLESIAL Y MISIONERA

Señor, Dios y Padre de todos:
agradecemos tu mensaje de fraternidad universal
hecho carne y vida en Jesús.

Te pedimos que guíes y fortalezcas a la Iglesia
para que siempre y doquiera anuncie a Jesús,
buena noticia para toda la humanidad
y fundamento de solidaridad universal.

Mantén siempre vivo su espíritu misionero
para que aparezca sólo como enviada tuya,
para que sepa encarnarse en todas las culturas,
para que camine ligera hacia un mundo sin fronteras.

Dios, Padre nuestro y de todos:
gracias por habernos reunido en la Iglesia,
la gran familia de Jesús, nuestro hermano,
que nos ha asociado a su misión universal.

Fortalece nuestro empeño misionero
anunciándonos a tiempo y a destiempo tu Evangelio;
enseñándonos a dialogar y a compartir,
a acoger todo brote de verdad;
siendo testigos de vida y de paz;
acrisolándonos con el fuego de tu Espíritu;
haciéndonos gozar de los frutos por Ti prometidos.

Gracias por el trabajo y testimonio generoso
de tus misioneros en el mundo entero.
Ayúdales, y ayúdanos, a promover los valores del Reino
en todos los corazones y en todos los pueblos,
principalmente entre los más pobres y débiles,
para que todos podamos vivir dignamente
nuestra condición de hijas e hijos tuyos
mientras caminamos hacia Ti.

ORACIÓN POR LA COMUNIDAD

Padre, Madre,
ante Ti nos reunimos hoy,
porque creemos que Tú nos has convocado.

Te presentamos la alegría y el esfuerzo
por seguir haciendo comunidad;
te agradecemos que estés entre nosotros,
compartiendo nuestro esfuerzo
por cambiar de vida cada día,
empujando nuestra lucha por construir Reino,
y animando nuestra búsqueda de Ti.

Porque queremos ser anticipo
de tu proyecto para la humanidad,
te pedimos hoy por todos nosotros,
te pedimos por tu comunidad.

Que apreciemos el don que nos has dado;
que seamos valientes y decididos;
que no falle por nosotros tu empeño
de poner savia nueva en nuestro mundo.

Haznos esforzados, dinámicos, creativos,
despiertos siempre a lo nuevo,
rumiando con agradecimiento lo viejo recibido.

Que nadie entre nosotros olvide al compañero.
Ayúdanos a aceptarnos como Tú nos aceptas,
a respetarnos como Tú nos respetas,
a querernos libres y diferentes como Tú nos quieres,
a cuidarnos como Tú nos cuidas;
a alentar en el camino al otro
que junto a nosotros, con nosotros,
hace día a día su camino hacia Ti.
Ayúdame especialmente a aceptar a...
A comprender a...
A encontrar formas de alentar a....

Te pedimos que nuestro cariño no sucumba
a la tentación fácil del perdón ligero,
del abrazo falso,
de la sonrisa hueca,
de la palabra vacía.

Enséñanos a no rasgar el amor con nuestra crítica,
y a no matar la fuerza constructiva de la crítica
con los paños calientes del falso respeto
y el miedo al conflicto.

Haznos cariñosos y exigentes,
tiernos y comprometidos,
fieles y flexibles con el hermano.

Que no triunfe entre nosotros
la ley del más fuerte,
del más listo,
del más astuto.
Que todos pongamos lo que somos y tenemos
al servicio de los demás,
con sencillez,
con libertad,
sin esperar recompensas.

Danos un corazón noble para dar con alegría
y recibir con gratitud.

Que sepamos descubrir el regalo de tu mano
en cada don que nos ofrece el otro:
en su abrazo,
en su palabra,
en su dinero,
en su oración,
en su tiempo,
en su afecto,
en su cultura,
en su esfuerzo por transformar nuestro mundo...
Haznos sencillos en el dar y en el recibir,
ante Ti
y en la comunidad.

Te pedimos también, Padre,
por cuantos en la comunidad tienen la tarea
de alentar con su fe y su trabajo
el caminar de todo el grupo.
Te agradecemos sus esfuerzos.

Que copien de Jesús en su servicio;
que no se impongan,
que no caigan en la tentación
de buscar el reconocimiento,
que puedan cumplir lo que piden,
que pidan lo necesario y conveniente.

A todos, haznos consecuentes.
Que no tapen los papeles, con su letra,
el vacío de tu ausencia en nuestras vidas.

Te pedimos por los niños...
Te los agradecemos de corazón.
No los dejes de tu mano.
Que te descubramos a través de sus risas,
sus juegos, sus sueños y sus preguntas.
Te presentamos también a los hijos e hijas,
maridos y mujeres,
novios y novias,
hermanos y hermanas,
y padres de cada uno de nosotros...
Que perciban, a través nuestro, el amor que Tú les tienes.

También te pedimos por cuantos han caminado con nosotros
y han descubierto su camino hacia Ti en otro proyecto (...);
por los que se han cansado (...);
por los que se han ido lejos (...);
Te pedimos especialmente por los que han huido
rechazados por nuestra inconsecuencia,
por nuestra dureza, por nuestra flojera y desencanto (...).
Que a todos ellos no les falte tu aliento,
que estén abiertos a Ti y a tu Espíritu.

Te pedimos por toda la comunidad;
por todos nosotros, que no somos nuestros sino tuyos
a pesar de nuestras dificultades y limitaciones.
Danos un corazón amplio,
que rompa las barreras de nuestra propia casa,
de nuestros propios raquitismos,
y nos abra al mundo donde vives,
saltando por los montes,
corriendo por los pueblos,
luchando junto a todos aquellos que se empeñan
en alzar a los vencidos de la tierra.

Tú, que nunca cesas en tu afán primero,
haz que nosotros no cesemos en el nuestro. Amén.

ORACIÓN POR LOS HERMANOS

Padre, te pido por mis hermanos.
Tú los conoces personalmente:
conoces sus nombres y apellidos,
sus alegrías y sus penas,
sus virtudes y sus defectos,
su fortaleza y su debilidad,
sus anhelos y sus hechos;
sabes toda su historia, la compartida y la oculta;
los aceptas como son
y los vivificas con tu Espíritu.

Tú, Señor, los amas, no porque sean buenos,
sino porque son hijos tuyos.
Confías en ellos, no porque sean perfectos
sino porque Jesús se ha fiado de ellos.

Enséñame a quererlos de verdad, como Jesús,
no por sus palabras o sus obras, sino por ellos mismos;
descubriendo en cada uno,
especialmente en los más débiles,
el misterio de tu amor.

Te doy gracias, Padre,
porque me has dado hermanos y hermanas.
Ellos son un regalo para mí, el mejor don,
testigos de una vida plena,
recuerdo de tus proyectos y promesas.
Ellos hacen que tu presencia sea humana
y mis anhelos y esperanzas divinas.

Dame la mirada de Jesús para contemplarlos;
dame su corazón para amarlos hasta el extremo;
dame sus entrañas para latir al ritmo de ellos.
Hazme, para cada uno de mis hermanos y hermanas,
sacramento vivo de la presencia de Jesús.

¿POR QUÉ TU IGLESIA...?

Señor, ¿por qué tu Iglesia da la impresión de vivir
más obsesionada por justificarse a sí misma
que por transparentar tu perdón?

¿Por qué se preocupa más de anunciarse a sí misma
que de anunciar al mundo tu Evangelio?

¿Por qué reduce tu mensaje a un moralismo
voluntarista y de justificación por la Ley,
en lugar de dejarte ser la Gran Noticia inapresable
que eres para nosotros, tus hijos e hijas?

¿Por qué en tu Iglesia seguimos temiendo a los pobres,
aún después de haber dicho que optamos por ellos?

¿Por qué se callan las voces nuevas,
las voces discordantes, las voces que protestan,
las voces que piden abrir puertas y ventanas
y compartir saberes y esperanzas?

Líbranos del miedo, Señor.
Haz que tu Iglesia sea transparencia
de las inagotables dimensiones de tu perdón,
de tu llamada y de tu mensaje
que llevan a la vida, no sin pasar por la muerte.
Y hazla casa solariega,
lugar de encuentro y alegría para todos
en medio de las dificultades de la historia.

SOY LO QUE ME HAN HECHO

Señor, son muchos los que han dejado huella en mí;
muchos los que me han ayudado a descubrirme,
a despertar, cambiar y enriquecerme.
He aquí una letanía de personas
que recuerdo con agradecimiento.

Aquel que, inesperado y oportuno,
supo escucharme comprensivo.
Aquel que, aun estando lejos,
experimenté cerca.
Aquel que, con su gran bondad,
me hizo ser sencillo.
Aquel que, corrigiéndome con cariño,
me exigió caminar.
Aquel que, experimentando su debilidad,
hizo que me sintiera pobre.
Aquel que, con su experiencia de gratuidad,
me abrió un mundo de relaciones fraternales.
Aquel que, con su vida incansable,
me invitó a luchar.

Soy lo que soy gracias a muchas personas
pequeñas y grandes, amigas y anónimas.
Aquel que siempre esperó de mí
la transparencia de mi yo.
Aquel que siempre me enseñó
a ver lo positivo.
Aquel que me quiso como soy
animándome a crecer.
Aquel que con su expresividad
me hizo más transparente.
Aquel que con su vida profunda
me hizo más libre.
Aquel que con su desacuerdo
me ayudó a descubrir la verdad.

Déjame darte gracias por quienes me han marcado,
para siempre, con su vida y frescura.
Aquel que libremente cambió su vida
creándome interrogantes.
Aquel que me ayudó a desvelar
mi riqueza ignorada.
Aquel fortuito que descubrí un día
y se quedó en mí.
Aquel que por necesitarme
hizo que yo me sintiera “único”.
Aquel que se atrevió a decirme
“te quiero mucho”.
Aquel que desde su duda profunda
alimenta mi felicidad.
Aquel que anunció en mí la buena noticia
de que Tú me quieres.

Déjame darte gracias, cantarte y alabarte
por todos ellos, hijos tuyos y hermanos míos.

TRONCOS

Aquí los tienes, al borde del camino.
No dicen nada.
¿Qué podrían decir?
Llenos de vetas y nudos,
en su mitad carcomidos,
podados, talados, hacheados
en su juventud ilusionada
o en su madurez frondosa,
ni están limpios, ni son regulares,
ni llaman la atención.

Enraizados en el suelo, adheridos a la tierra,
todos ellos están yertos, vueltos hacia el cielo.
Pero tienen su dignidad y hermosura
y ofrecen asiento gratis
al caminante.

En ellos, nada germina ya:
no tienen yemas, ni flores,
ni nombre...
Sólo son presencia y fidelidad,
testigos...
Mas todo es posible
porque son la peana de la vida.

Soñaban con ser rama o flor,
o fruto sazonado en una mesa,
o madera en manos del artesano:
columna,
mesa,
silla,
carro...

No llegaron a ser retablos,
ni a estar en los altares,
ni a convertirse en obras de arte,
ni fueron escogidos para museos.

Tú quisiste que fuesen troncos,
troncos secos e ignorados,
pegados a la tierra,
testigos mudos de la vida que va y viene.

Parecen algo inútil,
olvidados,
al margen del camino
y de la historia,
que duermen a la sombra
y cuyo destino es volver a ser polvo,
a confundirse con la tierra.
¡Pero son la peana de la vida
gracias a tu savia!

¡Haznos troncos, Señor!
Arráiganos profundamente en la tierra,
y empápanos, cada día, con el rocío persistente
de tu amor y ternura.

18

Confianza

BAJO TU PROTECCIÓN

Mira, Señor, nuestra tierra,
nuestro país, nuestra ciudad...

Tras estos tiempos tan violentos,
danos tiempos de paz y fraternidad.
Tras tanta locura y muerte,
danos respeto y tolerancia sin límites.
Y tras tantos extravíos,
déjanos ver despuntar el alba.

Hasta donde el corazón nos lleve,
acompáñanos para no perder la esperanza.
Hasta donde alcance nuestra mirada,
haz que el camino nos lo abra tu Palabra.
Hasta que la violencia desaparezca,
ayúdanos a estar junto a las víctimas.
Y hasta que perdones nuestra culpa,
haz que seamos pacientes.

Bajo tu protección,
serenamente, resistiendo y esperando,
queremos vivir como hijos y hermanos,
hasta que Tú nos llames
a tiempos nuevos y mejores.

CERTEZA

Tú no puedes soportar, Señor,
que uno solo de los tuyos se pierda.
Tú vas en busca de nosotros cuando nos alejamos de Ti.
Tú vas en busca de los que nosotros abandonamos.
Y a los que nadie echa de menos, Tú vas a buscarlos.
Siempre te pierdes entre los perdidos para encontrarnos.

Nos abandonamos a esta certeza,
a esta promesa que rompe nuestros esquemas,
a tu amor lleno de ternura e imaginación,
porque hemos sentido tu misericordia y fidelidad
en nuestra vida.

CONTIGO

Vivo y gozo...

De tu presencia, el sosiego.
De tu mirada, la transparencia.
De tu corazón, las sorpresas.
De tus caricias, la ternura.
De tus sueños, las utopías.
De tu palabra, la lucidez.
De tu silencio, la paz.
De tu juicio, la mesura.
De tu historia, las huellas.
De tu promesa, el amor.

Vivo y gozo
contigo...

Tu fidelidad,
roca firme que sobresale,
por encima de vientos, nubes y tormentas,
aunque me olvide.

Tu generosidad,
el fértil impulso
que busca en la vida
semillas de humildad.

Tus sorpresas,
tan ricas, tan buenas, tan penetrantes,
que me han hecho único
para vencerme gratis.

Vivo y gozo
contigo
la vida.

DAME BESOS

Bésame, Señor,
en este instante,
como Tú sabes.
Bésame
para que despierte
y te mire,
para que mi corazón
palpite
y pueda enamorarme.

Dame besos suficientes, Señor,
para repartirlos entre todos los pobres
sin agotarme.

Dales besos a ellos, Señor,
para que puedan besarnos a todos
con sus rostros destrozados,
y hacernos seres nuevos
nunca agotados.

Danos besos para besarnos
y amarnos
sin reservas,
sin miedos,
sin temores,
como Tú quieres,
y nosotros,
en momentos como éste,
soñamos.

DÍA TRAS DÍA, SEÑOR

Día tras día, Señor,
voy a pedirte lo que Tú sabes:
verte más claramente,
amarte más tiernamente,
gozarte más alegremente,
esperarte más vivamente,
y seguirte más fielmente.

Día tras día, Señor,
voy a pedirte lo que Tú sabes:
verte,
amarte,
gozarte,
esperarte,
seguirte.

Día tras día, Señor,
voy a pedirte lo que Tú sabes,
claramente,
tiernamente,
alegremente,
vivamente,
fielmente.

Día tras día, Señor,
voy a pedirte lo que Tú sabes,
sin cansarme,
sin olvidarme,
sin agobiarme,
sin legalizarme,
sin marearte.

Día tras día, Señor...

EL SEÑOR ES MI PASTOR

El Señor es mi pastor,
nada me falta.

En verdes prados me apacienta,
me conduce hacia fuentes de descanso
y repara mis fuerzas.

Conoce mis proyectos e ilusiones,
me guía por caminos de justicia,
me enseña los tesoros de la vida
y silba canciones de alegría,
por el amor de su nombre.

Aunque pase por cañadas oscuras
no tengo miedo a nada,
pues él está junto a mí
protegiéndome de trampas y enemigos.
Su vara y su cayado me dan seguridad.

Aunque mis trabajos sean duros y urgentes
no me agobio ni pierdo la paz,
pues su compañía procura serenidad a mi obrar,
plenifica mis anhelos y mi ser,
y hace inútil todo febril activismo.

Cada día, con gracia renovada,
pronuncia mi nombre con ternura
y me llama junto a él.
Cada mañana me unge con perfume;
y me permite brindar, cada anochecer,
con la copa rebosante de paz.

El Señor es mi pastor.
Él busca a las que están perdidas,
sana a las enfermas,

enseña a las erradas,
cura a las heridas,
carga con las cansadas,
alimenta a las hambrientas,
mima a las preñadas
y da vida a todas.

¡El Señor es el único líder que no avasalla!
Él hace honor a su nombre
dando a nuestras vidas dignidad y talla.
Nada temo a los profetas de calamidades,
ni a la tiranía de los poderosos,
ni al susurro de los mediocres,
¡porque tú vas conmigo!

Has preparado un banquete de amor fraterno
para celebrar mi caminar por el mundo.
En él me revelas quiénes son tus preferidos
y cuáles han de ser mis sendas del futuro.

¡Gracias al Señor que me crea, sostiene y guía
con su presencia cargada de vida!

NOSOTROS SEGUIMOS CONFIANDO

Algunos dicen que Tú ya no eres el de antes,
que no infundes respeto ni miedo;
que es muy difícil tener fe en estos tiempos que corren;
que es mejor no pensar en nada y hacer lo que uno quiere.

Otros, en cambio, dicen que estás anticuado,
que ya no eres necesario en esta época que vivimos
porque te quedas al margen de nuestros problemas
y no das solución a nuestras preguntas y anhelos.

Sin embargo, muchos andan preocupados
y se llenan la boca de palabras y razones
intentando justificarse ante sí y los demás,
pero en el fondo no saben qué motivos tienen para vivir.

Nosotros seguimos confiando en Ti.
Es hermoso saber que, cuando te buscamos,
Tú siempre sales a nuestro encuentro,
y encontrarse contigo es nuestro anhelo cumplido.

NUNCA NOS DEJAS HUÉRFANOS

No nos dejas huérfanos, Señor,
nunca nos dejas huérfanos.

Cuando amamos
y seguimos tus mandatos,
tu Espíritu de amor nos hace compañía
y es para nosotros fuerza y aliento,
soplo gratuito de vida
y tregua en el trabajo
para continuar en amor y fidelidad.

Cuando obramos mal,
tu Espíritu de verdad remueve nuestras entrañas
y es para nosotros luz en la oscuridad,
agua viva para limpiarnos,
bálsamo para las heridas
y garantía de tu amor y fidelidad.

No nos dejas huérfanos, Señor,
nunca nos dejas huérfanos.

A la hora de testimoniar la fe
y dar razón de nuestra forma de vivir,
tu Espíritu de vida nos acompaña siempre
y pone las palabras adecuadas
a nuestro alcance.

Y si el miedo a la libertad
y la pobreza de nuestros proyectos
secan el corazón y lo hacen yermo,
tu Espíritu, manantial de agua viva,
lo riega para convertirlo en oasis fecundo.

No nos dejas huérfanos, Señor,
nunca nos dejas huérfanos.

Vivimos el presente con serenidad
y miramos el futuro con esperanza,
porque tú no te olvidas de nosotros
aunque nosotros nos olvidemos de Ti.
Tú estás en lo más hondo de nosotros mismos.

Aunque pasemos dificultades,
aunque fracasemos en nuestros intentos,
aunque la desgracia nos visite,
aunque nos rompamos a jirones,
aunque la muerte nos recoja antes de tiempo,
nos fiamos de Ti.
Confiamos en tu promesa.

No nos dejas huérfanos, Señor,
nunca nos dejas huérfanos.

PON TUS MANOS SOBRE MÍ

Pon tus manos sobre mí, Jesús,
tus manos humanas,
curtidas y traspasadas:
comunícame tu fuerza y energía,
tu anhelo y tu ternura,
tu capacidad de servicio y entrega.

Pon tus manos sobre mí, Jesús,
y abre en mi ser y vida
surcos claros y ventanas ciertas
para el Espíritu que vivifica:
líbrame del miedo y de la tristeza,
de la mediocridad y de la pereza.

Pon tus manos sobre las mías, Jesús,
que están sucias y perdidas;
dales ese toque de gracia que necesitan:
traspásalas, aunque se resistan,
hasta que sepan dar y gastarse
y hacerse reflejo claro de las tuyas.

Déjame poner mis manos en las tuyas
y sentir que somos hermanos,
con heridas y llagas vivas
y con manos libres,
fuertes y tiernas,
que abrazan.

PRESENTE, SIEMPRE PRESENTE

El pasado no siempre lo podemos olvidar;
a veces ni conviene, porque Tú has intervenido en él,
y es bueno y necesario agradecértelo.

Ni es bueno perder la calma por lo que nos espera,
pues aunque nos preocupe el futuro,
no podemos adelantarlo.
El mañana está en tus manos como tarea y regalo.

Nuestro destino es nuestro presente,
que siempre corre a nuestro lado
hasta que Tú, Señor, lo eternices en tu regazo.

PULSO

Señor, tanto si me respondes como si no,
te seguiré invocando sin cesar en mi oración;
alzaré mis ojos y mis manos hasta Ti
y me postraré bajo la bóveda de tu casa.

Señor, tanto si vienes como si no,
confiaré siempre en tu palabra,
pues sé que en cuanto percibes un gesto amoroso
te acercas un poco más a nosotros.

Señor, tanto si me hablas como si no,
no me cansaré de implorarte hasta despertarte;
y aunque no me des la respuesta que espero,
no dudaré de que, veladamente, colmarás mis necesidades.

Señor, en la oscuridad de la oración
y en medio de la danza de la vida,
cuando aparentemente todo sea silencio
–oscuridad, enfermedad, fracaso, injusticia, muerte...–
y la desconfianza ronde como un gusano
porque no aparecen las respuestas que quiero,
seguiré invocándote, confiaré,
no me cansaré de implorarte.
¡Pondré a prueba tu corazón de Padre y Madre!

SALMO 138:
TÚ ME SONDEAS Y ME CONOCES

Señor, tú me sondeas y me conoces:
me conoces cuando me siento o me levanto,
de lejos penetras mis pensamientos;
distingues mi camino y mi descanso,
todas mis sendas te son familiares.

No ha llegado la palabra a mi lengua,
y ya, Señor, te la sabes toda.
Me estrechas detrás y delante,
me cubres con tu palma.
Tanto saber me sobrepasa;
es sublime, y no lo abarco.

¿A dónde iré lejos de tu aliento,
a dónde escaparé de tu mirada?
Si escalo el cielo, allí estás Tú;
si me acuesto en el abismo, allí te encuentro.

Si vuelo hasta el margen de la aurora,
si emigro hasta el confín del mar,
allí me alcanzará tu izquierda,
me agarrará tu derecha.

Si digo: "Que al menos la tiniebla me encubra,
que la luz se haga noche en torno a mí",
ni la tiniebla es oscura para Ti,
la noche es clara como el día.

Tú has creado mis entrañas,
me has tejido en el seno materno.
Te doy gracias, porque me has escogido portentosamente,
porque son admirables tus obras.

Conocías hasta el fondo de mi alma,
no desconocías mis huesos,
cuando, en lo oculto, me iba formando
y entretejiendo en lo profundo de la tierra.

Tus ojos veían mis acciones,
se escribían todas en tu libro;
calculados estaban mis días,
antes que llegase el primero.

Qué incomparables encuentro tus designios,
Dios mío, qué inmenso es su conjunto:
si me pongo a contarlos, son más que arena;
si los doy por terminados, aún me quedas Tú.

Señor, sondéame y conoce mi corazón,
ponme a prueba y conoce mis sentimientos,
mira si mi camino se desvía,
guíame por el camino eterno.

SALMO PARA LOS QUE NO SABEN DESCANSAR

El Señor guía mis pasos siempre,
así que no me apresuro ni me angustio.

Él me invita a pararme y descansar
para que aprenda a contemplar y gozar la vida.
Él me lleva hacia fuentes y lugares de quietud
que me devuelven la serenidad y la alegría.

Él me guía por la senda de la actividad
sin agobiarme y sin perder la calma.
Y cuando estoy en el corazón del mundo
Él me conduce en la paz de su Espíritu.

Aunque tenga muchas cosas que hacer
no me turbo, porque Él está conmigo.
Señor del tiempo, dueño de las horas,
Él me mantiene ecuánime y tranquilo.

Me prepara un almuerzo y restaura mis fuerzas
en medio de mis trabajos y compromisos,
y unge mi mente con el óleo de la paz.
Mi copa rebosa de energía gozosa.

Esta armonía en la que ahora vivo,
y todo lo que soy y tengo, es don tuyo
y fruto de mis días en tu compañía,
que me hacen vivir en paz y feliz.

¡Habitaré en tu casa para siempre!

TÚ DAS EL PRIMER PASO

Antes que yo diga: “Quiero ir a Ti...”,
antes que yo me ponga en pie,
antes que coja mi alforja,
antes que abra mi puerta
antes que yo inicie la marcha...
Tú, Señor, has tomado la iniciativa;
te has adelantado y has dado el primer paso.

Siempre es así y siempre lo ha sido:
en los momentos dulces y en los amargos,
en los días claros y también en los nublados,
cuando estoy sereno y cuando necesito consuelo,
por caminos hechos y campo a través,
vayamos al trabajo o a reclamar el salario...
Tú, Señor, has tomado la iniciativa;
te has adelantado y has dado el primer paso.

Para romper nuestra monotonía,
para ofrecer tus manos abiertas,
para calmar la sed que reseca,
para curar nuestras heridas,
para cantar nuestras melodías,
para este encuentro que anhela tener vida...
Tú, Señor, has tomado la iniciativa;
te has adelantado y has dado el primer paso.

TÚ SABES QUE TE QUIERO

Señor, tú sabes que siempre te quise
y que te sigo queriendo;
Tú sabes que te quiero.

A pesar de mi soberbia y orgullo,
a pesar de mis miedos e infidelidades,
Tú sabes que te quiero.

A pesar del cansancio y del abandono de tantos días,
a pesar de mi cabeza vacía y dura,
y de mi corazón de piedra,
Tú sabes que te quiero.

A pesar de que me cuesta adivinarte entre la gente,
a pesar de lo torpe que soy para verte vestido de pobre,
Tú sabes que te quiero.

A pesar de mis dudas de fe,
de mi vacilante esperanza,
y de mi amor posesivo,
Tú sabes que te quiero.

A pesar de las bravuconadas de algunos días
y de la apatía y desgana de otros,
a pesar de mis pies cansados,
de mis manos sucias,
de mi rostro destemplado,
Tú sabes que te quiero.

A pesar de que me cuesta quererme a mí mismo,
a pesar de que no siempre te entiendo,
a pesar de los líos que presiento,
Tú sabes que te quiero.

Yo te quiero, Señor,
porque tú me quisiste primero
y no renegaste de mí
a pesar de ser torpe y frágil.

Yo te quiero, Señor,
porque siempre confías
en las posibilidades que tengo
de ser, junto a Ti,
aquí en mi puesto,
servidor fraterno.

UNA BUENA NOTICIA

Señor, Rabboni y Maestro:
cada día, cada noche,
llamas a nuestra puerta
para despertarnos a la realidad del Dios vivo.

Pero al vernos preocupados, y hasta obsesionados,
por eso que hoy llamamos necesidades básicas
–la comida, el vestido, la salud, el trabajo...–,
te sorprende nuestro agobio,
y nos hablas del Padre con un lenguaje y un tono
que rompe nuestros esquemas de vida.

"Él se ocupa de los pájaros y los alimenta.
Y viste a las flores del campo de belleza...
Él sabe vuestras necesidades siempre.
Para Él valéis mucho más que pájaros y flores;
por tanto, no andéis agobiados por la vida.
Buscad primero que reine su justicia...".

Tus palabras van a la contra
de lo que hemos hecho ley de vida,
–ley sociológica y ley de subsistencia–.
Y nos las ofreces como buena noticia,
como camino claro y sin trampas
para conocer y gozar al Dios vivo:
Él se ocupa de lo que nos preocupa
y quiere que nos ocupemos de lo que le preocupa.

¡Singular trueque, sólo comprensible
desde la pobreza e insatisfacción que arrastramos
y el amor que de Ti recibimos gratis!

19

Fortaleza

CAMINOS DE CRECIMIENTO

Arraigo sin inmovilidad,
vigor sin tormento,
serenidad sin indiferencia,
presencia sin avasallamiento,
humildad sin sumisión,
creatividad sin temor,
solidaridad sin pesadumbre,
pobreza sin lamento,
pero, sobre todo, esperanza alegre
y renovada fidelidad:
éstos son los caminos, Señor,
que nos llevan a vivir en perenne crecimiento,
a pesar de las oscilaciones de la historia
en estos tiempos de duda e inclemencia.

COHERENCIA

Mirar como Tú miras,
con ojos claros y limpios,
comprendiendo siempre al hermano:
coherencia.

Saberse discípulo,
no tenerse por maestro
y gozar del aprendizaje diario:
coherencia.

Conocer a los árboles por su fruto,
no esperar higos de las zarzas,
ni uvas de los espinos,
coherencia.

Almacenar bondad en el corazón,
cultivar una solidaridad real
y sentir que nos desborda el bien:
coherencia.

Reconocer que no todo es tierra firme,
construir sobre roca nuestra casa,
no tener miedo a huracanes y riadas:
coherencia.

Admitir la pequeñez y los fallos propios,
quitar pronto la viga de nuestro ojo,
no humillar al hermano por no ser como nosotros:
coherencia.

Abrir nuestros ojos al mundo,
alegrarse por sus pasos y proyectos,
no caer en trampas y hoyos como ciegos:
coherencia.

Poner por obra tus palabras,
hablar con el lenguaje de los hechos,
olvidarse de máscaras y apariencias:
coherencia.

Coherencia, Señor,
de un aprendiz de discípulo
que, a veces, se atreve
a tenerte por maestro.

COMO TÚ, PADRE

Sobre buenos y malos, Padre,
haces salir el sol y mandas la lluvia.
A todos sostienes,
a todos ofreces tu regazo
y susurras palabras de vida y ternura,
independientemente de sus méritos,
de su dignidad,
de su bondad o malicia,
de su credo,
de su autoestima.

Amas a todos,
mas no eres neutral.
Amas al injusto,
pero detestas la injusticia.
Amas al pobre,
pero aborreces la pobreza.
Amas al engreído,
pero te hastía el orgullo.
Amas al pecador,
pero odias toda maldad.

Graba en nosotros
las claves de tu corazón,
y da a nuestras entrañas
los ritmos de tu querer
para respetar a los que son diferentes,
ser tolerantes con los que no coinciden,
dialogar con los disidentes,
acoger al extranjero,
prestar sin esperar recompensa,
defender al débil,
saludar al caminante,
y amar a todos
por encima de nuestros gustos
y preferencias.

Enséñanos, Padre,
a ser como Tú.
Que todos puedan decir:
Son hijos dignos de tal Padre.

CONCÉDENOS, SEÑOR

Concédenos, Señor,
un poco de calor, para nuestra frialdad;
un poco de consistencia, para nuestro barro;
un poco de agua, para nuestra sed;
un poco de luz, para nuestros momentos oscuros;
un poco de alegría, para nuestras penas;
un poco de paz, para nuestra lucha de cada día;
un poco de ternura, para nuestras debilidades;
un poco de amor, para nuestro egoísmo;
un poco de ilusión, para nuestra desgana;
un poco de auxilio, para nuestras necesidades;
un poco de firmeza, para nuestras decisiones;
un poco de vida, para nuestra vida.

Concédenos, Señor,
un poco de escucha, para tu Palabra;
un poco de sabiduría, para ser felices;
y un poco de tiempo, para aprender a ser hijos.

Concédenos, Señor...
congruencia,
prontitud,
disposición.
Aunque no te pidamos nada
o te digamos todo lo contrario...
concédenos, Señor.

CUANDO TÚ ME MANDAS QUE CANTE

Cuando Tú me mandas que cante
mi corazón tiembla de emoción y orgullo;
te miro, y mi pecho se ensancha.
Todo lo duro y agrio de mi vida
se derrite en no sé qué dulce melodía,
y me siento volar, libre y ligero, hacia tu regazo.

Cuando Tú me mandas que cante
yo canto con esa osadía que tienen los niños.
Y el canto me emborracha,
y en mi embriaguez me siento feliz
siendo lo que soy;
y te llamo amigo,
a ti que eres mi Señor.

Cuando Tú me mandas que cante
me olvido de letras y melodías aprendidas.
Son los destellos de tu rostro
los que dirigen mi canto
dándole ritmo y mensaje de vida.
Y Tú aplaudes como si todo fuera mío;
y quieres que repita y repita la canción.
¡Siempre te encuentro mudo de asombro!

Cuando Tú me mandas que cante,
antes me has rendido y conquistado
cantando Tú.

DESDE EL SILENCIO

Señor, en el silencio de este día que comienza,
vengo a pedirte paz,
prudencia,
serenidad
y fuerza.

Hoy quiero mirar el mundo con ojos llenos de amor;
ser paciente, comprensivo y amable.
Ver por encima de las apariencias,
ver a tus hijos, mis hermanos, como Tú mismo los ves,
y así no ver más que el bien de cada uno de ellos.

Cierra mis ojos a toda maldad;
guarda mi lengua de toda calumnia;
que sólo los pensamientos solidarios
permanezcan en mi espíritu;
que sea benévolo y alegre;
que todos los que se acerquen a mí sientan tu presencia.

Revísteme de Ti, Señor,
y que, a lo largo de este día,
irradie yo tu Espíritu, lo mejor posible,
en todas mis acciones.

DIOS DE LA LIBERTAD

Aunque nos dé miedo, es tu santo y seña:
libertad sin ira, libertad compartida.
Hay que levantar la vista,
hay que salir, para no morir,
y caminar hacia la tierra prometida.

Y si el mundo de lo fácil,
de lo cómodo, del consumo y del ensueño...
aparece en el horizonte o a la vera del camino,
hay que hacer memoria y proclamar tu santo y seña:
libertad sin ira, libertad compartida.

Y cuando el camino se endurezca,
y las fuentes no den agua,
y la tierra esté yerma,
y la desilusión crezca y crezca,
y las cosas hagan callo dentro y fuera,
y las personas nos parezcan un problema,
hay que hacer memoria y proclamar tu santo y seña:
libertad sin ira, libertad compartida.

Y si nos ilusionamos con los becerros de oro,
o añoramos las cebollas y ajos de antaño,
o si volvemos la vista atrás,
o nos acomodamos al desierto
y nuestros sueños se desvanecen,
hay que hacer memoria y proclamar tu santo y seña:
libertad sin ira, libertad compartida.

Dios de la libertad,
conocedor de nuestras necesidades, miedos y anhelos,
infúndenos tu sangre y Espíritu
y enséñanos a vivir como hijos y hermanos.

¡EFFATÁ: ABRÍOS!

Que los sordos dejen de hacerse los sordos,
que se limpien los oídos
y salgan a las plazas y caminos,
que se atrevan a oír lo que tienen que oír:
el grito y el llanto, la súplica y el silencio
de todos los que ya no aguantan.

Que los mudos tomen la palabra
y hablen clara y libremente
en esta sociedad confusa y cerrada,
que se quiten miedos y mordazas
y se atrevan a pronunciar las palabras
que todos tienen derecho a oír:
las que nombran, se entienden y no engañan.

¡Danos oídos atentos y lenguas desatadas!

Que nadie deje de oír el clamor de los acallados,
ni se quede sin palabra ante tantos enmudecidos.
Sed tímpanos que se conmuevan para los que no oyen.
Palabras vivas para los que no hablan.
Micrófonos y altavoces sin trabas ni filtros
para pronunciar la vida,
para escuchar la vida y acogerla.
¡Que los sordos oigan y los mudos hablen!

Que se rompan las barreras
de la incomunicación humana
en personas, familias, pueblos y culturas.
Que todos tengamos voz cercana y clara
y seamos oyentes de la Palabra en las palabras.
Que construyamos redes firmes
para el diálogo, el encuentro y el crecimiento
en diversidad y tolerancia.

¡Danos oídos atentos y lenguas desatadas!

Que se nos destrabe la lengua
y salga de la boca la Palabra inspirada.
Que se nos abran los oídos para recibir
la Palabra salvadora, ya pronunciada,
en lo más hondo de nuestras entrañas.
Que se haga el milagro en los sentidos
de nuestra condición humana
para recobrar la dignidad y la esperanza.

Para el grito y la plegaria,
para el canto y la alabanza,
para la música y el silencio,
para el monólogo y el diálogo,
para la brisa y el viento,
para escuchar y pronunciar tus palabras,
aquí y ahora, en esta sociedad incomunicada,
Tú que haces oír a sordos y hablar a mudos...

¡Danos oídos atentos y lenguas desatadas!

HILOS PARA ENTENDER LAS BIENAVENTURANZAS

Cómo podrá alguien ayudar,
si nunca ha necesitado un hombro amigo.
Cómo podrá alguien consolar,
si nunca sus entrañas han temblado de dolor.

Cómo podrá alguien curar,
si nunca se ha sentido herido.
Cómo podrá alguien ser compasivo,
si nunca se ha visto abatido.

Cómo podrá alguien comprender,
si nunca en su vida ha tenido el corazón roto.
Cómo podrá alguien ser misericordioso,
si nunca se ha visto necesitado.

Cómo podrá alguien dar serenidad,
si nunca se ha dejado turbar por el Espíritu.
Cómo podrá alguien alentar,
si nunca se quebró por la amargura.

Cómo podrá alguien levantar a otros,
si nunca se ha visto caído.
Cómo podrá alguien alegrar,
si nunca se ha reído de su sombra.

Cómo podrá alguien abrazar,
si nunca se ha dejado estrujar.
Cómo podrá alguien dar alegría,
si nunca se acercó a los pozos negros de la vida.

Cómo podrá alguien enseñar,
si nunca ha querido ser discípulo.
Cómo podrá alguien anunciar la buena noticia,
si nunca se ha preocupado de los signos de los tiempos.

Cómo podrá alguien ser tierno,
si en su vida todo son convenios.
Cómo podrá alguien acompañar a otros,
si su vida es un camino solitario.

Cómo podrá alguien compartirse,
si en su vida todo lo tiene cubierto.
Cómo podrá alguien gozar el Evangelio,
si lleva cuenta hasta del comino.

Cómo podrá alguien encontrar,
si nunca ha estado perdido.
Cómo podrá alguien ser dichoso,
si las bienaventuranzas le parecen un acoso.

LÍBRAME, JESÚS

Del anhelo de ser amado,
del deseo de ser alabado,
del ansia de ser honrado,
del afán de ser consultado,
del empeño en ser aprobado,
de la aspiración a ser perfecto...
líbrame, Jesús.

Del afán de almacenar bienes,
del anhelo de ser rico,
del empeño en caer bien,
del deseo de sobresalir,
del ansia de darme a la buena vida,
de la aspiración a no fallar...
líbrame, Jesús.

Del temor a ser despreciado,
del temor a ser calumniado,
del temor a ser olvidado,
del miedo a ser ofendido,
del miedo a ser ridiculizado,
del miedo a ser acusado...
líbrame, Jesús.

Del temor a lo desconocido,
del temor a ser amado,
del temor a salir perdiendo,
del miedo a vivir en pobreza,
del miedo a renunciar a lo necesario,
del miedo a fracasar en la vida...
líbrame, Jesús.

NO TE RINDAS

En la claridad de un día sereno me dijiste:
Cuando las cosas vayan mal, como a veces pasa,
cuando el camino se ponga cuesta arriba,
cuando la verdad se oscurezca y las dudas te asalten,
cuando te sientas golpeado y herido,
cuando los recursos mengüen y las deudas suban,
cuando al querer sonreír debas ahogar las lágrimas,
cuando las preocupaciones te tengan agobiado,
cuando las fuerzas te fallen...
descansa si te urge, pero no te rindas.

La vida es rara con sus idas y venidas;
las contradicciones son el pan de cada día;
y si el fracaso llama a tu puerta, como a veces pasa,
y te invita a mirar hacia atrás, no le des entrada...;
lucha sin tregua, mira hacia adelante, no te rindas.
Yo estaré contigo compartiendo anhelos y esperanzas.

Hoy que la oscuridad me envuelve
y que estoy roto por escucharte,
por luchar sin tregua,
por no rendirme,
por mirar hacia adelante...
déjame descansar en Ti.
Y recréame como Tú sabes.

PARA QUE SIGÁIS CREYENDO

Que no tiemble vuestro corazón ni se acobarde
ante la magnitud de la pobreza e injusticia
que las cifras y datos nos descubren;
ni ante esos rostros de niños famélicos
y personas arrastrándose;
ni ante ese mundo de opulencia
que justifica y asegura lo que tiene;
ni ante lo poco que podéis hacer
a pesar de vuestras grandes ilusiones.
La tarea es abrumadora
y el peligro es desesperarse oyendo otras voces.
No lo digo para que os quedéis conformes.
Os lo digo para que sigáis creyendo.

Que no tiemble vuestro corazón ni se acobarde
ante estos tiempos que os toca vivir:
los especuladores no tienen escrúpulos para beneficiarse,
los espabilados se aprovechan de quien sea,
los situados defienden, como nadie, lo que tienen,
los legales han hecho de su estatus ley no cambiable.
Hay dos, tres o cuatro mundos diferentes,
pero la solidaridad es muy poco apetecible.
Así las cosas, corren peligro la fe en el hombre,
las utopías juveniles, los proyectos iniciados
y la confianza en la bondad básica
de toda la creación que gime.
No lo digo para desmoralizaros.
Os lo digo para que sigáis creyendo.

Que no tiemble vuestro corazón ni se acobarde
ante la ironía de los que están de vuelta
sin haber ido a ninguna parte;
ante el sarcasmo de los que se ríen de todo
lo divino y humano para no interrogarse;
ante el desprecio de los que se creen
ultramodernos, postmodernos o inteligentes;

ante la credulidad de los que se emboban
de misticismos oscurantistas al uso;
ante la seguridad de quienes piensan
que nada se puede hacer, porque ellos están bien.
No lo digo para que menospreciéis a otros.
Os lo digo para que sigáis creyendo.

Que ni tiemble vuestro corazón ni se acobarde
viendo cómo el que puede no se priva
de sacarle partido a esta situación y vida.
Aunque vosotros podáis poco y no consigáis mucho
–vuestra malicia no pasa de picaresca–
tenéis el contagio de la codicia bien dentro.
Sois maniobreros, intrigantes, aprovechados
y vividores... de poca monta.
¡Unos cucos de corto alcance, vamos!
De seguir así, perderéis la fe en vosotros mismos,
en la honradez personal, en la conciencia insobornable,
en la íntima satisfacción y en todos los ideales.
No lo digo para avergonzaros.
Os lo digo para que sigáis creyendo.

Paráfrasis de Joaquín Suárez

PUESTOS A SER OSADOS...

Puestos a ser osados...
danos, Señor, tener siempre:
en la cabeza,
fe en las personas y en el pueblo;
en los ojos,
la capacidad de descubrir y ver
tu presencia en la realidad;
en los oídos,
la escucha respetuosa y atenta
a las súplicas y gritos de los que no tienen voz;
en los labios,
una palabra tierna y buena
para los que buscan y preguntan;
en el rostro,
la alegría y la esperanza
para quienes andan tristes y perdidos;
en los brazos,
la resistencia y lucha por tu Reino
aquí y ahora;
en las manos,
la disponibilidad solidaria
y un manantial de caricias;
en los hombros,
la fortaleza necesaria para cargar
a débiles, cansados y heridos;
en los pies,
la itinerancia por tus caminos
y alas para desinstalarnos;
en el corazón,
tu paz, tu latir
y la cercanía a los pobres;
en el vientre,
la vida, siempre la vida,
gestada, recibida, dada, amada.

REBELDES

Dios de la libertad y de la verdad:
A Ti, que eres el Dios único,
venimos a pedirte rebeldía.

Hemos querido echarte de la tierra,
arrinconarte y olvidarte,
y nuestro mundo se ha poblado de dioses.

Danos rebeldía
para no vendernos ante nada ni ante nadie.
Rebeldía para amar la verdad
por encima de todo.
Rebeldía para vivir en libertad
sin miedo a normas, oscuridades y poderes.
Rebeldía para desenmascarar
la farsa de este mundo.
Rebeldía para matar a todos los dioses
que intentan seducirnos con sus voces.

Ven a nuestras vidas
a romper nuestras ataduras,
a sacarnos de la mentira,
a fustigarnos nuestra comodidad,
a levantarnos del suelo,
a vaciarnos de la escoria,
a regar nuestras utopías,
a abrirnos los ojos,
a librarnos de los dioses,
a darnos tu alegría.

Porque sólo Tú eres la verdad,
y sin Ti renacen los dioses.
Porque sólo Tú pones las cosas en su sitio,
y nos enseñas a usarlas sin adorarlas.
Sólo Tú nos haces libres.
Sólo Tú iluminas nuestro horizonte.
Sólo Tú llenas nuestros anhelos.

Haznos creyentes en Ti,
simplemente creyentes,
para que seamos rebeldes,
libres
y solidarios
en todas las encrucijadas de la vida.

SER POBRE

No creas, amigo, que ser pobre es fácil.
Ser pobre es algo más que no tener dinero,
algo más que ser humilde,
algo más que pasar hambre,
algo más que estar solo,
algo más que dormir a la intemperie...

Porque ser pobre es ofrecer una sonrisa,
es compartir lo poco que uno tiene,
es defender al más débil,
es creer en la dignidad que se te niega,
es acunar esperanzas bajo las estrellas.

No creas, amigo, que ser pobre es fácil.
Hay que tener las manos vacías, pero abiertas;
el corazón desecho, pero destilando ternura;
las entrañas con ira, pero llenas de misericordia;
el cuerpo encorvado, pero el espíritu sano;
la vida sin horizonte, pero con estrellas...

Te costará lo que más quieres.
No podrás ser tuyo ni de nadie,
sólo pobre, como los pobres que te encuentres;
y nunca volverás a ser lo que eres
porque ésta es una lección indeleble...

Hazme pobre, Señor, si quieres.
He fracasado en el intento,
pero tus palabras siguen quemándome.

TORMENTAS DE VERANO

Con tanta protección,
con tanta garantía,
con tanto amparo,
con tanta defensa,
con tanta muralla,
con tanto derecho,
con tanto seguro,
con tanto capricho...
estamos mal acostumbrados
a bregar en el mar de la vida.

Y cualquier imprevisto,
aún el más trivial y anodino,
–la incertidumbre ante el futuro,
el presentimiento de un cambio,
el miedo a lo desconocido,
un dolor fortuito,
la presencia de extranjeros,
la sospecha de nada concreto...–
nos paraliza o produce recelo.

¿Por qué teméis, hombres de poca fe?
Sólo es una tormenta de verano.

Días hay, es cierto,
en que se nos nubla el cielo
y parece ennegrecerse el horizonte de la vida.
Nos sentimos acorralados, amenazados:
los reveses de la vida,
los caprichos de la suerte,
los avatares del destino,
la rueda de la fortuna
o los designios de la providencia, ¿qué sé yo?,
son rayos y truenos sobre nuestras cabezas.
La tierra, bajo nuestros pies, tiembla estremecida.
"Podría hundirme", pensamos.

¿Por qué teméis, hombres de poca fe?
Sólo es una tormenta de verano.

Un marinero
se crece en la fuerte marejada,
mientras tierra adentro
hay quien se ahoga en un vaso de agua.
Los chaparrones sólo duran horas,
nunca semanas.
Y después de la tempestad viene la calma.
Puede que diluvie, a veces es necesario,
pues, si no, ¿quién nos quitará tanta costra?,
¿quién nos arrancará las entretelas del alma?

¿Por qué teméis, hombres de poca fe?
Sólo es una tormenta de verano.

A veces llueve a cántaros,
y la fuerza del viento huracanado
puede arrastrarnos al desastre,
y destruir en unos minutos de inclemencia
la obra laboriosa y paciente de muchos años.
Andamos a la deriva y angustiados.
Nos tambaleamos, miramos perplejos,
dudamos de todo,
desconfiamos,
y estamos a punto de hundirnos.
¡Señor, sálvanos!

¿Por qué teméis, hombres de poca fe?
Sólo es una tormenta de verano.

TÚ ERES PASCUA

Eres pascua,
aunque tus proyectos fracasen,
si mantienes la confianza en hombres y mujeres
y dejas a Dios ser Padre y Madre.

Eres pascua,
aunque tu vida parezca estéril,
si te sientes habitado por su presencia amiga
que misteriosamente te acompaña y salva.

Eres pascua,
aunque en nada destaques,
si bebes en sus manantiales
y te conformas con ser cauce, simplemente cauce.

Eres pascua,
aunque andes errante,
si compartes lo que tienes
y despiertas alegría en otros caminantes.

Eres pascua,
aunque seas débil y torpe,
si escuchas su palabra serena y abierta
–"Soy yo, no temas"– y la guardas.

Eres pascua,
aunque pidas pruebas,
si besas las nuevas llagas que aparecen
y esperas entre hermanos que Él vuelva.

Eres pascua,
aunque tus manos estén vacías,
si te abres al otro, el que sea,
y le dejas que ponga tu corazón en ascuas.

Eres pascua,
aunque no lo creas,

aunque te rompas en mil pedazos,
aunque mueras en primavera...,
porque Él pasa y te libera.

Soy tu paso y presencia,
tu pascua manifiesta,
aquí y ahora,
para todos los que viven y caminan.

VIVIR EN POSITIVIDAD

Creo firmemente
que el amor y la lealtad
se hicieron tierna humanidad en Jesús de Nazaret.

Y confieso, a la vez,
que este misterio me sobrecoge
y llena de alegría y dolores vitales todo mi ser.
Porque me quiere incondicionalmente
lucho por quererme más y más,
para querer, como Él, en plenitud, la humanidad,
ésta y la que tenemos ausente.

¡No puedo renunciar a vivir en positividad
tanta claridad ya presente!

Pase lo que pase,
sea lo que sea,
suceda lo que suceda...,
nací de sus entrañas,
naciste de sus entrañas,
nacimos de sus entrañas,
llevamos su sello y sangre.

Puede que las apariencias oscurezcan
que somos hondura de amor y vida.
Mas como la llamada es tan humana,
que sólo divina puede ser,
y el deseo también,
creo firmemente
que el Misterio se ha hecho humanidad,
que vivir es gozosa tarea,
y que nada puede secar la alegría
de los que hemos nacido con Él.

¡No puedo renunciar a vivir en positividad
tanta claridad ya presente!

20

Discernimiento

ABRE LOS SENTIDOS

Escucha
atentamente,
afincado en la realidad siempre,
esos silencios que hablan,
esas voces de angustia y esperanza,
esa sinfonía humana no acabada.
¡No me digas que tus tímpanos
carecen de tal gracia!

Olfatea,
hasta embriagarte,
esos olores y perfumes
de flores y basureros a tu alcance,
de personas con sudor en su frente,
de pueblos, vidas, ideales haciéndose, muriéndose.
¡No me digas que eres insensible
a náuseas y fragancias!

Palpa
así, suavemente, como sabes,
esas costras y blandas realidades,
esos hermanos con heridas para besarse,
esas soledades aisladas para no tocarse,
esas estructuras tan frías para abrazarse.
¡No me digas que tus yemas táctiles
no sienten ni se estremecen!

Mira
con tus ojos penetrantes, y ve
el inmenso horizonte que existe,

eso que nadie enseña serena y dignamente,
lo que el mundo esconde de forma vergonzante,
lo que es deleite o bajar la vista te hace.
¡No me digas que tus pupilas son reacias
a las tres cuartas partes de la realidad existente!

Gusta
sin pensar en precios, pues es gratis,
todo lo que tienes y se te ofrece:
la vida a raudales, tan patente;
el hambre que no puede masticarse;
esos granos a punto de reventarse.
¡No me digas que tus papilas
no están hechas para tales sabores!

Y si un sexto sentido tienes, como a veces se dice,
haz que por él penetre lo que es espíritu de tu vida
y alimento de tu carne y sangre:
las estructuras y detalles
de ese Reino que llora y crece.
¡Todo lo que yo pensé y recreo,
y todo de lo que sois artífices!
¡No me digas que renuncias a lo que te ofrezco
con amor de Padre y Madre,
o que me he equivocado contigo
en esta aventura amante...!

¡No me digas que te escandaliza
la pequeñez del Reino,
mi vida con aire nuevo,
o las consecuencias de tu actuar profético!

Oh Señor, aquí estoy;
ábreme los sentidos
para escuchar,
olfatear,
palpar,
mirar,
gustar
y vivir como Tú.

ATRÁENOS HACIA TI

Señor,
son muchas, cada vez más,
las cosas que nos apartan de Ti.

Esas preocupaciones estériles,
esos frívolos placeres,
esos inútiles cuidados,
esas ilusiones inconsistentes,
esas causas triviales,
esos vacíos deberes...

Muchas y muy variadas son las cosas
que eclipsan tu diáfana presencia
entre nosotros.

El orgullo,
que nos impide aceptar la ayuda de los demás;
la envidia,
que corroe todo horizonte;
el remordimiento,
que mantiene abiertas tantas heridas;
la pereza,
que acumula cargas cada vez más pesadas;
el ansia de seguridad,
que nos lleva a atesorar más de lo que necesitamos...

Pero a pesar de todo,
Tú eres más fuerte que todas esas cosas.
Te haces presente en nuestra desidia y torpeza
–superando muros, silencios y olvidos–
simplemente porque gritamos
o nos ves tristes y perdidos.
Crees en nosotros aunque te demos crédito negativo.

¡Atráenos, cada vez más fuertemente, hacia Ti!

AYÚDANOS A CREER SÓLO EN TI

Te damos gracias, Señor, y te alabamos
con nuestras voces y gestos humanos.
Sólo a ti te cantamos y ante Ti danzamos,
porque sólo Tú eres el Dios liberador,
el Dios de la vida y la fraternidad,
firme, bueno y misericordioso,
que cumple sus promesas sin condiciones.
Nuestras ciudades están pobladas de nuevos templos
y dioses prepotentes, pragmáticos y seductores
que nos piden a cada hora ofrendas y sumisión.

Ayúdanos a creer sólo en Ti.

Sus profetas proclaman su mensaje:
"Lábrate un porvenir.
Sirve a la empresa.
Entrégate a la moda.
No renuncies a tu puesto.
Mejora tu nivel de vida.
Puedes llegar a ser como nosotros...".
Y nosotros entramos en su mundo,
nos enredamos en sus redes,
seguimos sus consignas,
pero no logramos serenar las ansias
de nuestro corazón ni de nuestro espíritu.

Ayúdanos a creer sólo en Ti

Te damos gracias, Señor, y te alabamos
porque Tú has descubierto la gran mentira
y el vergonzoso comercio de nuestras relaciones.
Sólo Tú colmas nuestros anhelos,
porque nada pides y todo lo ofreces.
Tú nos has creado señores para que lo seamos,

y te acercas a nosotros como te necesitamos,
para que aprendamos a vivir en plenitud,
como hijos e hijas libres y hermanos solidarios.

Ayúdanos a creer sólo en Ti.

CÉNTRAME

Arráncame, Señor, de los falsos centros.
Líbrame, sobre todo, de instalarme en mí mismo.
Álzame y sacúdeme, para que no me duerma
y para que anhele nuevos horizontes.
Aligérame para volar a tu encuentro.
Despreocúpame de mis preocupaciones.
Infunde savia nueva en mis venas.
Quítame todo lo que retengo y no es mío.
Arráncame de las orillas y llévame en tu seno como el río.
Hazme romero de tus pasos y sueños...
¿Cómo no comprender de una vez por todas
que, fuera de Ti, todo y todos somos excéntricos?

CUANDO TÚ NADA DICES...

Vísteme con tu Palabra
y déjame aquí,
en el corazón del mundo,
en las entrañas de la vida,
en el campo de todas las batallas,
en el cruce de caminos antiguos y nuevos,
en el lagar de los sueños,
en el río de la esperanza...
sin otro abrigo,
sin otras armas.
Y verás cómo aprendo estando así,
sólo cubierto con tu Palabra,
que cuando Tú nada dices
es que algo pasa.

¡CUÁNTO ME GUSTARÍA!

¡Cuánto me gustaría estar siempre dispuesto,
siempre atento a tu llamada!
Pero mis oídos se han acomodado
a vivir con sordera y sin sobresaltos,
y cuando presiento esa voz tuya
me escabullo entre mil preocupaciones.

¡Cuánto me gustaría dejar todas las cosas a un lado
y decirte: Sólo Tú eres mi tesoro!
Pero son tantas y tan largas las temporadas
que paso alejado de Ti,
que las fuerzas flaquean
y sólo vivo de bellos recuerdos,
de la reserva que has dejado en mi corazón
en ocasiones maravillosas.

¡Cuánto me gustaría oír nuevamente de tus labios
mi nombre dicho con ternura y amor,
como un susurro de alborada!
Pero me asusta abrir los oídos
y dejar que tu Espíritu y tu voz
remuevan todo mi interior
y me metan en más líos.

¡Cámbiame el corazón,
sopla tu Espíritu sobre mis huesos secos,
pon a tono mis nervios
para que otra vez recupere la vida
y sea capaz de reconocer tu llamada entre tantas,
para verte en los demás,
y poder decir nuevamente con alegría:
Sólo Tú eres mi tesoro y mi suerte!

DESCARGA LA MOCHILA

Ahora sí, Señor.
Ahora ya sé escuchar tu voz,
y creo en ella
a pesar de mis prejuicios y torpes decisiones.

¡Tanto tiempo cargado a tope,
con la mochila a la espalda,
sufriendo el cansancio desde el primer paso,
sudando la gota gorda,
sin poder levantar la vista,
doblegado y triste...
pensando que seguía tus huellas!

Pero Tú me has despertado
del falso sueño de la responsabilidad.
Has descargado mi mochila
de inútiles seguridades y falsas necesidades,
y me has dicho con voz amiga:
Camina ligero de equipaje.

Ahora sí, Señor.
Ahora ya sé escuchar tu voz amiga
y su eco en el horizonte,
y estoy aprendiendo a aligerar mi espalda,
a caminar erguido
y a gozar de tu compañía.

Ahora sí, Señor,
camine o descanse,
te siento a mi lado,
y no me pesa la vida
ni el seguir tus huellas.

EL ECO DE TU VOZ

Señor, estamos aquí, reunidos en tu nombre,
para escuchar tu Palabra de vida
en nuestra realidad de todos los días
y en la realidad de la Biblia.

Queremos que tu Espíritu nos ilumine y guíe
para que tu voz no nos pase desapercibida,
para que resuene con fuerza y capte nuestro corazón,
para que rumiemos con ganas lo que hoy nos dice,
para que encontremos sabor a tu Buena Noticia.

Que la escucha de tu Palabra nos desvele un poco más,
a través de la reflexión, el diálogo y el silencio,
que tú eres el camino, la verdad y la vida,
y que nos ayude a verte en la realidad cotidiana,
para que podamos vivir, todos los días,
con la esperanza y la alegría firme
de tenerte a nuestro lado.

Ahora que queremos y necesitamos
ver, juzgar y actuar,
convierte nuestra mirada en luz,
nuestros juicios en elección,
nuestro actuar en compromiso.
y todas nuestras palabras y silencios en oración.

EN LUGAR DE...

Elige amar en lugar de odiar,
crear en lugar de destruir,
perseverar en lugar de claudicar,
alabar en lugar de criticar,
curar en lugar de herir,
enseñar en lugar de esconder,
dar en lugar de robar,
actuar en lugar de aplazar,
crecer en lugar de conservar,
comprender en lugar de juzgar,
unir en lugar de separar,
bendecir en lugar de blasfemar,
compartir en lugar de almacenar,
sembrar en lugar de cosechar,
vivir en lugar de morir...

Y sabrás por qué mi Palabra
es Palabra de vida
y mi Evangelio buena noticia;
por qué de nada sirve, aunque se estile,
poner a vestido viejo remiendo de paño nuevo
y vino nuevo en odres viejos.

¡Deja ya de soñar en rebajas,
y no intentes comprar el Reino!
No te arrastres bajo el peso de la ley;
corre libremente impulsado por el amor.
¡Empieza a ser cristiano!

EQUILIBRIO

Danos, Señor,
suelo firme,
cielo abierto
y horizonte con luces.

Danos paso ligero,
mirada serena,
manos tiernas
y cintura flexible;
un espíritu libre
de presiones y miedos,
de premuras y convulsiones...
y sano equilibrio.

Danos gusto por el baile,
ritmo y movimiento,
música adecuada
soltura y gracia;
abrir los brazo,
fijar el cuerpo,
soltar el espíritu...
y sano equilibrio.

Para romper los eslabones
y cadenas del destino;
para vivir el presente,
y compartir alegría y dolor,
soñar el futuro,
y acercarnos a tu corazón,
danos, Señor, baile...
y sano equilibrio.

Líbranos, Señor,
de ser espectadores;
de la inercia, del vértigo
y del miedo al ridículo;

de ser satélites del yo
y de marear perdices.
En el baile de la vida...
danos sano equilibrio.

ESE BANQUETE...

Dentro de mí luchan fuerte dos corrientes:
una quiere que le haga un hueco,
que trabe amistad con los de siempre
y me arrime a los que triunfan y tienen,
que me monte en la cresta de la ola
y suba con su espuma.
La otra, que sea hueco
–casa, choza, techo, refugio–
para los que nada tienen.

Dentro de mí luchan fuerte dos querencias:
una piensa en aprovecharse,
en sacar partido y beneficio
a todo y todos los que se cruzan en mi camino;
en quedarse, como siempre, en su puesto y centro
recogiendo aplausos y elogios.
La otra, en salir a la periferia
a estar con los que son despojo;
en convidar y compartir
sin esperar recompensa.

Dentro de mí luchan fuerte dos voluntades:
una opina que hay que pisar fuerte,
que hay que medrar y alzarse como sea,
que los otros siempre son rivales,
que codazos, zancadillas y empujones
son cosas bien naturales y valen
para labrarse placas e imágenes.
La otra, que hay que abajarse,
porque muchos no pueden levantarse.

Dentro de mí luchan fuerte dos pasiones:
una busca lucrarse y aprovecharse
entre tráfico de influencias
y privilegiadas informaciones,
favoritismos, enchufes, prebendas;

que todos aporten para mantener llena
cartera, bolsillo, cuenta y maleta.
La otra sueña en alegrar y saciar
a los que no tienen cartera,
y en vivir feliz aunque te despierten,
te pidan y no te paguen.

Dentro de mí luchan fuerte mis quereres.
Y todavía no he organizado ese banquete,
tu banquete,
mi banquete,
nuestro banquete...
gratis.

GUÍAME, SEÑOR

Señor, quédate conmigo
durante todo el día;
guía mis pensamientos y deseos,
mis acciones y proyectos.

Guía mis pies,
para que no anden ociosos;
que caminen ligeros al encuentro
de cansados y perdidos.

Guía mis manos,
para que no manipulen encuentros;
que toquen con dignidad
y se abran para abrazar y ayudar a todos.

Guía mi boca,
para que no hable mal del prójimo;
que anime diálogos y coloquios
y bendiga a los que aman el silencio.

Guía mis oídos,
para que no pierdan tiempo
en falsos trinos y palabras sin sentido;
que estén atentos a los gritos de los pobres y niños.

Guía mis ojos,
para que no se sientan avergonzados;
que vean y gocen toda hermosura
y no se cieguen con los colores que descubren.

Guía mi olfato,
para que no me embriague con falsos perfumes;
que anhele las fragancias que me ofreces
y pueda presentarte los aromas mejores.

HE SALIDO A BUSCARTE

Señor, hoy he salido a buscarte.
He dejado mi casa,
mi calle,
mi barrio,
y me he adentrado por otros caminos,
por otros lugares y arrabales.

Pronto he sentido la noche
de la soledad,
del agobio y del miedo;
y, como un niño huérfano,
he comenzado a buscarte en sombras y rincones,
en esquinas y cruces.

Tropecé con personas semejantes,
con niños de la calle vendiendo dulces,
lustrando botines,
pidiendo limosna,
cargando miseria,
comerciando un soplo de vida;
con hermanos a la intemperie,
sin padres,
sin cariño,
sin nombre,
sin futuro,
con hambre,
hermanos de nadie.

Señor, hoy tropecé contigo;
he visto tu rostro más cerca
y con más detalle.

NO

Si dijese que sí, Señor,
que todo está muy bien,
que el mundo es justo y bueno,
que la historia trae claridad,
que nuestras leyes son tus leyes,
que cada cual es cada cual,
que todos tenemos lo que nos merecemos,
que estos tiempos no dan para más...

Si dijese que acaso
las cosas son así porque sí,
y ahí están y no les demos vueltas:
si éste está arriba y ese otro abajo
es por culpa de la vida;
si algunos van de puerta en puerta
con un saco de cenizas a cuestas
es porque son unos estúpidos...

Si dijese que sí,
que todos tenemos igualdad de oportunidades,
que el esfuerzo es lo que cuenta,
que la revolución es una quimera,
que los ricos también lloran,
que el ser pobre tiene sus ventajas,
que allá cada cual con su conciencia...

Si dijese que exageras,
que tus bienaventuranzas no sirven para esta época,
que la pobreza, el hambre y las lágrimas
son tierra baldía y yerma;
si buscase la aprobación
a mi estatus
y que nadie hablara mal de mi persona...

Si dijese lo que a veces se dice:
que el mundo no funciona con tus promesas,

que de nada sirve maldecir a los de arriba
y menos a los que triunfan,
que es bueno que haya libertad cívica
para todas las ofertas...
Si dijese que tus bienaventuranzas
son flores que encubren cadenas
o palabras que tranquilizan
a los que manejan los hilos de la historia...

Conformidad,
resignación,
admiración,
callar, callar,
y mucha precaución.

Si dijese que sí...,
entonces sería el momento de hablar seriamente
de los que anuncian paraísos en la tierra,
de los que dicen que tu Evangelio aliena,
de nuestras cuentas secretas,
de mi vida y sus apuestas...

Pero no, Señor.

Paráfrasis de Celso Emilio Ferreiro

PARA NO PERDERSE EN LA VIDA

Hijo, estás preparado por mí para tu vida,
pero sólo para tu vida.
Tienes todo lo necesario para vivir
tu propia aventura personal,
para ser tú mismo
y realizar así mi sueño sobre ti.

Pero recuerda y escucha:
Nosotros somos nosotros y tú eres tú.
Nosotros no podemos imponerte nuestra vida
ni impedirte vivir la tuya.
Puedes hacer lo que elijas.
Quizá sepamos acompañarte,
quizá podamos ayudarte,
quizá quieras compartir...
mas eres tú quien elige y decide.
Eso sí, nos reservamos el derecho a protegernos
siempre de las consecuencias de tu elección.

Hijo mío, hija mía,
no olvides decir a cualquiera
–cercano, lejano, sabio, necesitado, rico, pobre–
esta dura y tierna verdad:
Yo soy yo, y tú eres tú.
Yo no estoy en la vida para llenar tus necesidades
ni tú estás para llenar las mías.
Si por casualidad nos encontramos será hermoso;
si no, no podemos hacer nada.

Hijo mío, hija mía,
elige y haz tu camino con libertad,
con alegría,
con responsabilidad,
con sabiduría,
con paz.

¿PREPARADOS?

¿Por qué tanto dolor?
¿Por qué sufrir?
¿Por qué enfermar?
¿Por qué la muerte?
¿Por qué somos egoístas?
¿Por qué somos insaciables?
¿Por qué me siento vacío?
¿Y por qué no soy feliz?

¡En marcha!
¿Qué hacéis ahí filosofando?

¿Para qué trabajar?
¿Para qué esforzarme?
¿Para qué la vida?
¿Qué queda después de todo?
¿Qué significa ser libre?
¿De qué sirve vigilar?
¿Dónde está la verdad?
¿Y si Dios no llegara?

¡En marcha!
¿Qué hacéis ahí filosofando?

La vida es pura rutina.
La vida es una pasión inútil.
La vida es una tómbola.
La vida es un proyecto humano.
Sólo se hace lo que se aprende.
Sólo se aprende lo que se hace.
Sólo se mama lo que se llora.
Y sólo se sabe lo que se suda.

¡En marcha!
¿Qué hacéis ahí filosofando?

Ya estamos en una comunidad.
Sabemos qué es la opción por los pobres.
Hemos leído tu Palabra.
Nos hemos desprendido de leyes.
Somos lúcidos.
Celebramos tu venida.
Cultivamos la espiritualidad
y hasta creemos que nunca es tarde...

¿Qué hacéis ahí filosofando?
¡En marcha!
La verdad está en el camino.

¿QUÉ NOS DIRÁS TÚ?

Si detenemos nuestros pasos
o creemos que es posible contentarse
con lo que ya tenemos o nos ofrecen,
si olvidamos nuestros sueños
o creemos que las utopías han muerto
con el triunfo del pensamiento único,
¿qué nos dirás Tú, Señor?

Si nos quejamos del camino,
a veces porque nos muda y cambia
y otras porque nos iguala;
si nos damos por vencidos
porque la vida sufre y sangra
o porque la historia no avanza,
¿qué nos dirás Tú, Señor?

Venid conmigo, pobres hijos míos.
Os han ganado una partida
pero estáis vivos y en camino
para apostar conmigo.

¡QUIERO VER TU ROSTRO!

Tú, mi esperanza.
Óyeme para que no sucumba al desaliento.
Tú, mi anhelo.
Óyeme para que no me dé por satisfecho.
Tú, vida para mi vida.
Óyeme para que no deje de buscarte.

Buscarte día a día, hora a hora.
Buscarte en soledad y compañía.
En los momentos de euforia y alegría
y en los de tedio y desgana.
Compartiendo y creando,
estudiando y sembrando,
luchando y amando,
orando y trabajando,
dialogando y soñando,
viviendo sin murallas ni fronteras.

¡Te busco, Dios!
¡Quiero ver tu rostro!
¡¡Quiero ver tu rostro!!

Saliste a mi encuentro cuando no te esperaba.
Me sorprendiste a tu manera.
Me tomaste de la mano
como si nos conociéramos de toda la vida,
y estuvimos un rato juntos.

Te vi un poco,
te sentí.
Quiero conocerte más
y tenerte más cerca.
Quiero sentir el calor de tu regazo,
la ternura de tus entrañas,
la pasión de tu corazón,
el aliento de tu respiración...

No te hagas esperar.
Te estoy llamando.
Ábreme y déjame entrar...

¡Te busco, Dios!
¡Quiero ver tu rostro!
¡¡Quiero ver tu rostro!!

TU MENSAJE DE CADA DÍA

Vivir amando.
Amar esperando.
Esperar acogiendo.
Acoger cantando.
Cantar sembrando.
Sembrar soñando.
Soñar construyendo.
Construir compartiendo.
Compartir bendiciendo.
Bendecir acompañando.
Acompañar caminando.
Caminar viviendo...
y vivir amando...

Todos los días nos lo susurras.
Y, aún así, lo olvidamos, Señor.

Y TÚ NOS DICES...

La familia por encima de todo,
nos dice el corazón;
y Tú nos dices:
quien ama a su padre y madre,
a su marido y mujer,
a sus hijos
más que a mí
no es digno de mí.

La salud, el bienestar, la calidad de vida
por encima de todo, decimos;
y Tú nos dices:
Quien no carga con su cruz y me sigue
no es digno de mí.

La paz, el equilibrio interior, la madurez,
la propia realización por encima de todo,
nos dicen los nuevos gurús;
y Tú nos dices:
Quien conserva su vida la pierde,
quien la pierde la encuentra nueva y llena.

El consumo, la riqueza, la abundancia,
la seguridad para el presente y para el futuro
por encima de todo, dice la propaganda;
y Tú nos dices:
Quien dé un vaso de agua a un pequeño
no perderá su recompensa.

El orden, la ausencia de conflicto,
el respeto al sistema y a las leyes
por encima de todo,
nos dice nuestro miedo;
y Tú nos dices:
Fuego he venido a traer a la tierra
y ¡cuánto anhelo que arda!

Gracias por tu novedad,
que provoca y rompe
tantos principios inquebrantables
de nuestra sociedad;
que cuestiona, clara y llanamente,
sin paños calientes,
tantas cosas de nuestra vida.

21

Aceptación, disponibilidad

ACEPTO

Señor, en este amanecer,
yo acepto tu proyecto de amor
sobre todo lo creado.

Acepto, con ilusión y alegría,
tu proyecto de amor sobre mí,
aunque tenga que descubrirlo cada día.

Acepto vivir en esta tierra,
sin rendirme, realizando tu proyecto
de un modo consciente y responsable.

Acepto continuar tu obra,
cuidar el universo, protegerlo y respetarlo,
como casa solariega de encuentros y gozo.

Acepto seguir tus huellas, proseguir tu causa,
aunque esté fatigado y agobiado,
pues sólo en Ti hallo paz y descanso.

Sé que cada paso hacia Ti
me llevará más allá de los confines
de la pobreza y del egoísmo que anidan en mí.

¡Que no añore lo dejado!
¡Que goce lo que hoy me das!
¡Que acoja lo nuevo como tu mejor regalo!

CASI LIGERO DE EQUIPAJE

Para el camino, Señor,
no llevo oro, ni plata, ni dinero en el bolsillo:
me fío de tu Palabra.

Ni tengo alforja,
que me basta tu compañía
y el pan de cada día.

Tampoco bastón,
que mis hermanos me animan y dan la mano
cuando el camino se hace duro,
sangro, tropiezo y caigo.

Túnica, la puesta y basta,
que no tengo que ocultar nada,
y el frío y el calor se atemperan
cuando se comparten, en familia.

Y sandalias, unas de quita y pon,
bien ajustadas,
para que no hagan callo las cosas,
andar ligero
y no olvidarme del suelo que piso
cuando tu Espíritu me levanta,
me mece libre, al viento,
me lleva y me arrastra.

Casi ligero de equipaje...
¡Yo te sigo!
Eso me basta.

CON AMOR

Si trabajas, trabaja con amor.
Si hablas, habla con amor.
Si callas, calla con amor.
Si corriges, corrige con amor.
Si ayudas, ayuda con amor.

Si cantas, canta con amor.
Si descansas, descansa con amor.
Si gritas, grita con amor.
Si perdonas, perdona con amor.
Si te entregas, entrégate con amor.

Si te arrodillas, arrodíllate con amor.
Si abrazas, abraza con amor.
Si compartes, comparte con amor.
Si escuchas, escucha con amor.
Si lees, lee con amor.

Si vives, vive con amor.
Si das, da con amor.
Si creas, crea con amor.
Si te abres, ábrete con amor.
Si acoges, acoge con amor.

Si oras, ora con amor...

Me lo dijiste Tú,
y aquí estoy así, Señor,
con amor.

EMPATÍA

Que sea siempre humano, Señor,
y que, en lo posible,
comprenda las cosas humanas;
pues también yo, que hablo en tu nombre,
soy persona como lo son todos a quienes hablo.

Yo hago llegar hasta sus oídos el sonido de mi voz,
y por medio de él trato de sembrar,
en su mente y en su corazón,
lo que he entendido de tu Buena Nueva.

Dame, Señor, sensibilidad y empatía.
Dame palabras y tono acertado.
Dame escucha y diálogo.
Dame calor y transparencia.
Dame comprensión y paciencia.

E inúndame con tu Buena Nueva.

HÁGASE

Cuando no entiendo,
cuando la vida se me escapa,
cuando la historia se repite,
cuando todo parece ir mal,
cuando el dolor me acompaña,
cuando la cruz me pesa,
cuando el desierto me sorprende...,
hágase tu voluntad.

Si el camino se hace monótono,
si el horizonte se oscurece,
si las esperanzas se marchitan,
si las entrañas están yermas,
si el cansancio es fuerte,
si las flores y frutos desaparecen,
si las fuerzas flaquean...,
hágase tu voluntad.

Aunque me cueste aceptar tus planes,
aunque me parezcan duros y contra corriente,
aunque me saquen de mis comodidades,
aunque me desarraiguen y dejen a la intemperie,
aunque contradigan mis proyectos e ilusiones,
aunque proteste y pida explicaciones,
aunque me hagan nómada permanente...,
hágase tu voluntad.

Cuando la luz se hace presente,
cuando la brisa trae y acuna esperanzas,
cuando los oasis ofrecen sombra y descanso,
cuando las voces son de júbilo y fiesta,
cuando la vida palpita caliente,
cuando el amor me envuelve gratis,
cuando todo es novedad y ternura...,
hágase tu voluntad.

Ahora, Señor,
aunque me desconcierte y rompa,
hágase tu voluntad.

NO TE PIDO GRANDEZA

Señor, no te pido brillo ni triunfo,
ni fama ni gloria ni poder.

Haz que acoja, en lo limitado de cada día,
tu brisa, tu gracia, tu palabra, tu voluntad
como un regalo espléndido para poder vivir.

Abre mis ojos, y hazme sensible a las necesidades
de los hermanos y hermanas que caminan junto a mí
cansados, agotados, tristes, enfermos, rotos.

No me dejes caer en la tentación de quedar bien,
de buscar la eficacia, de justificar mis actitudes,
de acumular méritos engañosos para Ti.

Guía mis pasos por tus sendas, aunque me resista.
Gáname la partida, no hagas caso a mis protestas.
Dame lo que necesito, aunque no te lo pida.

NUESTRA VERDADERA PATRIA

Hoy, Señor, se nos ofrece un nuevo día
lleno de vida, esperanza y posibilidades.

Queremos seguirte allí donde estés,
y gozar de tu presencia,
a veces radiante, a veces oscura:
en los sueños de paz de los hombres y mujeres,
en los corazones sedientos de Ti,
en la morada secreta de los que aman la vida,
en la voz íntima de los que nos susurran tus caminos;
en el trabajo intenso y en la calma del descanso,
en la luz del día y en las sombras del camino,
en las rocas inflexibles y en los manantiales de agua,
en los bosques y estepas, en los valles y las montañas,
en el tapiz desplegado de la creación;
en el encuentro con los amigos,
en los cantos de alegría y de protesta,
en las demandas de amor,
en los rostros de los que se entregan sin medida
y en los pies cansados de los que hacen camino.

En esta tierra que es tu casa y nuestra morada,
recrea nuestro corazón para que te ame más,
lava nuestro rostro para que resplandezca tu verdad,
guía nuestros pies para que te sigan sin temor,
y abre todos nuestros sentidos
para que sientan que tú, peregrino sin fronteras,
eres nuestra patria, nuestra meta y nuestro descanso.

PLEGARIA PARA PONERNOS A TU LADO

Nuestro mundo gime, Señor, cargado de heridas.
Duele la guerra provocada entre países pobres.
Duele el hambre, la injusticia, la incultura...
Duelen los inmigrantes, refugiados, parados y excluidos...,
todos los que tienen sus derechos pisoteados
y no cuentan en esta loca historia nuestra.

No permitas, Señor, que vivamos felices
en el conformismo de los inconscientes,
ni que nos consideremos hijos tuyos
si no nos responsabilizamos de nuestros hermanos.
No consientas que anide en nuestro corazón el orgullo
y la miseria de quienes buscan sólo su bienestar.

Guíanos, Señor, en la tarea que nos has encomendado
de cambiar corazones y estructuras, día a día,
para que nuestro mundo sea cada vez un poco más
semilla y primicia de tu Reino,
pues si Tú no lo haces confundiremos, de nuevo,
tu querer con nuestros mezquinos proyectos.

Planta, Señor, semilla nueva dentro de nosotros.
Áranos, riéganos, cuídanos como Tú sabes.
Afina nuestra sensibilidad y haznos permeables
para que tu agua, tu brisa y tus caricias
hagan de nosotros un campo fértil
donde florezcan la paz, la justicia y la solidaridad.

PROMESAS DE HUMILDAD

Señor, prometo escucharte y seguirte
cuando me hables, de día o de noche,
a través de las palabras y la vida de la gente
que encuentro nada más salir a la calle.

Señor, prometo no apegarme a lo mío,
a mi manera de ver y entender,
a mis miedos, seguridades y verdades,
para poder descubrir mejor tu novedad.

Señor, prometo andar con humildad,
con los ojos del cuerpo y del espíritu bien abiertos
para descubrir tu paso, tus huellas, tu figura
en el acontecer vivo y cotidiano de la historia.

Señor, prometo enterrar mi orgullo y vanagloria,
estar atento a los profetas de dentro y de fuera,
dejarme ayudar, curar y amar,
para gozar y sembrar tu buena nueva.

Señor, prometo no aferrarme a mi tierra,
no defender privilegios que otros no puedan alcanzar,
ver tus signos donde Tú quieras
y no gastar energías en vanas peleas.

Señor, prometo no ser amigo de normas y dogmas,
no empujar a nadie por caminos yermos,
pararme junto a los que están en esquinas y aceras,
y llamar siempre a las puertas de tu misericordia.

Señor, prometo callar y escuchar,
ver y contemplar, seguir y obedecer,
aunque me parezca pequeña y sin brillo,
tu presencia pobre en medio de los pobres.

SERÉ FIJO EN TU TALLER

Ahora que amo la arcilla,
el agua, el barro y tus sueños
con locura,
la emprendo sin miedo
ni cláusulas secretas.

Y si estas manos logran acariciar algo,
y si el amor convierte el barro en esperanza,
y si se hace el milagro de alumbrar la vida,
o si no acierto y fracaso,
o si no paso de copista...
seré fijo en tu taller
todos los días.

Amo el tiempo de los intentos,
la hora que nunca brilla
y este oficio
que sueña con dar forma y vida la barro.

VIVIR EL DÍA DE HOY

Señor, quiero vivir el día de hoy
no como un juego reglado
donde todo es consecuencia de...,
ni como un juego competitivo
en el que necesariamente hay vencedores y vencidos,
ni como un juego de dados
que confía el resultado al azar,
ni como un juego monótono
que no despierta interés,
ni como un teorema
que nos haga perder la cabeza (...),
sino como una fiesta inacabable
llena de ritmo y vida,
agarrado a los brazos de todos tus hijos,
aferrado al acuerdo universal de tu amor.

22

Preguntas y desahogos

COMULGAR CONTIGO

¿De qué nos sirve este pan
si antes no nos sembramos confiados,
no nos transformamos a nosotros mismos,
no nos entregamos a los otros,
no revolucionamos el mundo?

¿De qué nos sirve este vino
si antes no detenemos la sangre que derraman
tantas injusticias, guerras y opciones camufladas,
y no curamos las heridas, ni saciamos la sed
de los hombre y mujeres que aún caminan?

¿De qué nos sirven este pan y vino
si antes no abrimos los ojos al dolor del mundo,
no celebramos una fiesta de reconciliación,
no recordamos a las víctimas de nuestro bienestar,
no aceptamos sentirnos comensales e invitados?

¿De qué nos sirve este pan y vino
si vivimos al margen de la humanidad
y de la gran aventura, tensa y soñada,
en la que todos somos hermanos
y caminamos, paso a paso, hacia la casa del Padre?

¿De qué nos sirve comulgar con pan y vino
si no comulgamos con el dolor del mundo?

DIOS DE VIDA

¿Por qué nos empeñamos en verte
como antagonista en nuestra vida,
amenaza para nuestra libertad,
juez de nuestros amores,
aguafiestas de nuestras alegrías,
tropiezo de nuestros andares?

¿Por qué estás grabado tan fuerte
como invisible vigilante,
ley que se impone,
conciencia que roe,
castigo amenazante,
miedo de muerte?

Oh Dios, Tú que eres Dios de vida
y no de muerte ni de suerte,
renuévanos y ponnos en sintonía
con tu Espíritu de siempre
y con los signos que te preceden.
Borra nuestros retratos,
graba los tuyos para siempre.

EN LA CRISIS

Con tanta historia sabida,
con tanta madurez humana,
con tanta vida ya vivida,
con tanta gracia derramada,
con tantos medios poseídos,
con tanta ciencia conocida,
con tanta prueba superada,
con la fe ya acrisolada,
caminando en solidaridad y justicia,
estando en tu comunidad cristiana,
creí que esto no llegaría:
que los aprietos y pruebas
ya no podían mellar
mi ánimo ni el alma mía.

Y de la noche a la mañana
todo se me hace cuesta arriba,
todo punza y desgarra,
todo es insoportable,
todo es triste y negro,
y parece que no hay salida posible.

Me cuesta mucho ser yo mismo
y más dejarme guiar por tu Espíritu.
Tu nombre ni me cura ni me calma
–es como ceniza–,
y mis obras se desploman.

No sé en qué terminará esta lucha,
no sé qué será de nuestra tierra,
no sé cómo germinarán nuestros sueños,
no sé qué será de los que sufren y esperan,
no sé qué será de los que te testimonian,
no sé adónde irán nuestras vidas,
pero yo me pongo en tus manos

con la esperanza de que nada se pierda,
nada de cuanto ahora peno, sufro y quiero.

Álzame hasta tu regazo;
cálmame, si es necesario.

ENCONTRARTE

Señor, son muchos los que me dicen:
Sé prudente; ten cuidado.
Ten cuidado con la gente;
ten cuidado de no dormirte;
ten cuidado de no pasarte;
ten cuidado en la calle;
ten cuidado por la noche;
ten cuidado en el trabajo;
ten cuidado, pues es zona conflictiva.
Ten cuidado, que te necesitamos.

Pero muy pocos,
y pocas veces,
me dicen que vigile,
porque puedo encontrarme contigo
y no reconocerte...

Yo sé que te gusta dar sorpresas
saliendo a nuestro encuentro
en lo cotidiano de cada día,
en las miradas de rostros cercanos,
en los ecos de voces lejanas,
en la mesa caliente,
en el trabajo y en el descanso,
en los recodos de la vida,
en la soledad sonora,
en plazas, calles y mercados,
en sendas peligrosas y arriesgadas,
en las noches oscuras,
o cuando descansamos bajo una higuera...
Y no estoy preparado para reconocerte
porque tengo otras historias.

Señor, enséñame a reconocerte.

PADRE NUESTRO, PREGUNTO

Padre nuestro, que siempre andas soñando con tus hijos,
¿cuánto falta para que tu nombre sea conocido,
alabado, santificado, respetado, querido,
por todos los hombres y mujeres que has creado?

Padre nuestro, que tienes casa y reino
mejor que nuestros mejores sueños,
¿cuánto falta para que venga a nosotros tu Reino
de justicia y verdad, de amor y de paz?;
¿cuánto falta para que se extienda por toda la tierra
y llegue a todas las razas y etnias, a pobres y pecadores,
al norte y al sur, a escépticos y creyentes?

Padre nuestro, que tienes proyecto y querer,
¿cuánto falta para que todos nosotros tengamos en cuenta
tus deseos y anhelos, tus sueños y quereres?;
¿cuánto falta para que nos amemos en la tierra
como nos amó Jesús, sin cláusulas ni fronteras?

Padre nuestro, bueno hasta el extremo,
¿por qué nos das todos los días un poco más
de lo que necesitamos para vivir con dignidad?;
¿por qué queremos guardar, robar y ser dueños
de lo que es de todos y sólo a Ti te pertenece?;
¿por qué no creemos que tú eres nuestro granero?

Padre nuestro, con el rostro curtido de lloros y gozos,
¿por qué tenemos la cabeza tan hueca
y el corazón tan duro, seco y frío?;
¿por qué nos cuesta tanto perdonar y llorar
y besar y acariciar y reconocer que el perdón
es lo que todos anhelamos en secreto?

Padre nuestro, que eres espacio abierto,
¿por qué caemos tantas veces en el camino?;
¿por qué el mal se interpone entre nosotros?;
¿por qué somos tan débiles siendo hijos tuyos?

Padre nuestro, pregunto mucho;
pero como Tú bien sabes, siempre,
más que respuestas quiero que me abraces.

¿QUIÉN VENDRÁ A SICAR?

¿Cuántas veces he recorrido el camino?
¿Cuántas veces he ido y he vuelto,
con el cántaro a cuestas,
sin apagar esta sed que me devora?
¿Cuántas veces he esperado en el brocal
de este pozo a compartir
o a vender mi soledad?
¿Cuántas veces he llenado mi cántaro
y se me ha desparramado por el camino?

¿Cuántas personas se han detenido aquí,
han saciado su sed gratis
en las viejas y frescas aguas del pozo,
y han seguido su camino
dejándome con mi soledad,
con mi tristeza,
con mis dudas,
con mi sed?

¿Quién vendrá ya a Sicar
a calmar mi sed
y llenar mi soledad?

Tú, Señor, cansado del camino
te has sentado junto al brocal del pozo.
Me has pedido agua, rompiendo las tradiciones,
y has terminado ofreciéndome de tu fuente,
para que nunca más tenga que volver
a sacar agua de pozos que no sacian.
Tú, Señor, vuelves a pasar por Sicar.

SOPLANDO AL VIENTO

¿Cuántos años o siglos tendrán que pasar
para que los hombres lleguen a ser humanos?
¿Cuántas bienaventuranzas tendremos que escuchar
para que los creyentes las aprendamos?
¿Cuántas oraciones tendremos que gritar
para que el ruido de armas deje de oírse?

La respuesta, hermano, está en tu corazón,
la respuesta está en tu corazón.

¿Cuántas globalizaciones habrá que idear
para que llegue la solidaridad a ser globalizada?
¿Cuántas manifestaciones tendremos que hacer
para que la voz de los pobres sea escuchada?
¿Cuántos testigos de la paz sufrirán violencia
para que tu promesa se haga realidad?

La respuesta, hermano, está en tu corazón,
la respuesta está en tu corazón.

¿Y cuántas veces, Cristo, tendrás que venir
para decirnos que somos hermanos?
¿Cuántas veces tendrás que morir
para que acabemos con los muros que nos separan?
¿Cuántas víctimas tendremos que contar
para que su sangre pacifique la tierra?

La respuesta, hermano, está en tu corazón,
la respuesta está en tu corazón.

Paráfrasis de Bob Dylan

¿Y SI DIOS FUERA...?

¿Y si Dios fuera "el viento"
que penetra por la nariz y por todos los poros
hasta oxigenarnos los pulmones y el espíritu?

¿Y si Dios fuera "el silencio"
que vela y guarda cada noche como un tesoro
nuestros sueños azules y locos?

¿Y si Dios fuera "el río"
que baña y refresca nuestros pies cansados
y calma nuestra sed de vida y ternura
en este mundo peregrino?

¿Y si Dios fuera "el perfume"
que llena nuestra vida de gozo y placer
sin pedirnos nada?

¿Y si Dios fuera "el fuego"
que quema y consume nuestras entrañas
para que resplandezcan esas pepitas de oro escondidas?

¿Y si Dios fuera "la música"
que nos invita a cantar y bailar en las plazas
rompiendo todas las reglas con alegría?

¿Y si Dios fuera "el rocío"
que nos refresca cada día la historia y la vida
para que andemos despiertos y erguidos?

¿Y si Dios fuera "el mendigo"
que nos tiende su mano
sin atreverse a confesar sus miedos y sus hambres?

¿Y si Dios fuera "el niño"
que desde las ventanas de su cuerpo
nos hace carantoñas de plastilina?

¿Y si Dios fuera "el grito"
de los pueblos oprimidos en la tierra
que viven y mueren ignominiosamente
reclamando un puñado de libertad?

¿Y si Dios fuera "Jesús de Nazaret"
muerto y resucitado hace dos milenios,
y en la actualidad estandarte de vida y esperanza
de pobres, humildes, misericordiosos y perseguidos?

¿Y si Dios fuera a la vez
viento, silencio, perfume,
fuego, música, rocío, río,
mendigo, niño, grito,
¡Jesús el Nazareno!?

¿Y si tú y yo también fuéramos Dios
–dioses en miniatura– con la responsabilidad
de convertir este mundo inhóspito
en un "reino" de paz y de fraternidad?

¿Y si Dios fuera ¡todo!,
todo lo que vemos,
sentimos,
ignoramos,
y deseamos?

YA NO HAY ESTRELLAS

Señor,
ahora te pierdes
y no hay estrellas que te guíen.
En este universo, nudo de comunicaciones,
uno se siente solo
y abandonado a su suerte.
Nada que hacer
cuando las rutas te tuercen;
sólo preguntar
y dejar que te lleven.

El programa previsto
de nada sirve,
y aunque uno no llegue
todo parece continuar a su ritmo.
Sólo queda no perder la paz,
saberse vivo
y practicar la humildad;
y, de vez en cuando,
explotar...
por terapia e higiene
mental y espiritual.

23

Padre nuestro

PADRE NUESTRO

Padre nuestro, que estás en el cielo,
santificado sea tu Nombre;
venga a nosotros tu Reino;
hágase tu voluntad en la tierra como en el cielo.

Danos hoy nuestro pan de cada día;
perdona nuestras ofensas,
como también nosotros perdonamos
a los que nos ofenden;
no nos dejes caer en la tentación,
y líbranos del mal.

—

Gure Aita, zeruetan zarana:
santu izan bedi zure Izena;
etor bedi zure erreinua;
egin bedi zure naia
zeruan bezela lurrean ere.

Emoiguzu gaur egun onetako ogia;
parkatu gure zorrak,
geuk ere gure zordunei parkatzen
deutsegun ezkero;
eta ez gu tentaldira eroan,
baiña atara gagizuz gatxetik.

—

Noso Pai que estás no ceo,
santificado sexa o teu Nome;

veña a nos o teu Reino;
fágase a tua vontade
así na terra como no ceo.

O pan de cada día dánolo hoxe;
perdoa as nosas ofensas
como tamén nos perdoamos
a quen nos ten ofendido;
non nos deixes caer na tentación,
e líbranos do mal.

—

Pare nostre,
que esteu en el cel:
sigui santificat el vostre Nom;
vingui a nosaltres el vostre Regne;
faci's la vostra voluntat,
així a la terra com es fa en el cel.

El nostre pa de cada dia
doneu-nos, Senyor, el dia d'avui;
i perdoneu les nostres culpes,
així com nosaltres perdonem
els nostres deutors;
i no permeteu que nosaltres caiguem
a la temptació,
ans deslliureu-nos de qualsevol mal.

PADRE NUESTRO CON INTRODUCCIÓN

No digas, *Padre,* si no quieres vivir como un hijo...
No digas *nuestro,* si no quieres ser hermano de todos...
No digas *que estás en el cielo,* si lo que buscas
es tener posesiones y seguridad aquí en la tierra...
No digas *santificado sea tu nombre,*
si no respetas lo que para él es santo, amado y elegido...
No digas *venga a nosotros tu Reino,*
si no estás dispuesto a perder tus derechos
para que otros puedan vivir con dignidad.
No digas *hágase tu voluntad,*
si no la aceptas cuando es dolorosa,
o si piensas que no quiere tu felicidad.

No digas *danos hoy nuestro pan,*
si no te preocupas por los que tienen hambre y sed...
No digas *perdona nuestras ofensas,*
si no quieres perdonar a tu hermano
y en tu corazón anida rencor y odio.
No digas *no nos dejes caer en la tentación,*
si tienes intención de seguir pecando...
No digas *líbranos del mal,*
si no tomas partido contra el mal
que surge en ti, en nosotros, en la sociedad,
en los corazones y en las estructuras.
No digas *Amén* –así sea, Señor–,
si no tomas en serio las palabras de esta oración.

Padre nuestro, que estás en el cielo...

PADRE NUESTRO DE CERTEZAS

Padre nuestro, que estás en el cielo
con todos los que nos han dejado y ya han llegado.

Que estás en la tierra
con los que peregrinan todavía,
y con nosotros, aunque no te merezcamos.

Tu nombre es santo, aunque lo olvidemos,
para bien de todos sin exclusiones;
y tu gloria siempre ha sido, es y será
que los pobres vivan.

Tu Reino es vida y verdad, justicia y paz,
y viene y crece y está presente,
querámoslo o no, lo aceptemos o no.

Y tu voluntad, aunque nos descoloque e irrite,
es buena y liberadora;
y aunque la olvidemos,
se hará aquí, en la tierra, como en el cielo.

Nuestro pan no nos faltará, aunque no almacenemos,
si sabemos acoger y compartir,
si lo pedimos y lo trabajamos.

Tu perdón llegará hasta nosotros,
aunque por necedad y orgullo no te lo pidamos,
y nos hará perdonar también a todos,
si es que tenemos algo que perdonar.

Si caemos, es porque nos da la gana
y no te hacemos caso.
Aún así, tú nos levantas y curas.
Y la tentación, contigo al lado,
es oportunidad de crecimiento,
brisa de vida,

ocasión para ser más hijo y hermano;
nunca mal y agobio.

Amén. Así sea.

PADRE NUESTRO DE LA HERMANDAD

Porque tú nos has hecho iguales, pero diferentes,
porque queremos la hermandad entre todas las personas,
porque creemos, a pesar de las violaciones constantes,
en la Declaración Universal de los Derechos Humanos,
porque siempre alguien nos quiere como un hermano,
te decimos: *Padre nuestro.*

Porque es dura e interminable la tarea,
y el deseo no merma a lo largo de la vida,
y Cristo no es sólo la bebida en el camino
sino que aumenta, muchas veces, nuestra sed,
sed de vida, sed de encuentro, sed de casa y patria,
te decimos: *Que estás en los cielos.*

Porque vivimos donde se piensa y ordena,
donde se escribe, se planifica y se dicta sobre las personas;
y sabemos que el poder y la riqueza en pocas manos
es el modo frecuente de ofender tu nombre,
y que tu máxima gloria es, sin embargo, que el pobre viva,
te decimos: *Santificado sea tu nombre.*

Porque proclaman como ley cierta e inmutable
el círculo maldito de producción–consumo–beneficio,
al que quieren sujetarnos por las buenas o a la fuerza;
porque sólo cuenta la voluntad de los que tienen,
porque queremos ser libres de otras voluntades
y reírnos de los que se creen dueños y salvadores,
te decimos: *Hágase tu voluntad en la tierra.*

Porque tenemos miedo, incluso de nosotros mismos,
de confundir el camino que emprendimos en la vida,
y de llegar, después de todo, a nuestras propias metas
que nos dejen tristes, doloridos,
insatisfechos y enfermos...,
te decimos: *Venga a nosotros tu reino.*

Y aunque tenemos todo lo necesario,
y trabajamos para asegurarnos el mañana,
nos sentimos vacíos en medio de nuestra abundancia
porque ponemos nuestras seguridades fuera de Ti,
y nuestra solidaridad sólo llega a lo que nos sobra;
por eso, humildemente, como hijos tuyos
que no pueden renunciar a la fraternidad,
te decimos: *Danos hoy nuestro pan de cada día.*

Recordamos a todos los que sufren, lloran y mueren,
a todas las víctimas que ha dejado la historia en la cuneta;
y aunque nuestra justicia no nos haga responsables,
nos sentimos culpables de lo hecho y de lo que sucede,
de nuestra seguridad y despilfarro,
y de la "Deuda Externa" de los países pobres;
por eso te decimos: *Perdona nuestras ofensas.*

Porque nosotros vivimos sin grandes dificultades,
con casi todas las necesidades y derechos asegurados,
llenos de ilusiones en medio de desesperados,
podemos decirte sin grandes méritos:
Como también nosotros perdonamos a los que nos ofenden.

Porque las tentaciones son muchas cada día,
sobre todo la de caer en la miseria de no creer en Ti,
de no creer en las personas, en la fraternidad, en la vida,
de no querer seguir haciendo libre y justo nuestro mundo,
te decimos: *No nos dejes caer en la tentación.*

Porque nos amas como un padre y una madre,
porque quieres, a pesar de todo, nuestro bien,
porque sigues confiando en nosotros,
porque has puesto tu obra en nuestras manos,
porque no puedes desdecirte aunque te abandonemos,
te decimos: *Líbranos del mal, Padre nuestro.*

PADRE NUESTRO DE TODOS

Padre de todos los que aquí estamos,
y también de todos los ausentes.

Que quienes te conocen te quieran,
y quienes te quieren te conozcan.
Que quienes buscan tu voluntad sean libres,
y quienes anhelan libertad sigan tu voluntad.
Que quienes esperan tu Reino
se comprometan con la justicia,
y quienes se comprometen con la justicia
tengan tu Reino.

Da gozo a los que trabajan,
y trabajo a los que en Ti se alegran.
Da inquietud a los sabios,
y sabiduría a los inquietos.
Da pan a los que tienen hambre
y hambre a los que tienen pan.

Da fuerza a los abatidos,
y haz débiles a los poderosos.
Da perdón a quienes han caído,
y derriba a quienes no perdonan.
Da paciencia a los osados,
y osadía a los buenos.

Perdona nuestras ofensas,
nuestras deudas, culpas y agravios;
también nuestros pasos en falso
y tantas provocaciones y tonterías.
Perdónanos a todos.

Que desterremos el mal a fuerza de bien,
la violencia con la no–violencia,
la indiferencia con amor,
hoy y siempre,
como Tú.
No nos dejes caer en tentación.
¡Y líbranos del mal a todos!

PADRE NUESTRO ESPERANZADO

Padre nuestro:
de los casi seis mil millones del mundo entero,
de los que creen en ti y de los que no te conocen,
de los que te han olvidado y de los que te manipulan,
de quienes no son queridos y hemos abandonado...

Que estás en el cielo:
en la familia,
en la comunidad,
en los pueblos y ciudades,
en todo hombre y mujer,
en nuestra historia,
también en las iglesias y los arrabales
y en el universo entero;
en nuestros sueños buenos
y en tus dones compartidos gratis.

Santificado sea tu nombre:
con cantos, danzas y celebraciones,
con proyectos, obras y palabras buenas,
con compromisos, testimonios y revelaciones
y, sobre todo, con la defensa de la vida,
porque tu gloria está en que los pobres y débiles vivan.

Venga a nosotros tu Reino:
y a nuestros hermanos de África, América Latina y Asia,
de la Iglesia pobre y de los que no tienen patria;
a los que viven seguros
y, sobre todo, a los que no tienen nada;
venga tu Reino de paz y justicia,
de igualdad y tolerancia,
de libertad y democracia,
de bienestar y trabajo.

Hágase tu voluntad en la tierra como en el cielo:
que los derechos humanos sean respetados;

que los que tienen poder y mandan sean servidores;
que nuestra voluntad no se endiose;
que a tu Espíritu no le cortemos las alas;
que todos busquemos la verdad y nos dejemos salvar...

Danos hoy nuestro pan de cada día:
a los dos tercios de la humanidad que pasan hambre
y no les queda otro consuelo que el banquete de tu Reino,
a los que trabajan
para que todos tengan parte en tus bienes,
a los que no acumulan y empiezan a solidarizarse...
Y a los que no te piden,
porque tienen de todo en demasía,
dales cada día hogazas de necesidades.

Perdona nuestras ofensas:
las que te hacemos cuando no te acogemos
ni te reconocemos en quienes Tú tanto quieres,
en tus hijos e hijas más pobres y débiles
que pertenecen al reverso de la historia;
y también las que te hacemos matándonos lentamente
con rencores, envidias y mentiras,
venganzas, prepotencias e injusticias.

Como también nosotros perdonamos...:
gracias, Padre, por pedirme decir esto;
que aprenda a perdonar como Tú perdonas,
pues lo otro no es perdón, sino alevosía
y rechazar tu propio perdón poniendo condiciones.

No nos dejes caer en la tentación:
de perder la esperanza en tu Reino prometido,
de acumular acá caducos tesoros,
de vivir ambigua y superficialmente,
de pensar sólo en nosotros mismos,
de olvidar que todos somos hermanos,
de quedarnos con más de lo que necesitamos...

Y líbranos del mal:
sobre todo, del mal de cambiar tus planes,
de no construir la hermandad,
de no gozar con nuestra suerte,
de creernos siervos o señores
y maldecir así tu nombre.

PADRE NUESTRO REPARADOR

Padre nuestro, que estás en el cielo:
donde tantos miran sus posesiones y su dinero,
que nosotros sepamos mirar más allá de lo nuestro.

Santificado sea tu nombre:
donde tantos adoran la máquina,
que nosotros sepamos venerar a toda persona,
hombre, mujer, anciano o niño.

Venga a nosotros tu Reino:
donde tantos ponen bombas y destrucción,
que nosotros pongamos una palabra de unión y paz.

Hágase tu voluntad en la tierra como en el cielo:
donde la vida ha perdido el valor y el sentido,
que nosotros llevemos cariño, aprecio y dignidad.

Danos hoy nuestro pan de cada día:
donde tantos buscan tener y ser servidos,
que nosotros disfrutemos compartiendo y sirviendo.

Perdona nuestras ofensas
como también nosotros perdonamos a los que nos ofenden:
donde tantos levantan la mano
para herir, maltratar y separar,
que nosotros abramos el corazón para curar, amar y acoger.

No nos dejes caer en la tentación:
donde tantos se sienten engañados y perdidos,
que nosotros seamos hermanos siempre presentes.

Y líbranos del mal:
donde tantos mueren por la injusticia y la maldad
de los corazones y las estructuras,
que nosotros nos dejemos guiar por tu Espíritu
para ahogar siempre al mal con el bien.

PADRE NUESTRO, SANTO Y SEÑA

Padre nuestro,
que estás en todo con sumo respeto.
Siendo tan necesario como el aire que respiramos,
ni te impones ni te niegas;
eres gratuito aunque lo olvidemos.

Tu nombre es santo y seña,
aunque lo escondamos o embarremos,
para todos los que viven
y nombran la vida para darla y defenderla.

Anhelamos tu Reino prometido
y que día a día preparamos y rompemos:
Reino de iguales, libres y hermanos.

Reino en el que tu voluntad
es camino, luz y vida
aunque la pisoteemos y escondamos.

Queremos compartir entre todos
el pan, las flores, el tiempo y el trabajo,
la tierra y los inventos buenos:
es nuestro gesto de agradecimiento.

Acogemos de Ti el perdón tan necesario,
cada día y cada momento, para vivir serenos,
caminar hacia el futuro
y perdonarnos los unos a los otros
los malos rollos y caminos viejos.
No nos dejes solos y sin protección
ante los deseos desbocados de dicha individual
que nos acosan por fuera y por dentro.

Y líbranos del Malo,
aunque tengas que forzarnos.

Padre nuestro. Amén.

24

Credos

CREDO APOSTÓLICO

Creo en Dios, Padre todopoderoso,
creador del cielo y de la tierra.

Creo en Jesucristo, su único Hijo, nuestro Señor,
que fue concebido por obra y gracia del Espíritu Santo,
nació de santa María Virgen,
padeció bajo el poder de Poncio Pilato,
fue crucificado, muerto y sepultado,
descendió a los infiernos,
al tercer día resucitó de entre los muertos,
subió a los cielos
y está sentado a la derecha de Dios, Padre todopoderoso;
desde allí ha de venir a juzgar a vivos y muertos.

Creo en el Espíritu Santo,
la santa Iglesia católica,
la comunión de los santos,
el perdón de los pecados,
la resurrección de la carne
y la vida eterna. Amén.

Liturgia cristiana

CREDO COMPROMETIDO

Creo en Dios, Padre bueno,
creador de un mundo no terminado
en el que todos podemos participar
porque es nuestra casa.
Creo en Dios, Padre fiel y misericordioso,
que nos ha hecho hijos suyos
y quiere que seamos libres y fraternales,
iguales en nuestra diversidad,
y no pobres y ricos,
amos y esclavos,
superiores e inferiores.

Creo en Jesucristo,
que vio la situación de este mundo
y tomó partido ante ella,
comprometiéndose hasta dar la vida
por nosotros
y por el reino de Dios.
Creo en Jesucristo,
que resucitó para el triunfo de la vida,
para que nos liberemos de los prejuicios,
de la avaricia y de la presunción,
del miedo y del odio;
para que transformemos el mundo
en signo y primicia de su Reino.

Creo en el Espíritu,
memoria viva y presente de Jesús,
que nos despierta, acuna y renueva.
Él nos hace ver, en nuestro caminar,
con cuánta precaución nos tenemos que organizar,
hasta qué punto nuestra inteligencia está atrofiada,
nuestra imaginación empobrecida
y nuestros esfuerzos equivocados.
Creo en el Espíritu,
dador de vida y alegría,
de inteligencia y sabiduría,
de paz y solidaridad.

Creo en la fraternidad de todos los pueblos,
y en nuestra responsabilidad para hacer de esta tierra
un valle de miseria, hambre y violencia,
o el paraíso por el que tantos han dado su vida.
Creo en los hombres y mujeres de buena voluntad,
en la fuerza histórica de los pobres,
en la Declaración Universal de los Derechos Humanos,
y en la buena noticia del Evangelio.

Creo en la Iglesia de los discípulos de Jesús
y de los mártires de la buena noticia.
Creo en la comunión de los santos
y de los que somos hijos e hijas de Dios.

Creo en el don de una vida llena de sentido
para todas las personas a las que Él tanto ama,
y en el futuro nuestro y de este mundo en Dios.

CREDO CONFIADO

Creo en Dios, Padre y Madre,
aunque muchos digan que es sólo una proyección
de mi cultura o de mis necesidades y sueños,
y vivan bien sin creer;
aunque tantos no vean su necesidad
y lo consideren retro, necio y vano;
aunque se estilen otros credos;
aunque parezca mucho creer y me llamen loco.

Creo en Jesús de Nazaret,
su Hijo predilecto,
su Palabra,
su presencia entre nosotros,
su tienda de la alianza,
testigo cierto de su amor y lealtad;
carne de nuestra carne,
despojado de su rango,
expulsado de su casa,
crucificado con saña...,
pero resucitado por el Padre.

Creo en su Espíritu,
dador de vida y libertad
desde siempre y para siempre,
que renueva y vivifica todo,
capaz de suscitar, hoy, en nuestra sociedad,
personas veraces y justas, tiernas e íntegras,
testigos leales de la vida y el amor,
hijas e hijos de Dios, solidarios.

Por eso creo, también,
en la vida, a pesar de las heridas;
en la amistad, por encima del poder y de la sangre;
en la fraternidad, aunque surjan clases y diferencias;
en la solidaridad, a pesar de egoísmos y necedades.

Creo que el amor es más fuerte que la muerte.
Creo que tiene sentido ser bueno, tierno y honesto.
Creo que merece la pena confiar en las personas.
Creo en tu dignidad y en la mía.
Creo que me puedes ayudar.
Creo que nos espera algo insospechado.
Creo que Dios supera todos mis sueños.
Creo que soy hechura suya.
Creo que Él rebasa mi credo...

CREDO DE ENAMORADOS

Creemos en Dios, Padre, Hijo y Espíritu,
comunidad y hogar de amor fiel, tierno y creador,
que ha puesto en nuestros corazones el amor
y nos invita a celebrarlo con todos vosotros
en el sacramento de encuentro y gozo del matrimonio.

Creemos en la vida,
y queremos vivirla gozosamente y en comunión,
prolongarla responsablemente en la historia,
acogerla en nuestra casa con amor y cariño,
alimentarla en el pobre y en el hambriento,
defenderla en el marginado y rechazado,
cuidarla en el niño y en el anciano
y amarla apasionadamente en todos.

Creemos en la comunidad cristiana,
y apostamos, sin reservas, por la puesta en común
del pan, el corazón, las alegrías, las penas,
la casa, la fe, la vida, la oración,
la libertad, la lucha, los proyectos,
los dones y las manos abiertas,
para que venga a todos tu Reino, ya en la tierra.

Creemos en la familia,
pequeña comunidad de fe, esperanza y fraternidad;
buena noticia y primicia del reino de Dios.
Por eso la soñamos cálida y abierta,
como una casa solariega llena de vida,
capaz de dar cabida y acoger a otras personas.

Creemos en el amor, el beso y las caricias,
en la donación de nuestro espíritu y cuerpo,
en nuestra sexualidad tan humana, gozosa y rica,
en los ojos que miran clara y serenamente,
en el diálogo que sugiere y escucha,
en la fidelidad que construye el nosotros cada día,
y en el perdón que cura todas las heridas.

Creemos en la pascua cristiana,
celebración nupcial de Cristo con nosotros,
nueva alianza que nos da el amor encarnado de Dios,
que nos llena de gozo en este instante
y se prolonga, gratuita, en nuestras vidas. Amén.

CREDO DE LA VIDA

Creemos en Dios,
Padre de la vida, que actúa en la historia,
que nos ha creado para la plenitud
y nos compromete a defender la vida
frente a los poderes de muerte
desatados hoy por la injusticia,
el hambre,
el armamentismo,
la explotación,
la deuda externa
y la violación permanente de los derechos humanos.

Creemos en Jesús,
Hijo de Dios y hermano nuestro,
que apostó siempre por la vida,
que vivió en plenitud su vida,
que defendió la vida más débil con su vida;
evangelizador de los pobres,
liberador de los cautivos,
luz de los ciegos,
portador de paz y justicia
para indígenas y campesinos,
obreros y habitantes de suburbios.
Creemos en su muerte y resurrección,
signo, fuente y primicia del triunfo definitivo de la vida.

Creemos en el Espíritu Santo,
señor y dador de vida desde siempre y para siempre,
abogado de nuestras causas perdidas,
vivificador de nuestras entrañas,
renovador de toda la historia,
que anima y conduce el proceso de liberación
de todos los pobres y olvidados de la tierra,
creyentes e increyentes.

Creemos en la Iglesia,
comunidad de hermanos,

que arranca desde los apóstoles
y manifiesta su vitalidad desde los empobrecidos de la tierra.
Creemos en una Iglesia servidora y sin privilegios,
evangelizadora universal, testigo de la buena noticia
y compañera del pueblo excluido y marginado.

Creemos en el Evangelio y su buena noticia,
en la comunión de los santos,
en la resurrección de los muertos,
en el Reino ya comenzado
y en la vida nueva que Dios nos da en su seno. Amén.

CREDO "FE Y JUSTICIA"

Creemos en Jesús,
Hombre libre y solidario,
camino y meta del ser humano
y de la Historia Universal.
Muerto violentamente en cruz,
por el poder civil y religioso,
a causa de su compromiso con los últimos de la tierra
y, a través de éstos, con todos los hombres y mujeres.
Profeta de la fe y de la justicia,
se convirtió, por su resurrección,
en Líder de la Humanidad,
para gloria de Dios y salvación de todo el mundo.

Creemos en el Dios de Jesús,
su Padre y nuestro Padre,
fuente de todo bien y enemigo de todo mal,
que ha creado un mundo en marcha
y lo ha puesto en nuestras manos,
para que desarrollemos la creación
en beneficio de todos.
Nos ha enviado a su Hijo Jesús,
para que dé comienzo a su reinado,
a fin de que no haya más dioses ni amos,
y seamos todos libres y solidarios.

Creemos en el Espíritu Santo,
Espíritu de justicia y amor que llenaba a Jesús,
derramado sobre nosotros para que continuemos su obra
y hagamos un mundo sin clases ni desigualdades.

Creemos que la Iglesia es la comunidad de Jesús,
santa y pecadora al mismo tiempo,
enviada a anunciar al mundo la Buena Noticia,
y a ser signo eficaz de fe y justicia.

Proclamamos que hay un futuro ilimitado
para cada ser humano, hombre y mujer,

por encima del dolor y la injusticia,
porque el mal ha sido vencido
y la muerte también ha sido vencida por Jesús. Amén.

Patxi Loidi

CREDO NICENO

Creo en un solo Dios,
Padre todopoderoso,
creador del cielo y de la tierra,
de todo lo visible y lo invisible.

Creo en un solo Señor, Jesucristo,
Hijo único de Dios,
nacido del Padre antes de todos los siglos:
Dios de Dios, Luz de Luz,
Dios verdadero de Dios verdadero,
engendrado, no creado,
de la misma naturaleza que el Padre,
por quien todo fue hecho;
que por nosotros, los hombres,
y por nuestra salvación bajó del cielo,
y por obra del Espíritu Santo
se encarnó de María, la Virgen,
y se hizo hombre;
y por nuestra causa fue crucificado
en tiempos de Poncio Pilato;
padeció y fue sepultado,
y resucitó al tercer día, según las Escrituras,
y subió al cielo,
y está sentado a la derecha del Padre;
y de nuevo vendrá con gloria
para juzgar a vivos y muertos,
y su Reino no tendrá fin.

Creo en el Espíritu Santo,
Señor y dador de vida,
que procede del Padre y del Hijo,
que con el Padre y el Hijo
recibe una misma adoración y gloria,
y que habló por los profetas.

Creo en la Iglesia,
que es una, santa, católica y apostólica.

Confieso que hay un solo bautismo
para el perdón de los pecados.
Espero la resurrección de los muertos
y la vida del mundo futuro. Amén.

Liturgia cristiana

CREDO NO ACABADO

Creo en Dios,
y comparto mi credo
imperfecto y no acabado
con vosotros.

Creo que Él es uno
y nos llama a ser uno con Él;
que es nuestro Padre y Madre
y que está de nuestra parte.

Creo que Él es trinidad y comunión
y quiere que seamos familia fraternal;
que nos ha creado para ser felices,
y que nuestra vida tiene sentido
en este mundo que es obra suya
y responsabilidad nuestra.

Creo que Él tiene fe en nosotros,
que nos ama con ternura y pasión,
que ama nuestro cuerpo y sexualidad,
que respeta nuestra libertad,
y que se alegra cuando nos ve alegres
en nuestro caminar de cada día.

Creo que Él nos puede salvar de nosotros mismos,
y de todos los demonios personales y estructurales,
mediante su amor encarnado y gratuito
en el amor que recibimos y en el amor que damos.

¡Tenemos la solidaridad de su Hijo
a manos llenas siempre que queramos!
¡Tenemos al Espíritu prometido,
que nos hace hijos suyos y hermanos entre nosotros,
que nos mantiene la esperanza día a día
haciendo que la realidad supere nuestros sueños!

¡Tenemos una Iglesia, santa y pecadora,
para caminar en compañía y sin miedo!
¡Tenemos unos sacramentos que alimentan y curan,
despiertan, fortalecen e ilusionan nuestra vida
porque nos comunican la suya!

Por todo ello,
creo que la muerte no tiene la última palabra,
y que resucitará todo aquello que deba ser eternizado
en la eterna comunión que Él nos ha prometido.

Creo en Dios y en sus noticias,
y comparto mi credo, imperfecto y no acabado,
con vosotros, amigos, hermanos.

PROFESIÓN DE FE CON IMÁGENES HUMANAS

Creo en el amor de Dios Padre y Madre,
en la encarnación y fraternidad del Hijo
y en la vida y fuerza del Espíritu.

Creo en el pacto de Dios con nosotros,
en nuestra ansia de liberación
y en sus entrañas compasivas y misericordiosas.

Creo que Dios es, ha sido y será para todos
seno materno, roca firme, tienda de refugio,
alas de águila, manantial de agua, nube,
columna, banquete, espacio abierto...

Creo en la Iglesia, casa y asamblea,
barca, puente, coro y avanzadilla
enviada para hacer lo que Él hizo:
para servir e iluminar a todos,
para cargar con los males del mundo,
para plantar y cultivar la paz en la tierra.

Creo que renaceremos con cuerpo inmortal
y que seremos felices por siempre
al encontrarnos con Él,
porque Él es Dios de vida y gozo. Amén.

RENOVACIÓN DE LAS PROMESAS BAUTISMALES

¿Creéis en Dios, Padre bueno y cercano,
tierno, fiel y misericordioso,
que hace todas las cosas con sabiduría y amor,
y quiere siempre lo mejor para nosotros?
Sí, creemos.

¿Creéis en Jesucristo, Dios encarnado,
que asumió nuestra condición humana
y nos reveló, con su vida, muerte y resurrección,
el verdadero rostro de Dios y nuestra condición de hijos?
Sí, creemos.

¿Creéis en el Espíritu Santo, Espíritu de Dios
que anima, vivifica y guía nuestra vida
introduciéndonos en el corazón del mundo,
invitándonos a vivir en comunión,
alentando nuestras esperanzas de vida y felicidad?
Sí, creemos.

¿Renunciáis a creeros superiores a los demás,
esto es, a cualquier tipo de abuso y soberbia,
discriminación, hipocresía, envidia y desprecio?
Sí, renunciamos.

¿Renunciáis al mal y a la injusticia personal e institucional
en sus diversas manifestaciones y expresiones:
a las enemistades, partidismos y sectarismos,
a la corrupción, la violencia y las ventajas personales,
a la guerra, explotación y marginación
de personas, pueblos y naciones?
Sí, renunciamos.

¿Renunciáis a los criterios materialistas
que proponen y buscan a toda costa
el dinero como aspiración suprema de la vida,
el placer por encima de todo,

el negocio como valor absoluto,
el propio bien por encima del bien común?
Sí, renunciamos.

¿Os comprometéis a vivir como hijos e hijas de Dios,
construyendo y gozando de la fraternidad
cada día, cada instante, en todas las circunstancias?
Sí, nos comprometemos.

¿Os comprometéis a ser discípulos y ciudadanos,
testimoniando el reino de Dios, aquí en la tierra,
con vuestras palabras, hechos, decisiones y proyectos?
Sí, nos comprometemos.

¿Os comprometéis a ser personas nuevas,
que acogen, viven, gozan y comparten
la buena noticia del Evangelio
y el mensaje de las bienaventuranzas?
Sí, nos comprometemos.

25

Pregones

DIOS ESTÁ CERCA

¡Vamos, levantaos,
se acerca vuestra liberación!
Hay signos a vuestro alrededor.
¿No los veis en el barrio, en la fábrica,
en la comunidad, en vuestra propia casa
y en vosotros mismos, sin ir más lejos?
Restregaos los ojos,
mirad con esperanza el horizonte,
escuchad las buenas nuevas,
dejaos despertar por la brisa.
¡Dios está cerca!

¡Venga, levantaos,
alzad la cabeza!
La gente se angustia por todo
y anda sin aliento, dando tumbos
de acá para allá, viviendo sin vivir,
echando a perder su vida.
Se desvive en fuegos fatuos,
en espejismos de desierto,
en vagas añoranzas.
Recobrad el aliento.
¡Dios está cerca!

¡Ánimo, levantaos
y permaneced despiertos!
No se os embote la mente o desboque el corazón
con tanta preocupación sobreañadida:
qué os pasará y qué haréis,
cuánto ganaréis y gastaréis,

cuándo sucederá y por qué,
cómo escaparéis de la red de la moda
o de la fiebre de las rebajas.
Nadad contra corriente.
¡Dios está cerca!

¡Hala, levantaos,
y poneos en marcha con ilusión renovada!
Otead el horizonte.
Vivid atentos a los susurros,
a los lloros, gritos y risas
de la humanidad entera.
Dios está cerca.
Brotad a la vida.
Dejad lo vano y lo estéril.
Pedid fuerza para la espera.
¡Dios está cerca!

ES LA HORA DE LA VIDA NUEVA

Es hora de entrar en la noche sin miedo,
de atravesar ciudades y pueblos,
de quemar lo viejo y comprar vino nuevo,
de quedarse en el corazón del mundo,
de creer en medio de la oscuridad y los truenos.
¡Es la hora de la vida nueva!

Es hora de levantarse del sueño,
de salir al balcón de la vida,
de mirar los rincones y el horizonte,
de asomarse al infinito aunque nos dé vértigo,
de anunciar, cantar y proclamar.
¡Es la hora de la vida nueva!

Es hora de romper los esquemas de siempre,
de escuchar las palabras del silencio,
de cerrar los ojos para ver mejor,
de gustar su presencia callada,
de andar por los desiertos.
¡Es la hora de la vida nueva!

Es hora de despertar al alba,
de descubrir su presencia entre nosotros,
de iniciar caminos nuevos,
de andar en confianza,
de pasar a la otra orilla.
¡Es la hora de la vida nueva!

Es la hora de confesar la vida,
de hablar poco y vivir mucho,
de arriesgarlo todo apostando por Él,
de sentarse a la mesa y calentar el corazón,
de esperar contra toda esperanza.
¡Es la hora de la vida nueva!

¡Es Pascua, el paso de Dios por nuestro mundo
lavando las heridas,

sembrando esperanza,
levantando la vida,
llenando de semillas nuestras alforjas vacías!

PARA ANUNCIAR CUALQUIER ÉPOCA DEL AÑO

Éste es el tiempo ordinario,
el tiempo menudo y sin novedad
de las cosas que se hacen todos los días
mientras hacemos tiempo y caminamos.

Es un tiempo bajito, casero, campechano,
que nos recibe en zapatillas
y nos ofrece una copa...,
aunque la etapa haya sido monótona.

Es el tiempo perdido y hallado
en el templo, en la calle, en el trabajo...
Es el pozo del tiempo,
lo que queda pendiente cuando tachamos la agenda.

Éste es el tiempo de todos los trabajos,
de todos los amores, de todos los sueños,
de todas las rutinas, de todos los vientos...

Es el tiempo ordinario,
conducido por el Espíritu, de buen grado,
para que sea semilla y primicia
del reino de Dios que anhelamos.

¡A vivirlo y disfrutarlo!
No te apees nunca de él.
Llénalo de buenas noticias.

PARA ANUNCIAR EL ADVIENTO

Éste es el tiempo de la espera, del anhelo y la ilusión.
Es un tiempo de ojos abiertos,
de miradas largas como el horizonte
y de pasos ligeros por oteros y valles.

Es el tiempo de las salas de espera,
de los sueños buenos que soñamos
y de los embarazos de vida.

Es tiempo de anuncios, pregones y sobresaltos;
de vigías, centinelas y carteros,
de trovadores y profetas.

Es tiempo de luces y coronas,
de puertas y ventanas entreabiertas,
de susurros, sendas y pateras.

Es tiempo de pobres y emigrantes,
de cadenas y cárceles rotas
y de hojas con buenas noticias.

Es el tiempo de Isaías, Juan Bautista y María;
y de José, quitando fantasmas,
embarcado en la aventura
y pasando las noches en claro.

PARA ANUNCIAR LA CUARESMA

Éste es un tiempo para convencidos.
Tiempo de entrenamiento, ejercicio y lucha;
de mochila ligera y paso rápido.

Tiempo de camino y discernimiento,
de conversión y compromiso,
de prueba y encuentros
en el desierto, en la estepa, en el silencio.

Es el tiempo de los proyectos de vida,
de las decisiones y desmarques;
a veces, de las transfiguraciones.

Tiempo de humanidad rota y dividida
que anhela el paraíso o la tierra prometida.
Tiempo de tentaciones, tabores y conversiones,
traspiés, heridas y cegueras,
perdones, restauraciones y agua viva.
¡Todo en sólo cuarenta días!

Éste es el tiempo de las personas nuevas,
de las que han soltado el lastre
de ídolos secretos y falsas vanidades
y ya sólo anhelan misericordia
y abrazos del Padre.

PARA ANUNCIAR LA NAVIDAD

Éste es el tiempo de Dios-con-nosotros,
del calor en el corazón y en los hogares
y de la ternura desbordada.

Es el tiempo de la infancia recobrada,
de la madurez adulta
y de las promesas cumplidas.
¡Tiempo del misterio encarnado!

Es tiempo de cartas y abrazos,
de encuentros y familias unidas,
de treguas y años nuevos.

Pero es un tiempo de temporada:
nos invita a juntarnos,
para salir a calles, plazas y mercados;
a manifestarnos, a ser epifanía.

Es tiempo de paz y alegría,
de murallas abiertas y estrellas luminosas;
de lloros, despojos y vida desvalida.

Es también nuestro tiempo,
el tiempo de todos, sin excluidos,
pues todos somos hijos, hijas.

PARA ANUNCIAR LA PASCUA

Éste es el tiempo del Dios de la vida.
De la vida dada y de la vida realizada.
De la gloria de Dios y de nuestra dignidad perdida.

Es tiempo de presencias y encuentros,
de paz, comidas y abrazos,
de corazones encendidos y trajes blancos,
de envío a rincones lejanos...

Es el tiempo de la experiencia,
del paso del Señor por todas las tierras
por todos los rincones,
por todas las personas.

Tiempo de flores, sueños y utopías,
de gritos, cantos y aleluyas.
Tiempo de baños e inmersiones,
de confesiones sinceras y comuniones
para ser personas nuevas.
¡Tiempo divino para el ser humano en camino!

Es tiempo de primavera florecida,
de liberación profunda y definitiva
de cadenas, amuletos y miedos,
de señores antiguos y nuevos,
para sentir y vivir la vida.

PARA ANUNCIAR LA SEMANA SANTA

Éste es el tiempo de la historia,
de la historia dura y pura;
de la pasión de Dios desbordada
y de las realidades humanas.

Es tiempo de muerte y vida,
de salvación a manos llenas;
del nosotros compartido,
del todos o ninguno,
y del silencio respetuoso y contemplativo.

Tiempo de amor, tiempo de clamor;
tiempo concentrado, tiempo no adulterado;
tiempo para sorberlo hasta la última gota.
Tiempo de Nueva Alianza y fidelidad
por encima de lo que sabemos, queremos y podemos.
Tiempo en el que Dios nos toma la delantera
y nos ofrece la vida a manos llenas.

Es el tiempo de todos los que han perdido,
de los que han sufrido o malvivido,
y de los que han amado sin medida.

Es el tiempo de la memoria subversiva,
de Dios haciendo justicia
y dándonos vida.

PREGÓN DE ADVIENTO

Os anuncio que comienza Adviento.
Alzad la vista,
restregaos los ojos,
otead el horizonte,
daos cuenta del momento.
Aguzad el oído.
Captad los gritos y susurros,
el viento,
la vida...

Empezamos Adviento,
y una vez más renace la esperanza en el horizonte.
Al fondo, clareando ya, la Navidad.
Una Navidad sosegada, íntima, pacífica,
fraternal, solidaria, encarnada,
también superficial, desgarrada, violenta...;
mas siempre esposada con la esperanza.

Es Adviento esa niña esperanza
que todos llevamos, sin saber cómo, en las entrañas;
una llama temblorosa, imposible de apagar,
que atraviesa el espesor de los tiempos;
un camino de solidaridad bien recorrido;
la alegría contenida en cada trayecto;
unas huellas que no engañan;
una gestación llena de vida;
anuncio contenido de buena nueva;
una ternura que se desborda...

Estad alerta y escuchad.
Lleno de esperanza grita Isaías:
"Caminemos a la luz del Señor".
Con esperanza pregona Juan Bautista:
"Convertíos, porque ya llega el reino de Dios".
Con la esperanza de todos los pobres de Israel,
dc todos los pobres del mundo,

susurra María su palabra de acogida:
"Hágase en mí según tu palabra".

Alegraos,
saltad de júbilo.
Poneos vuestro mejor traje.
Perfumaos con perfumes caros.
¡Que se note!
Viene Dios.
Avivad alegría, paz y esperanza.
Preparad el camino.
Ya llega nuestro Salvador.
Viene Dios...
y está a la puerta.
¡Despertad a la vida!

PREGÓN DE CUARESMA

Los que habéis sido bautizados,
los que habéis escuchado la voz del Espíritu,
los que habéis acogido la revelación del Dios vivo,
los que habéis descubierto que sois sus hijos,
¡adentraos en el desierto sin miedo
y caminad con paso ligero!

Cuaresma es ese tiempo que viene y va,
tiempo para vivirlo en camino,
sin instalarse, sin retenerlo, sin lamento,
con la esperanza siempre a flor de piel
y la mirada fija en otro tiempo,
la Pascua, que es definitivo.

Entrad en Cuaresma convencidos,
listos para el combate,
ligeros de equipaje;
la mente despejada,
entrañas llenas de ternura y misericordia,
calzado apropiado,
y mucha paciencia con vosotros mismos.

Dejaos mecer por la brisa del Espíritu;
poned vuestro corazón en sintonía
con los latidos de Dios y el grito de los afligidos,
bebed en los manantiales de la vida
y no os dejéis engañar por los espejismos del desierto.

Bajad del monte a los caminos de la vida,
bajad sin miedo y llenos de misterio.
No profanéis los templos vivos,
buscad de noche como Nicodemo
y, como aquellos griegos, preguntad a discípulos y amigos
por Jesús y su Reino
y cómo sembrarse en el campo del mundo
para germinar a su estilo.

Vivid la Cuaresma bien despiertos,
caminando en comunidad,
con fe, esperanza y amor,
fijos los ojos en Jesús.
¡Daos esa oportunidad!

PREGÓN PARA LA SEMANA SANTA

Si te dicen que no estoy,
recuerda.
Si te dicen que me he ido,
pregunta sin miedo.
Si te dicen que nunca he estado,
sonríe.
Si te dicen que no sirvo,
muestra tus anhelos.

Si adviertes que me ausenté,
llora los porqués.
Si no me encuentras,
busca.
Si dudas y desesperas,
camina.
Si la vida se hace dura y sangra,
mira mis entrañas.

Si te avisan que no siento,
acércate.
Si te atemorizan porque no llamo,
escúchame.
Si te aseguran que estoy perdido,
sigue mis huellas.
Si te sugieren que ya no sirvo,
descubre tu alianza conmigo.

Si te dicen que me fui,
persígueme.
Si te aseguran que he perdido,
proclama mi triunfo.
Si te dicen que he muerto,
búscame entre los vivos.
Si te dicen que soy un fantasma,
palpa mis llagas.

Si te dicen que vuelvo,
no te detengas.
Si te preguntan si perdoné,
di que sí.
Si te dicen que me has perdido,
háblales de tus encuentros conmigo.
Si te sugieren que fracasé,
diles que el ser humano es lo que importa.

Y si te reclaman mi cadáver,
di que estoy vivo en ti.

¡QUÉ RARO SE NOS HACE!

Una vez más tienes,
junto a ti,
gratis,
la Navidad.
Como otros muchos años
desde que eres consciente
Él pasará,
junto a ti,
tal como es,
sin disfraces.
¡Qué raro se nos hace!

Llamará a tu puerta
con suavidad
–o inoportunamente–,
como otros muchos años,
esperando oír tu voz,
voz de trabajo o calle,
de alegría o dolor,
fuerte o suave,
la tuya, sin disfraces.
¡Qué raro se nos hace!

No te pedirá nada,
que aunque lo quiere todo,
lo quiere gratis,
¿entiendes?
Manía extraña
de quien ama a tope
y lo da todo sin asustarse.
¡Qué raro se nos hace!

Navidad para ti,
si sueñas y compartes,
si caminas y te encarnas,
como Él,
junto a los que nada tienen.

Navidad para ti,
si amas amándole a tope,
o si amándole amas a tope
a quienes tú bien sabes.

Navidad para ti,
si todavía te atreves,
como los primeros creyentes,
a decir cada día:
"No te hagas esperar.
¡Maran atha!"

¿QUÉ TENEMOS QUE HACER?

La vida es...
una oportunidad, aprovéchala;
un sueño, hazlo realidad;
una aventura, sumérgete en ella;
un reto, afróntalo;
una promesa, créela;
un misterio, contémplalo;
una empresa, realízala;
un himno, cántalo;
una oferta, merécela.
La vida es la vida, ámala.

La vida es...
belleza, admírala;
riqueza, compártela;
lucha, acéptala;
semilla, siémbrala;
acción, dirígela;
felicidad, saboréala;
sorpresa, ábrela;
gracia, acógela;
llamada, respóndela.
La vida es la vida, vívela.

La vida es...
saludo de Dios, recíbelo;
tesoro, cuídalo;
compromiso, cúmplelo;
amor, disfrútalo;
desafío, encáralo;
regalo, gózalo;
combate, gánalo;
camino, recórrelo;
encuentro, hazlo realidad.
La vida es la vida, entrégala.

Paráfrasis de Teresa de Calcuta

TÚ SERÁS HOMBRE... TÚ SERÁS MUJER...

Si buscas ser tú mismo/a donde la vida te lleve,
sin dejarte arrastrar por lo que ves y te ofrece.
Si en tus opciones escoges no lo que más te gusta,
sino lo que más persona te hace.
Si intentas basar tu vida no en el poder y el éxito,
sino en la libertad, en la justicia y en el amor.
Si caminas siempre hacia la luz y la verdad,
aunque andes por un mundo de oscuridad y mentiras.
Si sabes ser exigente contigo mismo/a,
sin perder la comprensión y amabilidad
para con los demás.
Si después de un fracaso, pequeño o grande, no te hundes,
sino que intentas comenzar nuevamente con ilusión.
Si aprendes a valorar todo lo que tienes,
y nada que otros no poseen lo consideras imprescindible.
Si te lanzas al riesgo y la aventura, aunque no se estile,
sin perder la sensatez, la paz y el horizonte.
Si no te enriqueces a costa de otros,
aunque puedas hacerlo legalmente.
Si crees que toda persona puede cambiar y mejorar,
aunque te quedes solo en la apuesta.
Si crees que no da lo mismo hacer una cosa que otra,
aunque todo pueda comprarse y venderse.
Si eres capaz de amar sin esclavizarte
y sin exigir compensaciones a nadie.
Si buscas a Dios en el mundo, en las personas
y en ti mismo/a,
aunque tengas que renunciar a otras verdades.

Si en un mal momento no destrozas
la obra de muchos días...
¡Tú serás hombre, tú serás mujer...!

26

Palabras humanas, plenamente humanas

BUENA NOTICIA

¿Y si tú fueras mi hijo/a
a quien amo con pasión,
a quien encarné y envié
como Buena Noticia
para sus hermanos?

Mira mi corazón de Padre
que no miente,
que sangra por amar a tope.
¿Crees que es un juego
el que confiese mi espera en ti
para ser Buena Noticia
entre tus hermanos?

Hablo siendo Padre
y teniendo un Hijo que me complace,
que es tu hermano,
al que festejáis todos los años. Pero...
¿no sabes cómo fue Buena Noticia
para sus hermanos, tus hermanos?

Sí, creo en ti.
Y afirmo que hay Navidad.
¡Cómo no va a haber
si tratáis de haceros ricos
haciendo pobres!
¡Cómo no va a haber
si habéis trivializado vuestra suerte
y nada os complace!

Abrí el cielo para siempre,
y mis ojos ya no pueden apartarse
de esta tierra, vuestra y mía,
en la que tantos y tantos sufren,
y miran y esperan sin saber dónde.
¿No ves cómo anhelan la Buena Noticia
tantos y tantos hombres y mujeres,
tus hermanos, siempre?

Quiero que comprendas y goces.
El misterio no es oscuridad,
sino hondura de amor y vida.
Esto es la Navidad.
¡No la tergiverses!
¿Te pido un imposible
al querer que cambies,
que seas persona nueva,
que nazcas a la vida,
tuya y de tus hermanos?

Y quiero que los ángeles nuevamente canten:
  "Paz en la tierra.
  Hoy os ha nacido un salvador.
  Alegraos.
  ¡Gloria a Dios!"
Es letra mía y espero
que le pongas música para tus hermanos.

Ya sé que no puedo pedirte nada,
que eres libre...
¡Naciste de mis entrañas
y llevas mi sello y sangre!
Pero no me pidas que renuncie a ser Padre,
a dar vida,
a regalar Buena Noticia,
libremente,
a ti y a tus hermanos.

DE TODOS MODOS

Hay personas irrazonables, inconsecuentes y egoístas,
pero ámalas, de todos modos.
Si haces el bien te acusarán de tener oscuros motivos,
pero haz el bien, de todos modos.
Si tienes éxito te ganarás falsos amigos
y enemigos verdaderos,
pero lucha por triunfar en tus proyectos, de todos modos.
El bien que hagas hoy será olvidado mañana,
pero haz el bien, de todos modos.
La sinceridad y la franqueza te hacen vulnerable,
pero sé sincero y franco, de todos modos.
Lo que has tardado años en construir
puede ser destruido en una noche,
pero construye, de todos modos.
Alguien que necesita ayuda de verdad
puede atacarte si le ayudas,
pero ayúdale, de todos modos.
Da al mundo lo mejor que tienes
y te golpearán a pesar de ello,
pero da al mundo lo mejor que tienes, de todos modos.

Muro de Shishu Bhavan, Calcuta

DESIDERATA

*Ve plácidamente entre el ruido y la prisa. Recuerda que la paz puede estar en el silencio. Sin renunciar a ti mismo, esfuérzate por ser amigo de todos. Di tu verdad, sosegadamente, claramente. Escucha a los otros, aunque sean torpes e ignorantes; cada uno de ellos tiene también una vida que contar.

*Evita a los ruidosos y agresivos, porque ellos denigran el espíritu. Si te comparas con los otros puedes convertirte en un hombre vano y amargado; siempre habrá cerca de ti alguien mejor o peor que tú. Alégrate tanto de tus realizaciones como de tus proyectos.

*Ama tu trabajo aunque sea humilde: es el tesoro de tu vida. Sé prudente en tus negocios, porque en el mundo abundan las gentes sin escrúpulos. Pero que esta convicción no te impida reconocer la virtud; hay muchas personas que luchan por hermosos ideales y, dondequiera, la vida está llena de heroísmo.

*Sé tú mismo. Sobre todo, no pretendas disimular tus inclinaciones. No seas cínico en el amor, porque cuando aparece la aridez y el desencanto en el rostro, se convierte en algo tan perenne como la hierba.

*Acepta con serenidad el consejo de los años y renuncia sin reservas a los dones de la juventud. Fortalece tu espíritu para que no te destruyan inesperadas desgracias; pero no te crees falsos infortunios. Muchas veces, el miedo es producto de la fatiga y la soledad. Sin olvidar una justa disciplina, sé benigno contigo mismo.

*No eres más que una criatura en el Universo, no menos que los árboles y las estrellas; tienes derecho a estar aquí. Y, si no dudas de ello, el Mundo se desplegará ante ti.

* Vive en paz con Dios, no importa cómo lo imagines. Sin olvidar tus trabajos y aspiraciones, mantente en paz con tu alma pese a la ruidosa confusión de la vida.

*Pese a tus falsedades, penosas luchas y sueños arruinados, la Tierra sigue siendo hermosa. Sé cuidadoso. Lucha por ser feliz.

Inscripción fechada el año 1682,
en una tumba de la iglesia de San Pablo, Baltimore

DIOS NOS HA TOMADO LA DELANTERA

Hay que tener confianza en Dios, hermano/a,
pues Él ha confiado en nosotros.
Hay que tener fe en Dios,
pues Él ha creído en nosotros.
Hay que dar crédito a Dios,
que nos ha dado crédito a nosotros.
¡Y qué crédito!
¡Todo el crédito!
Hay que poner nuestra esperanza en Dios
puesto que Él la ha puesto en nosotros.
Singular misterio, el más misterioso:
¡Dios nos ha tomado la delantera!

Así es Él, hermano/a, así es Él.
Se le desborda la ternura por los poros,
nos alza hasta sus ojos, nos besa,
nos hace mimos, cosquillas y guiños,
y sueña esperanzas para nosotros
más que las madres más buenas y apasionadas.

Dios ha puesto su esperanza en nosotros. Él comenzó.
Él esperó que el más pecador y fariseo de nosotros
trabajara al menos un poco por sus hermanos,
un poco, muy poco.
Él esperó en nosotros,
¿y nosotros no vamos a esperar en Él?

Dios nos confió a su Hijo,
nos confió su hacienda,
su Buena Noticia,
y aún su esperanza misma,
¿y no vamos a poner nosotros
nuestra esperanza en Él?

Hay que tener confianza en la vida
a pesar de lo mal que nos dicen que está todo.

Hay que tener esperanza en las personas, ¡en todas!
Sólo en algunas hasta los fariseos y necios la tienen...
Hay que confiar más en Dios
y echarnos en sus brazos y descansar en su regazo.

Hay que esperar EN Dios.
Mejor: hay que esperar A Dios.
Y si todo esto ya lo haces y gozas,
una cosa te falta todavía:
¡Hay que esperar CON Dios!

¡ESCÚCHAME!

Cuando te pido que me escuches
y tú empiezas a darme consejos,
aunque sean buenos, acertados y sinceros,
de nada me sirven: son palabras al aire.

Cuando te pido que me escuches
y tú empiezas a decirme, pues crees conocerme,
por qué no tendría que sentirme así,
no respetas mis sentimientos y me hieres.

Cuando te pido que me escuches
y tú sientes el deber de hacer algo, al momento,
para resolver mi problema y ayudarme,
no respondes a mis necesidades.

Cuando te pido que me escuches
y tú me dices que aguarde, que estás muy ocupado,
aunque sea muy urgente lo que tienes entre manos,
me siento confuso, indefenso y hasta perdido.

¡Escúchame, amigo, hermano!
Todo lo que te pido es que me escuches;
no que hables, que me aconsejes, que me ayudes.
Tampoco que te justifiques.

Yo no soy un incapaz ni un inútil.
Cuando tú haces por mí, generosamente,
lo que yo mismo podría hacer y no realizo,
no haces más que contribuir a mi inseguridad
y aumentar mis demonios y tormentos.

Pero cuando aceptas, mirándome a los ojos,
que lo que siento me pertenece, aunque sea irracional,
entonces no tengo que intentar hacértelo entender,
sino empezar a descubrir lo que hay dentro de mí.
¡Escúchame, amigo, hermano!

ISRAEL

Cuando Israel era niño lo amé,
y desde Egipto llamé a mi hijo.
Cuanto más los llamaba, más se alejaban de mí;
ofrecían sacrificios a los baales
y quemaban ofrendas a los ídolos.
Yo enseñé a Efraín a caminar,
y lo llevé en mis brazos,
y ellos no se daban cuenta de que yo los cuidaba.
Con correas de amor los atraía,
con cuerdas de cariño.
Fui para ellos como una madre
que alza su criatura contra sus mejillas;
me inclinaba y les daba de comer...

¿Cómo podré dejarte, Efraín,
entregarte a ti, Israel?
¿Cómo dejarte como a Admá,
tratarte como a Seboín?
Me da un vuelco el corazón,
se me conmueven las entrañas.
No ejecutaré mi condena,
no volveré a destruir a Efraín;
que soy Dios y no hombre,
el Santo en medio de ti
y no enemigo devastador...

Conviértete, Israel, al Señor tu Dios,
pues tropezaste en tu culpa.
Preparad vuestro discurso
y convertíos al Señor; decidle:
"Perdona del todo nuestra culpa;
acepta el don que te ofrecemos,
el fruto de nuestros labios...
No montaremos a caballo;
no volveremos a llamar dios nuestro
a las obras de nuestras manos;
en ti encuentra compasión el huérfano".

Curaré su apostasía,
los querré sin que lo merezcan,
mi cólera ya se ha apartado de ellos.
Seré rocío para Israel:
florecerá como azucena
y arraigará como álamo;
echará vástagos,
tendrá la lozanía del olivo
y el aroma del Líbano;
volverán a morar a su sombra,
revivirán como el trigo,
florecerán como la vid,
serán famosos como el vino del Líbano.
Efraín, ¿qué tengo yo que ver con las imágenes?
Yo contesto y miro.
Yo soy abeto frondoso,
de mí proceden tus frutos...

Quien sea sabio que lo entienda,
quien sea inteligente que lo comprenda.
Los caminos del Señor son llanos,
por ellos caminan los justos,
en ellos tropiezan los pecadores.

Oseas 11,1-4; 8-9; 14,2-10

ORACIÓN DEL PADRE-MADRE

Hijo mío,
hija mía
que estás en el mundo.
Eres mi gloria
y en ti está mi Reino.
Eres mi voluntad y mi querer.
Tu nombre es mi gozo
cada día.
Te amo.
Te alzo y sostengo.
Te doy todo lo que es mío
–el pan, los hermanos, el Espíritu–.
Quiero que vivas feliz
y que ayudes a vivir.
Te perdono siempre
y te pido que perdones.
No temas.
Yo te libraré del mal
y de todas sus redes.
Día y noche pienso en ti,
hijo mío,
hija mía.

27

Bendiciones

AL COMENZAR EL DÍA

Abre tus puertas y ventanas,
sal al campo o a la plaza,
planta tus pies en tierra,
alza la vista, respira,
haz silencio
y escucha a Dios que te habla.

Que la claridad surja en el horizonte
y que tus ilusiones despierten una vez más
con alegría y fuerza renovada.

Que la brisa mañanera azote tu frente
y llene de rocío y esperanza este día
que nace tierno y gratis como las flores.

Que nubes y niebla sean filtros nobles
que dejen pasar la luz y el calor
hasta tus entrañas donde hierve la vida.

Y que el Dios que ha velado y acunado
todos tus sueños como madre solícita
te bendiga, ahora y a lo largo del día,
dándote claridad, brisa, nubes y niebla
para que vivas como un/a hijo/a
sin renunciar a preguntas, sueños y tareas.

BENDICE, SEÑOR, TODO LO QUE SOY Y TENGO

Bendice, Señor, mis manos
para que sepan tocar sin herir,
tomar sin aprisionar,
dar sin calcular,
acariciar sin poseer
y tengan fuerza para consolar y sostener.

Bendice, Señor, mis ojos
para que sepan ver la necesidad
y no ignoren lo que es poco vistoso,
lo que tanto se intenta esconder;
para que sepan ver más allá de las apariencias
y todos se sientan bien vistos y a gusto cuando los miro.

Bendice, Señor, mis oídos
para que capten el estruendo y el rumor de tu voz
en las ondas de la creación y la historia;
para que sean sordos a los parloteos inútiles,
pero no a las voces que claman angustiadas,
aunque turben mi comodidad a cualquier hora.

Bendice, Señor, mi boca
par que dé testimonio de Ti con ganas
y de tu buena noticia con palabras acertadas;
para que nunca diga nada que hiera o destruya,
ni traicione confidencias y secretos,
sino que haga esbozar sonrisas y carcajadas.

Bendice, Señor, mi nariz y su olfato
para que sepa distinguir olores y esencias
y busque los buenos perfumes
que surgen en las aglomeraciones de la vida;
para que no caiga drogada por absorber, atontada,
los perfumes y esencias que se estilan.

Bendice, Señor, mi corazón
que late a ritmo loco y descompasado,
para que sea templo vivo de tu Espíritu
y sepa dar calor y refugio a todo el que lo necesite;
para que sea rico en perdón y comprensión
y comparta el dolor y la alegría con ternura.

Bendice, Señor, todo lo que soy y tengo.
Y déjame soñar con tu mano alzada,
con tu mano extendida,
con tu mano protectora,
con tu mano bienhechora
y dadora de paz y gracia.

BENDICIÓN A LA HORA DEL DESCANSO

Bendice, Señor, a los que acaban la jornada
con los pies cansados y doloridos
de tanto andar y buscar paz y hermanos.

Bendice, Señor, a los que llegan con las manos heridas
de tanto trabajar y acariciar.

Bendice, Señor, a los que tienen el cuerpo roto
de tanto sudar y curar.

Bendice, Señor, a los que se sienten perdidos,
agotados de tanto acompañar.

Bendice, Señor, a los que sonríen en esta hora,
después de tanto llorar y consolar.

Bendice, Señor, a los que se duermen en tu regazo,
y a los que se quedan dormidos en el duro suelo
por falta de medios o puro cansancio
antes de encontrarte velando.

Bendícenos y protégenos, Señor.
Ilumina tu rostro sobre nosotros,
y concede a tus hijos e hijas
tu favor y la paz con sosiego
ahora y siempre. Amén.

BENDICIÓN A LOS NIÑOS

Como el aire, sois necesarios.
Como el fuego, sustentáis los hogares.
Como la tierra, os mostráis maleables.
Como el agua de un río, así sois de sonoros y bulliciosos.
Como las flores, tenéis mil colores y perfumes.
Como el grano de trigo...
sois y no sois todavía lo esperado.

Que el Señor, que se hizo pequeño como vosotros,
os bendiga con su corazón, palabra y mano,
para que lleguéis a ser todo lo esperado
sin dejar de ser aire, fuego, tierra, agua, flores y grano...,
personas humanas siempre, pequeñas o grandes,
para los que os amamos.

En el nombre del Padre,
del Hijo
y del Espíritu Santo.

BENDICIÓN A QUIEN EMPRENDE UNA TAREA

Que todos los días
tengan alborada y crepúsculo.
Que los caminos y sendas que recorras
te lleven siempre a tu destino.
Que nunca te falte
la tarea, el alimento y el descanso.
Que descubras encanto y gozo
en cada paso y encuentro.
Que tu mochila se aligere
para llenarse de esperanza y sueños.
Y que, hasta que volvamos a encontrarnos,
Dios nos tenga en su regazo
enseñándonos un nuevo abrazo de hermanos.

BENDICIÓN DE ALGO NUEVO

Tú nos diste la inteligencia y las manos,
la materia prima
y muchas ideas en potencia
para convertirlas en acto.

Mira lo que hemos realizado
con todo lo que Tú nos has dado
y nuestro trabajo.
Ya está introducido en tu creación.

Que sirva a quienes lo necesitan,
que nos recuerde tu amor y gracia,
que nos traiga más calidad de vida
y que nos invite a cantar tus maravillas.

Y que, aunque sea objeto inanimado,
sienta la brisa de tu Espíritu
azotar todo su cuerpo
–limpiándolo, regenerándolo y recreándolo–
hasta que vuelva a ser, nuevamente,
arcilla en tus manos.

BENDICIÓN DE DESPEDIDA

Que el Señor del tiempo y de la historia
acoja este año (encuentro, día...) que termina,
y haga fructificar y lleve a buen término
todo lo que hemos sembrado.

Amén.

Que conduzca nuestros pasos
–firmes, vacilantes, alegres, dolorosos, esperanzados–
por los caminos de la vida, el bien y la verdad,
por días sin término.

Amén.

Que su gracia nos acompañe en todo momento y lugar
para que descubramos sus dones,
sintamos su presencia a nuestro lado
y seamos felices aquí en la tierra.

Amén.

Y que esta bendición de Dios,
Padre que nos ama y espera,
Hijo que nos llama y acompaña,
y Espíritu que nos anima y conduce,
descienda sobre nosotros ahora y siempre.

Amén.

BENDICIÓN EN NACIMIENTOS Y BAUTISMOS

Gracias, Señor, por este niño
que ha brotado como flor nueva
en el árbol de nuestra familia.

Lo recibimos con gozo y temblor:
Tú nos lo entregas, y lo confías
a nuestros cuidados y a nuestra responsabilidad.

Bendice su boca,
para que aprenda a transmitir buenas noticias
y a denunciar el abuso y la injusticia.

Bendice sus ojos,
para que, llenos de luz, miren limpiamente
y sepan descubrir, día y noche, tu horizonte.

Bendice sus oídos,
para que escuche, en gritos y silencios,
la melodía de la vida y los signos de los tiempos.

Bendice su nariz,
para que capte las fragancias que atraen
y anuncian tu presencia de forma inconfundible.

Bendice sus manos,
para que acariciando, sosteniendo y levantando
construyan un mundo hogar para todos.

Bendice sus pies,
para que sepa recorrer los caminos de la vida
dejando huellas de esperanza y comunión.

Bendice y ensancha su corazón
para que tenga capacidad de amar a muchos,
y en especial, a los que más lo necesitan.

Bendícenos, Señor, a nosotros
para que seamos capaces de amarle y respetarle
y no obstaculicemos su crecimiento en libertad.

Tú, que nos amas con ternura y pasión,
pon tu mano sobre él y sobre nosotros,
y danos tu Espíritu y tu bendición,
para ser siempre dignos hijos tuyos
bautizados en gracia y misión.

BENDICIÓN PARA BODAS

Que en vuestro rostro resplandezca el gozo de vivir,
proclamando al viento que sois únicos,
que os acunan, lavan y perfuman,
que nadie puede hurtaros la alegría,
porque lleváis en la frente el beso del Padre.
Amén.

Que vuestro corazón palpite a ritmo de amor,
que empape todos los caminos de vuestro ser
de ternura y misericordia, de libertad y fidelidad,
y que nunca se sienta estéril ni detenga su marcha,
pues es quien os despierta y carga de esperanza.
Amén.

Que vuestro sexo conozca el desvelo y el encuentro,
el placer y el estremecimiento
en todo descubrimiento y entrega;
y que el soplo de la vida y del Espíritu
abra en vuestra carne la senda del misterio.
Amén.

Y que la bendición de Dios
–Padre, Hijo y Espíritu–,
que os ha hecho a su imagen,
que os ha dado rostro, corazón y sexo,
y que es testigo de vuestro amor,
descienda sobre vosotros, ahora y siempre.
Amén.

BENDICIÓN PARA EL NUEVO AÑO

Que tu mirada gane en hondura y detalle
para que puedas ver más claramente
tu propio viaje con toda la humanidad
como un viaje de paz, unidad y esperanza.

Que seas consciente de todos los lugares
por los que caminas y vas a caminar en el nuevo año,
y que conozcas , por experiencia, qué bellos son los pies
del mensajero que anuncia la buena noticia.

Que no tengas miedo a las preguntas
que oprimen tu corazón y tu mente;
que las acojas serenamente y aprendas a vivir con ellas
hasta el día en que todo quede al descubierto.

Que des la bienvenida con una sonrisa
a todos los que estrechan tu mano:
las manos extendidas forman redes de solidaridad
que alegran y enriquecen con su presencia protectora.

Que sea tuyo el regalo de todas las cosas creadas;
que sepas disfrutarlas a todas las horas del día;
y que te enfrentes, con valentía y entusiasmo,
a la responsabilidad de cuidar la tierra entera.

Que el manantial de la ternura y la compasión
mane sin parar dentro de ti, noche y día,
hasta que puedas probar los gozos y las lágrimas
de quienes caminan junto a ti, tus hermanos.

Que despiertes cada mañana sereno y con brío,
con la acción de gracias en tus labios y en tu corazón,
y que tus palabras y tus hechos, pequeños o grandes,
proclamen que todo es gracia, que todo es don.

Que tu espíritu esté abierto y alerta
para descubrir el querer de Dios en todo momento;

y que tu oración sea encuentro de vida, de sabiduría
y de entendimiento de los caminos de Dios para ti.

Que tu vida este año, cual levadura evangélica,
se mezcle sin miedo con la masa
y haga fermentar este mundo en que vivimos,
para que sea realmente nuevo y tierno.

Y que la bendición del Dios que sale a tu encuentro,
que es tu roca, tu refugio, tu fuerza, tu consuelo
y tu apoyo en todo momento, lo invoques o no,
descienda sobre ti y te guarde de todo mal.

BENDICIÓN PARA LA CASA

Que el Señor bendiga esta casa
y la haga lugar seguro y acogedor
para el encuentro y el descanso,
recinto humano y sagrado
lleno de paz y vida.

Que el Señor bendiga su puerta
y a todos los que la traspasan;
que ella dé paso a la amistad,
al júbilo, a las buenas noticias
y a las sorpresas compartidas.

Que el Señor bendiga sus cimientos,
las paredes, el tejado, el dintel,
las columnas y todas sus estancias
grandes y pequeñas, simples y hermosas,
siempre abiertas a los de dentro y a los de fuera.

Que el Señor bendiga la larga historia
que guardan sus muros y sus piedras,
y, también, a todos los invitados
que, al participar en el misterio que atesora,
dejan definitivamente de ser extraños.

BENDICIÓN PARA NOVIOS

Sois lo que sois:
humanos,
sencillos,
buenos,
tiernos,
llenos de calidad,
campo de ilusiones;
también débiles.

Y queréis ser sacramento
de Dios,
lámpara encendida,
flores repartidas,
matrimonio cristiano,
hoy y aquí.

En su nombre, yo os bendigo:
vivid,
gozad,
amaos,
cread...
y miraos todas las noches
a los ojos.

¡Nada más
y nada menos!

BENDICIÓN PARA UNA VIDA PLENA

Que la vida se despliegue ante ti,
en su grandeza y pequeñez,
como Buena Noticia.

Amén.

Que recorras los caminos de este mundo
libre y responsablemente
saboreando cada día la paz y el gozo.

Amén.

Que nunca olvides tu condición,
lo que eres desde siempre,
hij@ y herman@, sant@ y elegid@.

Amén.

Y que la bendición de Dios,
Padre, Hijo y Espíritu,
descienda sobre ti y te haga vivir,
ya desde hoy y para siempre,
en plenitud.

Amén.

BENDICIONES DE LA MESA

Bendícenos, Señor, a los que nos hemos reunido
en tu nombre y siguiendo tu palabra.
Que no falte en nuestra mesa
nada de lo que nos es necesario para vivir
con la dignidad de hijos e hijas tuyas,
y con la responsabilidad y el gozo
de crear fraternidad y solidaridad. Amén.

Bendice, Señor, estos alimentos,
fruto de tu generosidad y de nuestro trabajo,
que hemos preparado con ilusión
y ahora vamos a tomar,
para reparar nuestras fuerzas
y disfrutarlos haciendo banquete fraterno. Amén.

Bendice, Señor, todo lo que vamos a compartir:
el pan, el agua, el vino
y estos platos cocinados con amor.
Sacia nuestra hambre y sed
y haznos gustar las viandas
que nos reconfortan y alegran la vida
mientras caminamos hacia el banquete del Reino. Amén.

Tú que eres el Dios de la vida
y que, desvelado por el hambre y la sed
de tus hijos e hijas en este mundo,
te haces presente entre nosotros
siempre que compartimos nuestros bienes,
bendice estos alimentos que vamos a tomar.
Hazlos apetecibles y provechosos,
hazlos reparadores y gustosos,
hazlos buenos y abundantes,
capaces de hacernos levantar los ojos hacia Ti
y de compartirlos con los que tienen hambre y sed.
Bendícelos para que así sea.
En el nombre del Padre, del Hijo y del Espíritu
Santo. Amén.

BENDICIONES PARA NUESTRO CUERPO

Que tu frente sea libro abierto
que muestre los surcos de la vida sin avergonzarse;
que permanezca desnuda y erguida
dejándose azotar por todos los vientos
que van y vienen gratis.

Que ni un pelo de tu cabello se pierda, inútil,
sin haber recibido su ración de caricia,
pues, aunque parezca desmedido,
con ellos se tejen las trenzas de amor
que, atándonos, nos hacen libres.

Que tus ojos se sorprendan cada día
guiándote más allá, siempre más allá
de lo opaco, oscuro y absorbente;
que pongan luz, color y claridad
en todo lo que les llega y de ellos sale.

Que tus mejillas, cual nuevo arco iris,
manifiesten la vida y la gracia
que anida dentro de ti siempre;
que sigan siendo lugar de encuentro
y campo sincero para el beso.

Que tu nariz perciba el inconfundible olor
que hace que cada cual sea él,
y cada circunstancia y cosa, únicas;
que te acompañe todo el año un recuerdo a perfume grato
cual es el que dejan desde el frasco de sus esencias
las gotas de la vida, dada y vivida.

Que tu boca tenga siempre el parlamento dispuesto,
y sea voz de los que no tienen voz;
que lance buenas nuevas y besos de vida
sin detenerse en cotos y praderas;
que sea puerta de aire fresco
y dadora de savia para todos tus alimentos.

Que tu espalda soporte sin doblarse
el dulce peso de los días pasados;
y que comparta, sin trampas ni miedos,
presente y futuro, alegrías y tristezas,
veranos e inviernos, alas y barro,
porque sólo compartiendo nos hacemos fuertes.

Que tu corazón no pare su ritmo
ni congele sus anhelos en tiempo de sequía,
pues, aunque su latir parezca monótono,
es él quien te lleva a lugares secretos
y te hace vivir lo cotidiano de forma nueva.
Todas sus pulsaciones son golpes de vida
y bendiciones mías que remuevan tu sangre.

Que tus manos acaricien, acunen, abracen,
agarren, alcen y sostengan;
que se posen mansamente sobre hombros amigos,
que conserven su sensibilidad
y permanezcan permanentemente abiertas,
–hundidas, acogidas, recreadas–
en el mar infinito de otras manos.

Que en la espiral de tu ombligo
confluyan todas las energías
benéficas del cosmos y de la creación entera;
y que en su copa bebas las esencias de la historia,
para que sientas en tus propias entrañas
el pálpito del ser, solidario y universal, que hay en ti.

Que tu sexo conozca el trabajo y el desvelo,
el gozo y el placer,
del encuentro y del misterio;
que sepa entregarse y recibir sin barreras
hasta ser una sola carne con espíritu,
amante, amada, fecunda, creada.

Que tus pies te hagan caminar erguido y con dignidad
por todos los lugares y caminos de la tierra;

que soporten el peso de la historia y de la vida,
porque ellos están destinados a ser columnas
de un mundo nuevo construido como casa para todos.

Que tu cuerpo sienta en todo momento
el soplo del Espíritu, que es aliento de vida,
y que así se haga sacramento mío,
hogaza universal, vino gran reserva,
comida fraterna, banquete compartido.
Para esto te bendigo ahora y siempre:
para que siendo tú mismo/a, seas bendición mía.

EN LA CELEBRACIÓN DE UN COMPROMISO

Bendito sea Dios,
Padre y Madre dador de vida,
que os eligió, con ternura y respeto
antes de crear el mundo,
para ser sus hijos e hijas.

Amén.

Bendito sea Dios,
que ha derrochado su amor con vosotros
haciéndoos libres y dignos,
por su Espíritu,
para que seáis un himno de alegría y vida.

Amén.

Bendito sea Dios,
que por Jesús ha obtenido para vosotros
la liberación y el perdón de los pecados,
y os ha trasladado de las tinieblas y el caos
a su comunidad
para construir y gozar la luz, la paz y la fraternidad.

Amén.

Y que la bendición de Dios,
Padre, Hijo y Espíritu Santo,
descienda sobre vosotros.
Que seáis personas fecundas, como tierra de regadío,
que deis mucho fruto, un fruto duradero,
y que gocéis ya aquí las primicias de su Reino
para bien de los pobres y de vuestros hermanos,
y para alabanza de Dios.

Amén.

Índice

3. Por Cristo Nuestro Señor

4. Ven, Espíritu

5. Anhelo y búsqueda

6. Creo, espero

9. Alabanza

10. Ofrecimiento

11. Acción de gracias

12. Conversión

13. Perdón

18. Confianza

19. Fortaleza

20. Discernimiento

21. Aceptación, disponibilidad

25. Pregones

26. Palabras humanas, plenamente humanas

27. Bendiciones